朱夜與我

呂梅黛——著

自序

朱夜與我的一生，一直被家人醜化，幾乎在我們身邊的親友，聽過我家人的片面之詞後，沒有人不相信，一直用不屑的眼光看待我們，讓朱夜受盡委屈。朱夜健在時，我盼望有一天可以讓親友們改變對我們的觀點，一直希望朱夜把他的回憶錄寫出來，讓我身邊的親友看看，讓他們了解真實的朱夜，他不是好吃懶做的男人，更不是拐騙人家女孩的無賴騙子。

出國之後，我就放棄了筆耕生活，漫長的日子完全沒有接近中文，而一場突如其來的病又奪走了朱夜的生命，我實在很絕望，我們已經無力洗脫親友心中對我們的形象。

八、九年前，為了長孫女要回台讀大學，大兒子在台灣買了房子，由於兒子在國外有事業，照顧孫女的工作就落在我肩上。一開始我每年有三個月時間住在台灣，平日除了瑣碎的家事之外，和從前一樣就只有看書消遣。

有一天我突然想起我們未完成的心願，雖然我的中文程度已經不如前，可是如果像寫日記一樣，應該可以勝任，於是我買來了稿紙開始寫，慢慢地我發現寫字比較容易了，而且錯別字也少些了，就這樣把我的童年完成了。

那時兒子常常回台灣來，朱夜走了，兒子時常想到爸爸的老戰友丁潁，看不到爸爸，對爸爸的老戰友分外想念，每次探望丁潁我都和兒子一起去。丁潁開過出版社，我請教丁先生有關出版的問題，我說我想寫回憶錄，印個一兩百本送給身邊的親友和留給孫兒，因為我也希望回憶錄給孫子做教育範本。那是五、六年前的事，丁先生答應會幫我把書印出來。誰知道我的回憶錄一拖五年多才完成，丁先生於二〇一九年初過世了，我失望之餘又停頓了一年。

五、六年來，這本回憶錄改寫了三次，還是覺得有缺失，只要有空我就會拿出來看看，也順便修改。

每次回到台灣，除了上超市買生活必需品，很少同朋友來往，也幾乎不出門逛街，但有時會找書店買書，卻發現書店幾乎都關門了，除了感到失落，也很絕望，不知我的回憶錄還有可能出版嗎？出版業不景氣，朱夜的朋友又都不在了，我請教誰去？

手邊只有兒子買給我的幾本《文訊》，那天我大膽地拿起電話，打給文訊，接電話的人說社長不在，我留話說我是朱夜的遺孀，想請教有關出版的事。後來封社長回電話給我，約我第二天在文訊辦公室見面。

第二天我如約到達，社長桌上擺了十幾本朱夜的作品，是《文訊》的「文藝資料中心」典藏的。我們談了一會，也把我的來意告知封社長，她一口氣答應幫我出版。封社長非常親切，我感受到她對文學付出的偉大精神和愛心。但我心中也感到萬分惶恐，我已經擱筆四十五年，寫出來的作品，不知封社長能否接受，等她看到稿子是不是會後悔，心裡非常不安。

我們再次見面後，我發覺封社長對文學這塊園地付出許多心血耕耘，尤其是對逝去作家的文學生命的延續工作，令人欽佩和尊敬。在封社長的建議下，「我的回憶錄」更改書名為「朱夜與我」，我了解封社長會出版這本書，完全是因為朱夜，封社長要喚回以前認識朱夜的讀者，讓朱夜的文學生命再次活躍在文壇上。

目次

自序 3
第一章 童年 9
第二章 祖母的墳 49
第三章 大哥挑起家計 75
第四章 徘徊在十字路上 95
第五章 我的婚姻 117
第六章 創業夢 131
第七章 不堪回首 157
第八章 遷居台北轉當編劇 177
第九章 朱夜輾轉到台灣 197

第十章　盼了四十年的家書　207
第十一章　出國了　229
第十二章　大禍臨頭　251
第十三章　奔父喪後另找生計　275
第十四章　朱夜寫籲書態度嚴謹　287
第十五章　心力交瘁　301
第十六章　朱夜去世，籲書找到　321
第十七章　卸下重擔　339
第十八章　親情．友情　351
第十九章　神明的手　361
尾聲　369
附錄一　朱夜小傳　375
附錄二　朱夜寫作年表　377
附錄三　孟良崮的黃昏——紀念張靈甫將軍／朱夜　391

第一章　童年

民國34年元旦，呂梅黛（前排右二）與父母、兩個哥哥、妹妹參加父親服務機構的團拜時留影。

回憶童年，真是模糊一片，只是經常聽到父母對我們兄妹陳述一些生活片斷。我是父母親膝下四個孩子的老三，上面有大我四歲的大哥，大我三歲的二哥，下面有小我一歲的小妹。

我出生半年，發生第二次世界大戰，那時父親是位公務員，生活優越，這都是父親賜給我們的。提起父親就該先說他的身世。父親出身農家，九歲的時候，祖父病逝，遺下三兒三女，父親排行老大；祖母在那個年代沒有受教育的機會，更沒有能力賺錢養兒育女，父親就負起協助祖母照顧弟妹的重擔。他從小跟隨一位老先生讀漢文，成績名列前茅。

日本人統治台灣不久，大力推行日文教育，父親只好進了公學校。他平日勤於學習日文，但也不放棄從小學習的漢文，只要有一點餘錢，就買漢文書，不管是文學、天文、氣象甚至醫藥方面的書，他都買來研究。由於他的漢文和日文比一般小孩都好，小小年紀就當起先生的助理，一般家長怕老先生會處罰小孩，都喜歡父親教導他們的孩子，也因此父親小小年紀就幫忙家計。父親的知識是多方面的，憑著他公學校畢業的少數台灣人身分，很快就進入治安單位，成了和日本人同等的公務員。

父親努力向上，從不懈怠，在能力範圍下教育三叔，後來三叔公學校畢業後，父親就在老家「新市」，為弟弟謀到「保甲」職位。日本人的野心從對基層人員的待遇可一目了然，他們重視人才，善於拉攏人際關係，遇到一個可用之才，絕不放過，他們會抓住一個點，以這個點向外擴大，絕不放過和這個點相關的人。尤其在那個戰亂，外加物資缺乏的情況下，日本的公務人員生活過得非常優越，因而每個人對政府向心力強，絕對是忠心耿耿。

父親的二弟──我的二叔，由於祖母無力撫養，把他送給一個久婚未生育的遠親。二叔命好，養父母對他萬分寵愛，過著富裕的生活。幾個小姑姑就沒有那麼好運，生活艱苦，最可憐有一個姑姑婚後夫家窮困，生孩子時難產大出血，沒有錢送醫而去世，父親的兩個妹妹都很年輕就過世了。

母親常說，我們兄妹四人年齡相近，她只能照顧最小的妹妹。大哥喜歡一個人獨處，他放學回來常常一個人閉門讀書，喜歡自己做玩具玩，天生的獨立性格。母親請了一個專任的保母照顧我，聽母親說我兩歲以後，很少住在家裡。父親工作單位，還派一個男工，專門做家中粗重工作，妹妹也有一個照顧她的保母，兩個保母都只有十六、七歲，不會做飯，母親是專職的「煮婦」。

第二次世界大戰爆發時，我們住在台南縣的將軍鄉，那裡也是我的出生地。二姨媽嫁到將軍鄉多年，二姨父是將軍鄉首富的獨子，住在父親工作單位的宿舍附近，二姨媽結婚後還未生育，她非常喜歡小孩，所以我有很長的日子都住在二姨家，不知道的人還以為我是二姨的女兒。由於我下面還有一個小妹，母親平日陪伴妹妹的時間比較多，我心靈深處總認為母親不喜歡我，就把疼我的二姨家當作自己的家，從沒想到回父母親那裡。

轉眼我快四歲了，住在二姨家也有兩年多，父親被調升到人口較多的麻豆，而二姨也喜獲麟兒，父親就把我帶回麻豆的新家。

這時候二次大戰進入了激烈的階段，美國的軍機來台灣轟炸的次數頻仍。印象中，家裡多了一個穿軍服的衛兵。每天一聽到空襲警報聲，我們兄妹都乖乖地，隨母親跑進地下防空洞。當聽到警報解除聲，我們會急忙地跑出防空洞。躲防空洞成了我們最重要的一部分生活。

每當聽到警報解除，跑出防空洞的時候，首先聽到的是嘈雜的呼喚和哭嚎，一些受傷的民眾被抬過門前大馬路，還有被燒毀的民房在冒煙，也看到不遠處被炸毀的房子，一片悽慘的景象，在我幼小的心靈裡埋下對戰爭的恐懼。

近黃昏時逐漸寂靜下來，家中的男工帶回來一些菜和日用品。他開始每天的挑水工作，也幫忙清理從四處飛來的彈片。母親常說：如果我們沒躲進防空洞，一定會被這些彈片打傷，甚至連命都沒有了。看看四周，有些彈片落在牆角，有的掉在窗台下，另有一大片落在炭爐邊，竟然把炭爐打破了，望著那情景，我抱住母親哭起來，深怕這時又有彈片往我身上飛過來。

天黑了，母親開始張羅晚餐，讓我印象最深刻的是每晚母親一定要煮一大鍋飯。晚飯後，母親安頓我們睡覺，她說她要等父親回來。我們都想到父親一大早出門，在外面工作一天，是否能安然回來，是母親最掛念的，當父親平安回來，母親才能安心休息。

白天父親很少在家，我們很難見到他，晚上是我們最歡樂的時刻，因為飛機不會來轟炸，我們四兄妹常常吵著要等父親回來才睡覺，可是往往父親還沒回來，我們一個個都睡著了。父親平日工作繁重，母親告訴我們，父親要把白天所發生的事情處理完了，往往要忙到午夜才能回家，而第二天又得早早出門，出門太晚，遇到空襲警報響了，可能會有危險。

印象裡每當黑夜來臨，屋外難得見到鄰居的燈光。每家房子相隔甚遠，夜空一片寂靜，屋外格外幽黯，往往令人感到黑夜的恐怖，這時候想起了父親一個人還在外面工作，不免感到難過，記得我從小就懂得擔心父親的安危。

天微微露出曙光，我就從床上爬起來，每次都想看看父親，母親卻告訴我父親已經上班去了。母親慌忙張羅我們吃早餐，一邊忙著把晚上剩下的飯，包成壽司或做成飯糰，把它裝在大盤子裡，上面蓋上布巾，兩手端著大盤子催促保母，趕快帶我們躲進防空洞裡。印象中好像我們才進去不久，空襲警報聲就傳過來了，我常想，母親似乎能預知空襲警報的時間。

我們家的地下防空洞很講究，下了入口台階就是個直角彎道，牆壁都釘著木皮，地上鋪著厚厚的稻草，上面鋪一層草蓆，很舒適，還有棉被。在幽黯的洞裡，隱約可以聽到炸彈爆炸聲，夾雜著機關槍的掃射聲，不一會我們都蒙著被子睡著了。不記得過了多久的時間，我們聽到強烈的爆炸聲，緊接著感到天搖地動，讓我們驚醒過來，我聽到母親說：

「這個炸彈，一定丟在我們房子附近。」

「媽，你怎麼知道的？」大哥問。

「如果爆炸聲很小，意味著炸彈落在遠處，聽起來不會很響。」母親說。

我們聽了很害怕，擔心下一個炸彈會落到家裡來，這種恐懼延續到警報解除。

日復一日，童年漫長的日子經常在轟炸聲中度過，有時警報剛解除，我們才跑出防空洞，飛機又飛回來，恐怖的飛機在頭頂上方飛過的刺耳聲響，夾雜著緊急警報的齊鳴，把我們嚇得雙腿發軟，那次母親沒有來得及躲回防空洞裡，讓我們驚慌失措，突然聽到飛機飛走了，當警衛把防空洞門打開，看到母親捧著糖果和點心走過來，我才鬆了一口氣。母親示意我把糖果和點心分給警衛和哥哥們。原來母親在警報解除之際，擔心我們餓了，跑進房子裡拿父親昨夜帶回來的點心，就在那節骨眼飛機又轉回來，母親連忙躲到屋裡，幸好沒丟炸彈。聽大人說，美國人的飛機經常低空飛行，飛機上的人，可以清楚地看到地面上的動態，然後丟炸彈或者燃燒彈，甚至用機關槍掃射，許多房子都被炸毀，尤其在田裡工作的農夫，經常被機關槍掃射，常常在一夕之間，生命和財產全丟失。活在戰亂裡的百姓，真的萬分無奈。

沒有空襲的日子，二哥會帶我去附近的樹林玩，我們喜歡抓昆蟲，看到樹上有棲息的鳥兒，會用彈弓把鳥打下來，二哥的手法很準，經常有不錯的收穫，我就抓著獵物，跟在後面團團轉。有一次不小心跌了一跤，正巧跌倒在一堆碎玻璃上，手被割傷了兩公分長的傷口，鮮血直流，我痛得大哭，二哥匆忙帶我回家，母親重重地責備二哥，也罵我不像女孩子，整天跟著男孩子到處野。我受傷後，母親再也不准我同二哥一起出去了。我的手傷後來發炎，許久無法痊癒，二哥也不敢再帶我出去玩了。

我們宿舍後院有一棵龍眼樹，龍眼成熟了，二哥常爬到樹梢高處摘龍眼，他知道我不敢爬上去，會丟下一些龍眼給我。一天大哥從屋裡跑出來向二哥要，二哥不肯給他，要大哥自己爬上樹去摘，大哥一點不猶豫地爬上去，爬到二哥腳踏的那一根樹枝，還沒來得及摘龍眼，一陣啪啦聲，兄弟兩人和踩著的那根樹枝墜落到地上，好嚇人的聲音，我急忙躲到一邊，驚魂未定，只聽到兩個哥哥哈哈大笑，這時母親從屋內急忙跑出來，一看沒事，就放心地走回去。

手傷好了，我們又忘了挨罵的事，母親的禁足令，早就忘得一乾二淨。這天二哥帶著自做的彈弓，帶我出去打鳥，結果一隻鳥也沒有打到，看到一群小孩在小溪捉魚，我們感到很新鮮，脫下鞋子進溪中捉魚，第一次感到捉魚很好玩。老半天沒有人捉到魚，但就只是玩水也讓大夥兒萬分高興。一個小孩拿著一個裝了兩條小魚的瓶子，看我很喜歡，竟然送給我，我高興極了，捧著瓶子往家裡跑。到了家母親問我為什麼沒穿鞋子，我這才想起脫下的鞋子放在小溪邊，二哥慌忙帶我跑到那兒，結果不見那群捉魚的小孩，溪邊也沒看到我的鞋子，這下子我和二哥闖禍了，一則沒有遵守母親的禁足令，再則把鞋子弄丟了，這可不是小事，不只要挨罵，還少不了要挨打。母親氣極敗壞地正準備處罰我們，突然父親回來了，很難得父親白天能回來，他看到我們站在母親面前一臉哭像，馬上領會到我們大概闖了禍，父親先把我們遣走，然後對母親說：

「我肚子餓了，快去準備晚餐吧……」

我和二哥拔腿跑進屋裡，假裝寫作業。

大戰期間，物資嚴重缺乏，尤其是衣服鞋襪等穿戴的東西。一則戰爭造成普遍窮困，使一般百姓買不起，又因商業交易少，即使是有錢人家也不易買到。我們家因為父親是日本政府的公務員，買吃的穿的都享有特權，只要我們想買什麼，都不難買到。

美軍不來空襲的日子，經常有鄉下婦人出現在家門口，母親告訴家人，她們只會簡單地說：要交換。原來她們提著雞蛋、白米之類的農產品，要同我們交換我們穿過不要的衣服。她們買不起新衣服，衣衫襤褸，非常可憐，聽說鄉下人在田裡想種點東西很不容易，經常有農民被美國的機槍射死。母親常常把我們穿不下的衣服收集起來，遇到鄉下人來，把這些衣服送給有需要的人。這些鄉下人非常善良，每次都堅持要把帶來的東西送給我們，但是父親不准母親收任何人送的東西，所以母親都要費盡口舌，鄉下人才不停道謝而去。

由於我們什麼東西都能買到，我鞋子丟了，很快地母親又幫我買到新鞋，但她依然很生氣，從此不允許我和二哥到處亂跑。母親常抱怨，女孩子喜歡的洋娃娃我都不要，整天跟男孩子趴趴走，長越大越像個男人婆。說真的，我不喜歡女孩子嘰哩咕嚕說小話的毛病，不像妹妹整天在母親面前說小話撒嬌。

父親不苟言笑，終日一張嚴肅的臉孔，讓人膽怯，然而遇到我和妹妹為芝麻小事爭執，或母親偏袒妹妹而責罰我的時候，他會公正地指責母親的不是，甚至會厲聲對母親說：「你打打看……」於是母親就停止對我的責罰，讓我深深感受到父親慈愛的一面。

小時候，我們生活在戰亂的恐懼中，談不上有歡樂的時光，更很少有機會找到朋友。大部分的小孩子，都被父母親限制行動，難得出門。他們擔心小孩一旦出門，遇到飛機轟炸，將威脅到孩子的生命安全。幾乎每一家的父母，整天都小心翼翼地看管自己的孩子，想想那時為人父母的壓力多麼沉重。偶爾我們兄妹還會鬧脾氣，不懂得體會雙親的苦心。有一天，兩個哥哥偷偷地溜出門，跑到鄰居家，許久沒回來，當母親發現哥哥們不在家，說巧不巧，這時空襲警報聲響了，母親驚慌地叫喊著，幾乎哭了，她正要出去找他們，飛機已經飛近我們的房子上空，母親忙把我和妹妹推進防空洞，母女三人幾乎跌倒在洞中，防空洞門敞開著，好讓哥哥們能快點跑進來，和我們一起躲在安全的洞中。老天保佑，這次飛機沒丟炸彈，而且很快飛過房屋上空。不久空襲警報解除了，哥哥們也在警報解除後回來，母親跑過去緊緊抱住哥哥們，告訴他們以後沒有得到大人允許，不可以隨便出門。母親沒有責罰他們，可是當父親下班回家，知道哥哥們偷偷溜出去，兩個哥哥受到父親的重罰。

從當時的局勢，可以想像到我們很難找到玩伴，父母親也無法時常陪伴我們，更別說帶我們出去玩。我們偶爾會抱怨耍賴，父親會溫和地告訴我們，生在戰亂年代，能夠保命是最幸運的，他說：要乖要聽話，更要忍耐。哥哥們直點頭。

很久沒聽到空襲警報聲了，新年這一天，父親宣布，帶我們出去團拜。小孩子不懂什麼叫團拜，只見保母們忙著給我們換衣服，兩個哥哥穿上全新的西式毛料套裝，妹妹穿上小和服，我穿好了，對鏡子一照，全套日本女孩的和服裝扮：高跟木屐，腳上套著白色布襪，長及腳板的和服，腰部繫著和服專用的寬腰帶，保母們一直誇讚我很漂亮。父親穿的是全黑的日式禮服，母親穿一套西式洋裝，非常高貴。

不久司機開車來接我們，把我們送到一個像禮堂的大房子，那兒已經擠滿了不少人，大部分是衣著華麗的日本人，只有少數台灣人。在這禮堂裡的人，都說日本話，我們從小說日語，所以見到日本小孩馬上同他們混在一起，溝通不成問題。大人們找大人搭訕，小孩們聚在一個擺滿糕點的長桌旁，開心地玩，盡情嬉笑，也高興地吃著東西，這天真的是大夥兒最高興的日子。大人們團拜之後，表情都很嚴肅，好像有憂心的事，三五成群地交談著。

晌午時分，團拜結束各自回家，路上母親告訴我們今天是新年，父親工作的部門，同事們都聚在一起團拜，互相交流感情，也藉機彼此接近。

我五歲的時候，日本政府催促著父親要把我送到公學校讀書。父親不放心我在學校的安全，遇到空襲的時候都不准出門，那時年幼的我，真不知道大人們如何得知，什麼時候可以讓孩子到學校去？所以只偶爾讓我們上學，混混日子而已。上學一年多，除了日語字母沒什麼收穫。不是我不用功，也不怪老師沒教好，說實在的小小年紀的我，在學校整天感到害怕，也就無法專心讀書。

美軍飛機的頻繁轟炸，一連數月重創了宿舍附近的村莊，有些地方成了一片焦土，人財全毀，造成人心惶惶，似乎世界末日即將來臨，家家把生活重心移到防空洞中。然而每家憂愁的是，短時間內無法把防空洞的面積擴大。正在一籌莫展的當兒，卻一連幾天沒聽到空襲警報聲。父親特別忙，有兩天連晚上都沒有回來。有一天大早上回來，他一臉嚴肅，看到我們沉默不語，哥哥疑惑地問母親：

「飛機沒來丟炸彈了，父親好像不高興？」

母親沒有回答哥哥的問話，於是我們更感到疑惑。安靜的日子過了一段時間之後，我們突然發現，父親上班時穿的那套，看起來很神氣的制服不見了，他的穿著和一般人一樣隨便簡單，神情令人納悶。沒有空襲警報的威脅，我們像脫韁的野馬，一大早吃過早餐，就在宿舍區奔跑。大哥、二哥認識幾個公學校的日本同學，每次出去，都不肯讓我跟隨，無論他們跑多遠多久，到了中午吃飯時間一定會回來。他們回來後告訴母親，宿舍區的日本人家裡，每天有不少人去買東西，那些日本鄰居有的賣衣服，有的賣鍋子、被子或者家用品，反正什麼東西都有人買。哥哥問母親：

「賣東西是不是很賺錢？日本人把東西都賣掉了，不就沒衣服穿，沒東西用了，他們以後怎麼辦？」

「他們要回日本去了。」母親說。

「回哪裡？」哥哥問。

「他們從哪裡來，就得回哪邊去。」母親冷冷地說。

「回日本嗎？」大哥問。

「是呀！除了日本，他們無他處可去。」

哥哥似乎沒懂為什麼日本人突然要回日本去，這時街上有成群結隊的人聚集、喧嘩，全是台灣人，他們大聲叫嚷著、唱著。哥哥和我聽不懂台灣話，也不了解這些人在做什麼。母親開始忙碌起來，公家派來家中的男工不再來了，家裡請的兩個保母也不來了，我和哥哥實在不清楚發生什麼事。

母親也反常地忙著整理東西，家中最多的是父親的藏書，有一天有人搬來了幾個空木箱，看著那些木箱我納悶起來，到底要做什麼用呢？第二天母親開始把父親的藏書收到木箱裡。好好的放在書架上的書，為什麼要收進木箱？尤其是母親整理那些書的時候，是有條有理分門別類地寫在木箱上。書整理好後，又開始整理衣物，母親把我們穿不下的衣服放在一邊，她告訴我們，那些太小的衣服都要送人，我非常捨不得地看著衣服被人拿走。

母親把家裡的東西翻得亂七八糟，她什麼事全擱在一邊，整天翻東西綑行李。飛機似乎很久沒有來丟炸彈了，我正奇怪是什麼原因，大哥問母親怎麼沒再聽到警報聲，母親笑著說：

「你喜歡空襲警報嗎？」

「不喜歡，我害怕！」大哥怯怯地說。

「那就對了，以後再也沒有空襲了。」看看大哥疑惑的眼光，母親緊接著說：「戰爭結束了，以後再也不用躲防空洞，發動戰爭的日本人戰敗了，他們很快地要回日本啦！」

我和哥哥高興地跳起來，但是看母親愁眉不展的樣子，我們感到很奇怪，沒有戰爭了是天大的喜訊，為什麼母親不高興？難道我們也要同日本人回到日本？

晚上父親很早就回來，一家人在一起晚餐還算是第一次，飯後父親說：

「第二次世界大戰已經結束，日本是戰敗國，日本必須把台灣歸還中國，不久日本人將全部撤回日本，我們也要搬回老家。」

「為什麼要搬回老家？這裡不是我們的家嗎？」大哥問。

「這裡是父親原來工作的地方，房子是公家的，」父親說：「以後父親必須找另外的工作謀生。」

「父親，您不喜歡這兒的工作嗎？」

「不是的，日本人不能待在台灣，日本政府也沒有了，台灣以後歸中國管。父親一直在日本政府做事，中國政府不會要一個給日本政府做事的人。你們還小，很多事情沒有辦法同你們說，說了你們也不懂。」

我們的確不懂，更不能了解父母親那時的心情。那些日子有兩個父親的朋友來幫忙綑行李，一件一件用木箱裝起來，棉被和衣服用大被單包裹。家當綑綁就緒的那晚，家裡來了五部牛車，那時的牛車是農民耕田專用的工具，還沒有汽車可租來搬家。這五部牛車是用來載我們家人和家當的運輸工具。父母親一面差人搬東西，一面分配我們兄妹四個坐上牛車，就這樣裝滿了五部牛車，浩浩蕩蕩地出發了。牛車沒有棚子，鄉村的小路也沒有燈光，我們就這樣坐在牛車上，行進在黑夜的鄉村土路上。還好這夜有月光照耀。

我那時望著天上閃爍的星星，黑夜的寒意襲上心頭。我雖然才六歲，已經懂得擔心，想到未來我們的家在哪兒呢？父親今後何去何從？說實在的，整個政府的變遷，讓我不敢想像今後的日子。

曚曚矓矓中醒來，東方已露出魚肚白，我似乎睡了很長的時間。牛車輪在崎嶇的土路上滾動，發出刺耳的摩擦聲。哥哥們再也睡不著了，只有小妹躺在母親懷裡睡得很甜。父親坐在最後一部牛車上，他好像一直沒睡覺，向前面的牛車喊著，要大家停下來休息一會兒。他說：

「趕了一晚上的路，大家休息吃點東西再趕吧！」

「頭家，現在要趕路，等太陽出來了，再趕路可不好受呢。」趕牛車的一位老先生說。

「喔，」父親回答說：「也好，聽你的。」

好像都知會好了，趕牛車的老先生鞭子一揮，所有的牛加快步子繼續向前走。我和哥哥們都感到餓了，原希望能停下來吃點東西，然而老伯伯的決定，我們也乖乖地服從不敢說話。尤其父母親沉默寡言，嚴肅的面容讓我們感受到我們的家，面臨著前所未有的困境。

牛車繼續向前走，直到出了大太陽，正好到了一條寬闊的大馬路，路旁有一大片樹蔭，牛車停了下來準備吃早餐。早餐是母親準備的飯糰，說起來很簡單，只能填一下肚子，父親說，中午前我們一定會到家。

晌午時分，我們總算到達目的地新市。那是三叔的家，也是他當保甲的工作所在。民國三十四年，台灣的交通落伍，從麻豆坐牛車到新市，費時一夜加一個上午，非常累。趕牛車的人忙著下行李，一個保甲辦公室堆滿了大半間我們的家當。工人一邊搬一邊嘀咕，什麼東西這麼重，一箱箱打開，原來全是書，漢文書占百分之九十，日文書才只有一成。嬸嬸笑父親當官多年的家當，竟然全是書，母親為此非常不高興。

幾天之後，我們租到一間房子，一家六口暫時安居下來。父親開始找工作，那時有人請他到製糖廠當廠長，洽談之後父親沒接受，後來又有幾個地方，父親也都不接受，他頑固的觀念是當過日本政府官，認為自己不適合在中國政府機構工作，他對改朝換代的心病太重，始終無法接受新的工作。一家六口的生計，在父親心裡掙扎了很長的日子，我們經常聽到父母親一起商量有關工作之事。

戰後的生計很艱難，更讓百姓不滿日本政府過去對百姓的施壓，社會動盪不安，一些曾經被日本政府迫害過的老百姓，藉機出來報復，社會成了無政府狀態，治安惡劣，整個台灣亂糟糟，人們又生活在另一種恐懼中。

有一天，三叔三更半夜跑來，父親把他安頓在我們家閣樓上的小房間裡，並且叮嚀我們，不能讓外人知道三叔住在我們樓上。我疑惑不解，又不敢問大人，後來看到也聽到，說曾經在日本政府做過事的公務員，都成了過街老鼠，人人喊打。原因是在日本統治時期，那些在官方當官的人，常常仗勢欺人，如今在無政府狀況下，老百姓抓到機會紛紛出來報復出氣。母親告訴過我們，父親當官的時候喜歡幫助鄉里，尤其對那些貧病鄉人，他經常接濟他們，在地方上是出了名的好人。母親常告訴我們，父親很正直，不仗勢欺人，他一向處世公正，所以台灣光復後那段無政府期間，父親敢大搖大擺地走在街上。三叔當的是小小保甲，在地方上也許仗著哥哥的聲望，做了些不妥當的事，所以到處有人要修理他。

回憶那時的台灣人還不算壞，不像現在的人，為芝麻小事動不動打殺，甚至逞凶鬥狠，非置人於死地。追打曾在日本政府當官的台灣人，也只是教訓一下，沒聽說過出人命這麼可怕的事。

父親日治時期的官銜，影響他之後的工作，也難怪他考慮那麼多。因為不同的政府，不同的法規，也許父親有許多顧忌，他毅然拒絕了各方的聘請，最後決定在老家耕田維生。這一決定，讓我們全家感到驚訝，也不了解他的想法。祖父雖然務農為生，可是父親是文身，沒有種田經驗，我們很擔心，他如何靠耕田維生，母親非常憂心。

種田不像當公務人員，上班的公務員每個月有薪水可領。種田一季，前後半年才有收穫，這麼一來家計如何維持都是母親要操心的事。母親從小學習女紅，年紀輕輕的就在她的出生地教授洋裁，當父親決定今後要以種田維生，母親同時也打算一展教授手藝工作。

父親開始每天騎著腳踏車到田裡，他的工具就只有一把鋤頭，犁田就請飼養牛隻的人來代犁，播種、除草也都是請工人。父親每天一大早出門，忙進忙出，似乎很喜歡耕田的工作。母親也為她的教授工作招生，租來的房子原是住家用，她把樓上完全作為讀書和睡覺的地方，樓下整個大廳，則是母親教學生學習洋裁的場地，因為面積不大，只收了八個學生。母親計算八個學生的收入，不足以貼補家用，只好也代客做衣服，那時買不到成衣，所以生意還不錯。

我七歲了，鄉公所通知要我入小學，依照年齡該進小學二年級。我一邊學國語，一邊學習台灣話，上課時，真的得用「鴨子聽雷」來形容我的學習情景。老師鼓勵我先把發音學好，其實我們猜想老師似乎也是一邊學習一邊教我們。同學們也都想把國語學好，但是對我來說比較困難。到三年級後就輕鬆多了。

台灣光復之後，百業待舉，人人抱著未來有美麗的遠景。戰爭的陰影逐漸遠去，眼前是一片光明，我慢慢能適應祖國文化和教育。

家境艱苦，尤其飲食方面的改變最大，我們從三餐白米飯且有肉有魚，轉變成番薯乾飯配醬菜鹹魚。剛開始吃很難適應，時間一久，還能接受，能飽腹總比捱餓好過些。以前親朋常常叫我和妹妹胖姊、胖妹，才過一年多的光復歲月，不再有人叫我們胖姊妹了。母親腸胃不好，我每次煮飯會放一把米在鍋邊，吃飯時就把米飯裝給母親吃。家裡沒有工人了，我八歲時就要煮一家人的飯。每天除了番薯乾飯就只有清蒸小鹹魚，連吃蛋都不敢奢望。記得有一次母親買了兩條新鮮虱目魚，我第一次刮魚鱗清魚肚，母親吩咐要切一塊塊地放鍋裡煮，要放鹽和薑絲。魚清洗好才開始切塊，我不小心把手指切傷了，傷口有兩公分長，我不知道痛，可是鮮血直流，我驚慌失措，只感到眼前一片黑，迷迷糊糊地倒在地上。不知過了多久，感覺到有人一直搖晃著我的身子，還不停地喊著我的小名：

「醒醒，過幾天我帶你去台南玩！」

許久我慢慢地睜開眼睛，發現自己躺在母親懷裡，矇矇矓矓間看到母親在流淚，當她發現我醒來了，高興地緊抱著我說：

「如果你再不醒，準備帶你去看醫生呢。」

母親說著深深地嘆了一口氣，眼淚像斷了線的珍珠，不停地掉下來，從此我學會了拿刀子做事要特別小心，我那時一直想學習的事太多了。母親也許會想到一個八歲的女孩，挑起煮一家人飯食的擔子，不免過於沉重，我能感受到母親每每看到我煮飯，經常會嘆息，似乎很心疼我。

父親每天早出晚歸，很認真地學習耕田的工作。母親除了教學生之外，還要幫人做衣服，哥哥們的學費和家中開支完全靠母親的收入，另外房租也是沉重的負擔，所以家中除了我沒有人可以分擔煮飯的工作。

回憶我們剛回到老家的時候，父親帶回多年的積蓄，本來他有孝心給祖母買一棟房子，可是父親喜歡的房子，祖母嫌棄曾經開設旅館，非常不吉利，父親猶豫不決，就在遲疑時，新政府施行幣制改革，舊台幣四千元改兌換新台幣一塊錢，一夕之間，我們從小康之家變成窮光蛋。祖母想把三叔的住屋讓一半給我們，她喜歡大家住一起比較熱鬧，但嬸嬸不願意，還說祖母疼富家女（指我母親）。開始有是非傳出來，父母親不願家中不和讓外人看笑話，毅然放棄那房子，我們變成一無所有，所以只好在外面租房子，父母親的擔子變得更沉重了。依照那時的經濟情況，租不起大房子，而祖母照台灣的習俗該由父親和三叔輪流奉養，但租來的房子無法安頓祖母，只好暫時讓她住在三叔那兒，從此每隔一個月，父親就會給三叔送去祖母的伙食等費用，三餐就由嬸嬸代勞了。

三叔有四個兒女，長久以來，嬸嬸和祖母不和，原因是當初祖母反對他們的婚姻，在那個年代，很重視女孩的貞操，因為三嬸未婚先有孕，祖母幾乎是以生命阻撓叔叔的婚事，最後父親專程回來勸服祖母，由父親主持這門婚事。然而兩家長輩已經有很深的芥蒂，婚後糾紛不斷，祖母想不開，不肯讓步，家中經常吵得不安寧。

不過在三叔的大兒子出生後，嬸嬸接連又生了二男一女，嬸嬸有了四個孩子，照顧起來很吃力，祖母很喜歡孫子，她雖然纏過小腳，走起路來不是很穩，但老人家很能幹，平日幫嬸嬸帶孩子，為了孫子，祖母也不計較了。在嬸嬸生的幾個孫子成長過程中，三叔家過得平靜和樂，人人誇獎。未料幾年後小孩子漸漸長大，不再需要祖母照顧了，漸漸地三嬸的舊怨復發，常常爭吵，後來聽說祖母健康出了問題，父親曾帶祖母去看醫生，醫生說祖母的病必須繼續吃藥。後來病情到底有沒有好轉不太清楚，父親只交待三叔要照顧祖母，並隨時報告病情。

父親開始播種，每天早出晚歸，他相信弟弟會關心老人的病情。忙碌了一段日子，父親似乎病了，整個人看上去非常虛弱。

一天早上，叔叔差人傳話給父親，說祖母不行了，要大家過去。這真是晴天霹靂，父親和母親馬上跑到三叔家，我們四個兄妹放學後才過去。結果沒見到祖母最後一面，想起來很遺憾。晚上父母親一起商量祖母的後事，父親說要交給三嬸的父親全權辦理，因為他是個道士、地理師、風水專家，辦起來駕輕就熟，給親家做只要付錢給他就好了，我們輕鬆很多，母親沒有說話。

父親非常信任三叔，凡事只要三叔決定，父親沒有反對過。可是後來鄰里之間傳來一些話，說祖母一直和嬸嬸一家爭執敵對，祖母的喪事交給嬸嬸的父親去辦的話，他們一定會做手腳，父親聽到這些閒言閒語根本不相信，倒是母親非常擔心，害怕風水做壞了對祖母不好。祖母一向比較喜歡母親，母親也很孝順祖母，當她聽到外面紛傳的謠言，不安地告訴父親：

「婆婆病重的時候，三弟為什麼不早點通知我們，拖到老人家臨終時才來告訴我們，三弟到底存什麼心？」

父親低頭不語。

「我趕到婆婆床邊，」母親繼續說：「婆婆當時怒視招弟（嬸嬸的名字），用不清晰而又微弱的聲音重複地罵：你—不—得—好—死……」母親停了一下又說：「我走過去握緊婆婆的手，問她想不想吃東西，婆婆望望我，流下了眼淚。床邊有一碗稀飯，我端起來餵她，老人家吃了半碗後，推開了碗，就這樣走了。但是婆婆的雙眼是睜開的……」

父親一直沉默不語。

後來祖母的喪事辦完，從墓地回來，我又聽到母親對父親說：

「今天從墓地回來的時候，親家的轎子在路上翻了，親家受了傷。有人告訴我，親家是老道士又是風水行家，一定是在墓裡做了手腳，所以婆婆顯靈把親家的轎子弄翻了。」

「無稽之談，凡事不要聽外人亂講。」父親傷痛地說：「以後不管外人怎麼說，記得我們都裝著沒聽到。」

母親點了點頭，再也不說話，她對祖母的去世，顯得很不捨。

祖母去世，父親整日沉默，有時候顯得很虛弱，偶爾說起話來也是有氣無力。祖母的喪事讓父親的債務又增加不少，聽母親說，錢好像是向三叔借的，對我們家的境況真是雪上加霜，父母親整天愁眉苦臉。父親不肯去看病，經常躺在床上，似乎沒有體力到田裡去了。看在眼裡我也知道煩惱了。

民國三十八年，從大陸來了一批傷兵，他們駐在新市國小養傷，有一位女醫官帶著小女孩和生病的先生租一間房子住在我家隔壁，她和藹可親，知道我們家境不好，常常送饅頭給我們，她說軍隊配給的，每天都吃不完。幾天之後，她知道父親生病，沒有錢看病，從此她每天抽空來家裡給父親看病，還從部隊拿藥回來送給父親吃。

吃了兩個月的藥，父親的病情依然沒有好轉。不久女醫官的先生病故，緊接著她也被調到別的部隊，從此再也沒見到這位仁心的女軍醫。

父親的病越來越嚴重，雖然他不能出去賺錢，也無法種田，但是他還是強忍著病痛做家事，分擔母親的工作。

我們租屋後面有一片空地，父親拿著小鐘子翻了一小塊地方，種下了絲瓜和南瓜種子，他每天澆水，沒幾天種子發芽了，在父親細心照顧下，很快開花，也結了許多瓜。我們除了有南瓜和絲瓜可吃之外，父親還告訴我，南瓜的葉柄也可以吃，只要把葉柄上有細刺的皮撕掉。

第二天我摘了一大把南瓜葉，把柄上的薄皮撕掉，炒了一大盤，果然非常好吃。絲瓜也結了很多，母親說絲瓜煮稀飯很好吃，我很高興，心想今天可以不吃番薯乾了。照母親的話我做了絲瓜稀飯，最後放鹽的時候，我沒有問母親該放多少，自做主張放了一大把，心想平常吃番薯乾配絲瓜，覺得淡而無味，鹽放多點好吃。晚上一家人高興地圍在一起吃晚飯，每個人才吃一口稀飯，都皺著眉頭，紛紛放下碗，哥哥說：

「這麼鹹怎麼吃嘛！」

「啊，是我沒交待該放多少鹽，我疏忽了。」母親急著說：「我今天太忙了。」

「這樣好了，裝半碗稀飯之後，加上半碗白開水，這樣就不鹹了。」

「好主意。」母親說著忙在稀飯裡加一倍的開水。一大鍋家人渴望已久的白米稀飯總算一下就吃完了，這件事雖然事隔七十多年了，我每每想起，就感到很自責。

九歲的時候，因為長期營養不良，和同學一比較，我顯得又瘦又矮小。戰後幣值的更改，家家生活清苦，上學的壓力又大，時時感到功課不能落人之後。那時我的班導師是新市鄉長的太太謝金鸞老師。我總覺得她對我有成見，比如考數學，全班有一半以上的同學不及格，甚至還有好幾個考零分的，我幾乎每次都只錯一題，考八十五分或九十分，但每次走到老師面前領考卷的時候，老師一定會打一下我的手心。我痛得想哭，看到老師生氣的樣子只好忍著，乖乖地聽老師責罵：

「別人考不好我不能強求，可是你每次都答錯最簡單的，以你的程度是不該錯的。」

那時我還不了解老師的意思，心想為什麼別人考零分可以不挨打，我只錯一題，還是全班考最高分的，我不甘心每次都要受處罰。從那時起，我心裡有了自卑感，也許父親沒做官了，老師看不起種田人吧？或是我上學的衣服穿得不好？反正每次挨打後都要難過好幾天，想到家裡沒有錢，被輕視的觀念在我心裡種下了根，膽子也小了。

父親的病因為沒錢醫治，似乎比以前重了，他不像以前起床很早，忙著上田裡。他越來越晚起，起床後整個早上在家裡做做家事，像煮飯、洗衣之類的工作，以前沒有洗衣機，洗衣服完全靠手洗，很費力氣也很浪費時間，母親忙著賺錢，根本抽不出時間洗衣服。我覺得父親很奇怪，不像以前那樣喜歡到田裡，偶爾下午才去一會兒很快就回來，煮了晚飯，等大家吃過晚飯，他早早地上樓睡覺。

一天早上，當父親下樓的時候，我發現父親臉色更慘白，他坐在樓梯口喘氣，看起來很虛弱，我這時聽到母親對父親說：

「去給江醫生看看，有病就得治好，有了健康的身體才能工作，才能賺錢呀！」

父親嘆息一聲，沉默半晌。我暗想自從父親健康出了問題之後，我們家整天籠罩在愁雲慘霧中，沒有笑聲。我雖然才九歲，也知道什麼是憂愁了。

戰後一直流行瘧疾，每天班上總有幾個人缺席。屋前屋後處處長滿雜草，我也染上了這種蚊蟲傳染的疾病，我的身體一向比別的同學虛弱，經常病倒，先得每日瘧疾（又叫一日瘧，是天天發病），病了一段時間，好不容易吃藥好了，沒幾天又染上了隔日瘧疾（也叫三日瘧疾），這種病一直纏著我，我經常早上好好的，到學校上了一堂課，大約在十點左右開始發冷，然後緊接著發高燒，同時加上頭痛、頭暈、嘔吐的症狀，非常痛苦，幾乎無法站立，更別想走路了，所以老師會通知我母親，請她派人去帶我回家。真難為情的是經常都要靠母親的學生把我從學校揹回家。到了下午燒退了以後，我會好轉得像沒有生病一樣，可以寫作業，也可以幫忙家事。

因為居住的環境不好，蚊蟲和蒼蠅特別多，傳染病不斷發生，醫療不進步，每個人避免不了得病，幸好政府也努力地消滅蚊蟲，多年後終於撲滅了瘧疾。可是父親的病卻越發嚴重，醫生始終診斷不出他到底得了什麼病。父親虛弱無力，臉色蒼白，雙腿浮腫，有時發冷，有時發燒。有醫生說父親得了腎臟病，吃了幾個月的藥沒好轉。

父親對田地耕種工作荒廢下來，他幾乎整天待在家裡，有時候躺在樓上呻吟，這麼多年，家中生計主力沒有了，約有兩三年，父親完全沒有收入，卻增加了醫藥費的支出，家境艱難，僅靠母親的收入完全無法維持。我每天放學回家，肚子餓極了，就提著籃子到附近荒地摘野菜，有時到屋後果林撿蓮霧。那時新市的白蓮霧聞名全省，生長期長，有第一次結的果子收成，甚至有的只種一年有三次果子可收成。這期間果農每天都要摘蓮霧，然後包裝好運送到各地販賣。蓮霧表皮脆嫩，最怕碰撞，所以採摘時，只要不小心碰掉下來，就留在地上不會再撿起來，因為沒有人買，所以我放學回家，經常去撿回來充飢。

光復時台灣人口稀少，到處都是長滿荒草的空地，屋後不遠小水溝特別多，溝邊長滿了野菜，每次撿蓮霧，就會順便摘一些野菜回家，遇到放學早，就會到遠地田間撿稻穗，有時撿番薯，不同的季節，有什麼撿什麼，只要能給一家人充飢的東西都撿回來。當然也要感謝一些好心人，經常提供訊息給母親，哪裡有農人收成，我一放學回來就會抓緊時間去撿。像周六或周日，我會到離家更遠的地方，因為越遠的地方，人去得越少，可以撿到更多的東西回來，不過我每次都撿太多，一個人拿不動，因此經常找妹妹一起去幫忙挑回來，不過妹妹每次去都會和我爭吵，她嫌太重了。

我常覺得奇怪，在那個普遍窮困的年代，為什麼到處可以撿到充飢的東西？遇到假日，年長的鄰居也會帶我們到較遠的河流摸田螺和捉魚，有兩次我還摸到鴨蛋，原來有人趕鴨子進河裡玩水生下的。所以那時只要走出家門，隨地都可以找到充飢的東西，不會餓死。那時的荒地、小溪、池塘，都有窮人的生存資源，不像現在到處大廈林立，難得找到一個著地的庭院。

父親不肯再借錢看病了，他說吃藥吃不好，再這樣借下去，龐大的債務誰來償還？最糟的是父親的病引起了人們的恐懼，都懷疑父親得的是不治之症，害怕會傳染，這大大地影響了母親的生意，學生少了，也很少人找母親做衣服。這時兩個哥哥分別就讀台南高工和省二中，省立中學是父母們夢寐以求的學府，雙親為此感到驕傲，可是我們家正面臨斷炊的情況下，全家愁眉苦臉，覺得無奈。每當學期開始，註冊費讓母親感到極大的壓力。大哥提出要休學去工作，等有錢再繼續學業，母親考慮再三，決定把她僅存的首飾賣掉，讓哥哥們能繼續學業，母親說：

「孩子的學業不能停，先去註冊，以後的事我會想辦法。」

哥哥們的學費總算暫時解決了，接下來是我的問題。轉眼我小學快畢業了，面臨的是繼續升學或者輟學？哥哥們都要我參加省立台南女中的入學考試，如果我考取了就讀下去，如果沒考取再商量。我深知想升學的人，早在小學五年級時就要參加升學補習，因家境困窘，我根本想都沒想參加升學補習，如今要我參加台南女中入學考試，簡直是癡人做夢，可是二哥非要我參加考試不可，我沒有反抗的餘地。

幾個月之後，我硬著頭皮去參加台南女中的入學考試，如所預料的，我落榜了，奇蹟的是當成績單寄來之後，老師告訴我，我只差微少的分數就被錄取，並表示我要是參加補習一定會考取。老師最難過的是：這一屆的畢業生，沒有人考取省立中學，讓家長們非常失望。教升學班的老師這時感到困擾，因為家長會有規定，如果教升學班的老師連續三年沒有學生考取省中，家長會會解聘這些老師，而這幾位老師已經教了兩年的升學班了。

我整天心裡和腦子裡想的、掛念的是父親的病，我小學畢業了，也不想升學，誰考取什麼全和我不相干。我把學校的事全拋開了。但那天我的班導突然差人叫我到學校，我很納悶也不想去，可是父親叫我去看看有什麼事，我到了學校，已經是放學時間，我依約到了六年級的教室，那兒除了班導謝老師，還有教務主任楊清長，和陳老師，他們三位都是教升學班的。老師們見到我高興地對我慈祥一笑，謝老師先開口說：

「找你來是想讓你再回來上課，升學補習班的課。」

「我不想再升學了。」我怯怯地說：「我父親病了幾年，家裡有兩個哥哥讀中學，我不可能再去讀書。」

「你真的不想讀書？」陳老師說，他是我家房東的兒子，他父親開中藥店，有許多房地產。

「想讀也不能讀呀，家裡需要我幫忙。」

「回去問問你父親，他願不願意讓你升學，有什麼困難告訴老師，看我們三位老師可不可以幫你解決。」楊老師說著露出他招牌笑容，他的笑臉給學生們親切而不畏懼。這時我忽然想到他充滿愛心的一面。那時代還沒有自來水，學校也沒有水井，學生們到了熱天口渴只能忍著，楊老師家的廚房有個大水缸，他終日開放讓學生進去取水喝，雖然只有一把葫蘆瓢舀水喝，讓多少小孩解決了口渴之苦。楊老師說完，緊接著陳老師又說：

「告訴你父親，我們要你回學校補習，只要他同意，不須付任何費用。」

「但明年希望你參加省中的入學考試，如果你明年考取省立台南女中，學費我們三位老師替你負擔，」楊老師又說：「告訴你父親，我們教了兩年的升學班，沒有一個學生考取省中，如果明年再沒有人考取，我們以後就教不成升學班了，讓我們指導，明年最少有你一個學生能考取。」

我總算明白了三位老師的用心，也不知道是喜是憂，喜的是我也許可以繼續讀書，憂的是父親的病，再加上家無隔日之糧，我不敢想下去，但我還是把老師的話告訴了雙親。

父親同意我去上升學班的補習課，父親說遇到機會就要抓住，鼓勵我一定要讀書，以後才有美好的前途。於是我第二天就開始去上升學班的補習課，上了兩天課，楊老師對我說，最好每天早上就到學校，和六年級的同學一起上課，放學後再上補習課，更能穩定我的程度。聽楊老師的話，我開始和六年級的同學一起上課，下課後再去上升學班的補習課。只是這樣一來，我每天都要到六點多才能回家，回家看到父親蹲在後院升起小爐子煮飯，許多家裡的事我都不能幫忙，感到萬分不安，看到父親蒼白又發黃的臉，我暗想該放棄讀書，專心幫家裡的忙，直到父親康復，那樣我心安多了。

日子在憂慮和不安中過去了兩個月，因為母親的學生太少，又沒有衣服做，靠向外祖父借債過日不是辦法，最後外祖父決定要母親回北門教學生。消息一傳出，有不少女孩子報名，也許這是唯一解決經濟問題的好辦法。外祖父也給母親找到一間大房子，另外找到一個女孩子幫忙煮飯、做清潔工作。母親希望早點有收入，兩天後她一個人回到外祖父家，很快就開班授課了。

母親離家之後，我照常到學校上課，有一天家長會長來班上找我，一見面他就指著我說：

「快過年了，升學班的學生都繳了謝師費，你為什麼不繳？明天你一定要帶三十塊錢來，如果明天你不繳這三十塊錢，以後不准來上課。」

雖然我才十一歲，聽到這樣的話，我無地自容，拔腿一口氣跑回家，才進門看到父親蹲在地上燒火煮飯，我真想大哭，可是我馬上忍住，只叫一聲父親，然後直奔上樓去擦乾眼淚，照過鏡子才下樓幫父親燒飯。我心裡很亂，明天哪兒有三十塊繳給家長會長，於是我決定不再上學了。第二天早上，正好二姨丈和二姨來看父親，他們帶來母親的近況，一切都好，學生多，做衣服的工作也多，唯一不好的是外祖父找的女孩不夠伶俐，母親不喜歡，急著再找一個幫手。我要求父親讓我去看看母親，恰好第二天是星期天，就這樣我跟著二姨丈來到北門。我看母親非常忙碌，向母親說，我要陪她住在北門，起初母親不答應，後來我一再要求才讓我留下來，我答應母親，等父親病好了，我會好好讀書的。

我就這樣留下來在北門做母親的幫手，暫時忘了家長會長催促我付錢、責備我的那些話。這些難堪的事我沒讓父母親知道，我想如果父母親知道了，也許會告訴那三位老師，告訴他們我突然不去上學的原因，那麼老師們一定會要我再回到學校，我雖然年紀小，但還不能接受這樣被傷害自尊，唯一的方法就是沉默不語。

我在北門母親身邊，除了煮飯、洗衣之外，也幫母親在衣服上繡花。那個年代流行在衣服上繡花，尤其做大衣，只要在兩個大口袋上加繡一朵花，就會感到特別時髦又漂亮。母親做一件大衣的工資是三十元台幣，如果在大衣口袋繡上兩朵浮花或繡線花，就可收五十元的工資，這種細工由我負責，在我的參與下，收入增加了，沒想到從小愛繡花的我，這時候還有大用。

自從我來到北門做母親的幫手之後，大約兩個星期左右，我就要從北門帶錢回新市的家，把這些日子的收入帶回去，讓父親和哥哥支付家用和醫藥費。除此之外，每次外祖父都會準備兩個草編的籃子，裝滿了鹹魚或蒸、煎熟的魚，讓我帶回新市給父親和妹妹、哥哥們吃。那兩個草籃子真的不輕，外祖父把它們綁在一個特製的小扁擔，讓我挑在肩上。

民國三十八年，從北門到隆田還沒有直達車，必須從北門坐推鹽的輕便車到二重港，這種小推車是用人力推動，路程大約一個多小時，到了二重港要搭乘運鹽的小火車到隆田，然後從隆田轉大火車到新市，路程費時。那時我才十一歲，外祖父送我坐上推鹽的輕便車，頻頻叮嚀推車的工人，要把我送到二重港小火車站。

第一次坐推鹽車，雖然車子在鐵軌上滑動，但是鐵道狹窄，一側是深不見底的魚塭，我一直擔心輕便車滑出鐵軌，掉進水塘，提心吊膽地挨了一個多小時，才到達二重港的小火車站。目送推鹽車的工人離去，我很快地上了小火車，一顆心總算平靜下來，不久火車也開了。

小時候雖然曾跟隨母親從新市到北門來去多次，但從沒有單獨一個人搭車，這次不單是隻身乘車，身上有錢，還帶著外祖母給家人做的食物，我害怕這些東西丟了，錢縫在內衣裡，兩隻手不時緊抓住兩隻沉重的草籃子，深怕有人搶走這些東西，它是目前我們家裡急需要的。坐了近一個多小時的小火車，好不容易隆田到了，我挑起兩個籃子，隨著下車的人群走出小火車站，迎面看到了不遠處的大火車站，我跟著大人買好了到新市的票，穿過火車鐵道，走向對面南下的月台。那時南下、北上兩個月台沒有天橋和地下道可通行，完全是直接穿越火車鐵軌，想起來多麼危險，真令人害怕。

上了大火車，只二十分鐘新市站就到了。下了火車挑起沉重的扁擔，走了二十多分鐘就看到家了，想到父親大概可以去看醫生了，心中充滿希望，也許父親的病很快就會好轉，只要父親健康起來，今後這個家就有希望了。當我走進家門，父親從木板床上坐起來，他一股腦兒幫我放下肩上的扁擔，驚訝地說：

「這麼重，你是怎麼挑回來的？」

這時我頓然覺得雙肩劇痛，去照鏡子，看到肩膀都發紅了，然而轉身看到父親興奮的樣子，我馬上忘卻了肩痛。父親提過籃子，把東西收進櫥子裡，一個空櫥子馬上堆滿了食物。但那些全是魚類，我想到還欠了什麼，提起草籃走向屋後。溪邊的野菜似乎許久沒人來摘了，我很快摘滿了籃子。當我提著野菜回來，父親欣喜地露出笑容，但笑容背後，我看到父親被病魔折磨的影子。

我不在家，家裡顯得髒亂不堪，雖然我年紀小，但是打從七歲起，母親為家計而忙，父親沒生病前，每天早出晚歸，忙於耕種，家裡的清潔工作都落在我肩上，父親多年來逢人就誇獎我勤快，他常說只要我在家，到處顯得乾淨。

黃昏時妹妹放學回來，看到我很高興，她打開菜櫥翻東西，直叫肚子餓，父親忙去煮飯。晚上哥哥關心地問起母親近況，我說：

「母親很好，生意也很好，我明天必須回北門幫忙。」

「我好想跟你去北門。」妹妹說。

「等放假吧！母親實在太忙，我們家很需要錢給父親治病，哥哥們的學費，一家人的生活費，都要靠母親工作，你要懂事。」

一提到母親妹妹就哭了，她是家中老么，母親最疼她，她也特別黏母親，哥哥告訴我妹妹很想念母親，晚上睡覺時常常哭，看到妹妹這時眼淚汪汪地望著我，我心裡感到一陣酸楚。一夜，雙肩劇痛，輾轉反側。

第二天一大早，哥哥和妹妹都上學去了，我幫父親洗完了衣服，搭乘十點多北上的火車。那時新市國校操場，大約有一段五百多公尺長與火車鐵道平行，但在高高的鐵軌和校園間，是一大片寬五、六公尺、長五十公尺的養魚池，它隔開校園和鐵道，我想這是為了學童的安全設計的，尤其想從校園到鐵道得先跨過兩公尺半寬的嘉南大圳，很少有大人能跨過圳溝，小學生更不可能跨過這些溝渠和魚塘，對小學生來說絕對沒有跑到火車道玩的危險顧慮。但每當火車駛過的時候，許多小學生都會站上圳溝邊，看火車通過，火車離開新市火車站，大約兩、三分鐘就會經過新市國校，我每次乘火車去北門，習慣站在門邊，那時的火車門是敞開的，這時我遠遠地就看到妹妹站在堤岸上，她伸舉小手對我揮舞，心裡突然感到酸楚。我望著妹妹的身影逐漸遠去，消失在我的視野中，頓時泫然淚下，那一刻妹妹留在我心中孤單的影子，六十多年了未曾忘卻。

回到北門，我又同母親過著忙碌的生活，白天母親以教學為主，晚上我和母親幾乎經常忙到午夜，想起了父親能早日康復，我們從不感覺辛苦，也不知道累，只一味地工作，想多賺點錢給父親治病。母親經常在午夜時邊工作邊流淚，她很自責說，沒能好好照顧父親，讓病魔折磨父親五年多了。

北門是台南縣一個道地的漁村，是台灣大鹽田之一，處處皆是漁塭，有許多養魚人家，生活古樸，一條河貫穿整個村莊，當地人稱它為水溝，有三丈多寬，是直通大海的主要通道，兩岸商店林立，非常熱鬧，河邊停滿了竹筏，是到外海打漁或養蚵人家的唯一通道。每當漲潮時刻，漁民聚集在岸邊，帶著各自的工具和糧食上竹筏，出海打拚，一陣吵雜聲，好不熱鬧，等這些竹筏一一出海，河邊又平靜下來，日復一日，他們的生活單調，但非常有規律，而且懂得奮鬥不懈。

隨著二次大戰的結束，村民漸漸地感受到漁村生活的艱苦，不少人搬離到台南或高雄等城市去發展。這裡逐漸沒落冷清，人口漸漸少了，只見村裡處處是一座座的蚵殼山。整個北門村的街道幾乎像是用蚵殼鋪起來的，踩在蚵殼路上，不時聽到喀嚓喀嚓聲，非常特殊，小孩都沒鞋子穿，打著赤腳踩在蚵殼道上，很奇怪也沒看到有人被尖銳的蚵殼刺傷，真是不可思議。這個村裡許多人家都有蚵田，挖蚵賣的人家處處皆是，我閒時也隨母親的學生到她們家學挖蚵肉，剛開始時，一雙手傷痕累累，曾被母親責備過，可是我凡事都好奇，什麼危險的事都想嘗試，何況只是挖蚵肉呢？

這一天，沒有繡花工作，我逕自帶著大碗跑出去，兩個小時後我端著一碗蚵回來，母親看到我捧回來的蚵，問我從哪兒弄來的。我告訴她撿的，她不相信。那位教我挖蚵的學生帶我出去，她告訴我，別人剛挖過的蚵殼有時可以發現漏挖的蚵肉，在北門想吃蚵，不一定要花錢買，找找人家剛倒出來的蚵殼就能找到蚵肉吃了。

母親聽後雙眼一紅，沒有再說什麼，只告訴我以後一個人不可以趴趴走。

我們在北門租住的房子離大水溝不遠，每當漲潮時刻可以聽到溝邊熱鬧的嘈雜聲，漁民把一天辛苦的漁獲運回來了。我好想去溝邊看熱鬧，有個學生來接我一起去，被母親阻止，我很掃興，乖乖待在家裡。第二天阿霞來上課時，偷偷地告訴我如果有興趣，她可以帶我到外海，那兒更好玩。我欣喜若狂，約好周六午夜出發。

周末晚上母親早早上床，看她睡著了，聽到貓叫聲，是阿霞的信號，我慌忙躡手躡腳溜到門外，母親沒有發現。隨著阿霞跑到水溝竹筏邊，她指著一旁的竹筏，示意我上竹筏，把我帶到黑暗的一角，她好像擔心我被人發現。

半晌開始點名，有人叫我的小名「祕友」，阿霞示意我應聲，點名的人看看我，疑惑地問：「這個女孩誰帶來的？」

「是我！」阿霞怯怯地舉手回答。

點名那人又看看我，沒表示什麼。我坐在竹筏上，發現竹筏太簡陋，是用十二根大毛竹綁起來的，它浮在水面上，四周沒有扶手也沒有欄杆之類的保護，我這時感到非常害怕，心想遇到強風，我有可能被吹到海裡，想到我不諳水性，必死無疑。正想入非非的當兒，發現竹筏開始划動，阿霞好像才鬆了一口氣。竹筏很快駛離岸邊，漸漸地岸邊的人群逐漸消失，我已經看不到那兒的人影，可是我隱隱地聽到有人喊叫我的小名，糟了，是外祖父的聲音，然而他已經無法把我追回去了。竹筏划行的速度太快，只聽到竹杆在水中划動的聲音。

我伸手可以摸到竹筏邊的海水，越想越害怕，討海人的生活回想起來實在太冒險。小小年紀的我竟這麼任性地冒險出海，若是出了什麼意外，病中的父親怎麼忍受？以後誰幫母親？這麼想著我萬分後悔。

竹筏搖搖晃晃許久，只覺有人拍著我的肩膀，回頭一看是阿霞，她對我說：

「我們快到外海了，待會我們要下竹筏，涉過一段淺灘的海水，外海就到了。」

阿霞告訴我，竹筏划了將近兩個小時。竹筏停了，我們紛紛下竹筏，這一片淺灘有及膝的海水，只覺站在海水中身子不穩，阿霞和同伴們慌忙示意要手牽著手，這樣我們順利地走上沙灘，雪白的沙灘過去就是無垠的外海。沙灘是內海和外海的分隔地，也是漁民捕魚的地方。

東方初露魚肚白，站在沙灘上，說不出的興奮。朦朦朧朧看到白沙灘很大，有四棟大茅草房，每棟相隔甚遠，都各有它所屬的財團。漁工一批批走向他們的草房，阿霞也把我帶到外祖父的草房，每間草房大約可以容納近兩百名漁工，房內兩旁鋪著稻草，是給漁工睡覺的地方。阿霞告訴我遇到好天氣，許多漁工都不回家，連續幾天睡在草房裡，每天直接走到沙灘捕魚。這時我往草房走去，發現那兒有幾口大鍋，有的煮魚湯，有的鍋子煮番薯飯，魚香同番薯飯的香味撲鼻，幾個大男人把大鍋抬到草房外，漁工紛紛取碗裝飯，這時已經是早餐時刻，阿霞幫我裝好食物，大夥兒各自端著碗跑到草房外的沙灘上蹲著吃。魚是剛捕上來的，特別新鮮而味美。吃完早餐，漁工急忙走到沙灘，各就各位，牽網的工作將開始。第一次見到此情此景，我沒有想到辛苦，卻充滿了新鮮和興奮，跟著大人們走到沙灘邊緣靠近外海的地方，也跟著阿霞拉起漁網。

望著一望無際的大海，看見日出的神祕美景。抬頭，發現拉著漁網的漁工只有一邊，另一邊的漁工雖是一字站開，卻沒有拉漁網，我正不解時，阿霞指著遠處飛馳的漁船說：

「你看，那幾個男人，正快速地把漁網撒進海裡，很快船就會回來。」

我恍然大悟，漁船回到接近沙灘的地方，另一批漁工蜂擁而上，拉起另一邊的漁網。現在兩邊漁網都有人了，開始把漁網拉上沙灘，就這樣拉到沙灘上，漁工又忙跑到海水裡，再把漁網拉到沙灘上來，兩邊工人不停地拉，直到漁網全拉到沙灘上，大夥兒一陣歡呼，網裡有很多掙扎跳躍的魚，這是拉一趟漁網的收穫。漁工忙挑出來一些不知名的魚，在沙灘上挖洞埋起來，我奇怪地問他們為什麼把魚埋起來？他們告訴我，那些魚有毒，不能吃，為了安全起見，首先要把牠埋掉，說完把餘下的魚倒進大魚簍，抬進草房裡，接著漁船又駛向遠處的大海撒網，重複地拉網，直到吃午餐。午餐同樣吃魚湯和地瓜飯，魚只有加少許的鹽，沒有生薑之類調味，不過也許是因魚新鮮，不會感到有腥味，還覺得特別好吃。

這天漁獲量不錯，中午休息時有幾個工人，把早上的漁獲送去魚市場。大部分的漁工休息一小時之後，又繼續工作，直到黃昏才結束了一天的拉網。休工後略為收拾，在還沒漲潮時，我們涉過淺水灘，準備潮水一漲就啟程回家。竹筏經過兩小時的划行，大約晚上十點我們回到北門村的大水溝。竹筏還沒靠岸，岸邊就傳來了外祖父的呼喚聲，竹筏一靠岸，我急忙奔到外祖父面前。他看到我安然回來很高興，要我趕快回家，說母親擔心了一天，非常著急。從小我就怕外祖父，連忙跑離溝岸，跑著跑著，後面隱約傳來外祖父責備阿霞的聲音。

此後我再也不敢亂跑了。回想往事，我的膽子未免太大了，乘那種竹筏，通常都是有好水性的人，好在那次沒遇到惡劣的天氣，真是太幸運了。

忙碌地工作兩個星期，有了一些收入，母親叫我送錢回新市老家，外祖父母又張羅了一些海產，有鹹魚和祖母做的蚵醬與蝦醬，又裝滿了兩個草編的籃子，很沉，還是要用小扁擔挑著走，外祖父送我到推鹽的輕便車站，就像往日那樣，工人把我推到二重港，送我上了小火車。兩年多來就這樣來回北門和新市，一段時間的磨練，我老練多了，不再像以前那樣擔心及害怕。

這天，我按照慣例，在隆田下了小火車，走向大火車站，當我買票的時候，售票員問我年齡，我告訴他十二歲，他要我買全票，我猶豫很久，因為手邊沒有買全票的錢，母親擔心我把錢弄丟了，全部縫在我的內衣裡面，正想著如何解決，這時來了一位穿著華麗的外省太太，她問售票員：

「這小女孩有什麼問題？」

「她已經十二歲了，應該買全票。」售票員說：「買半票還挑那麼多東西。」

「是嗎？」那位外省太太說：「這個標準是指年滿十二歲，超過半票線高度才要買全票吧？」

售票員沒回答，轉頭問我：「你有超過半票線嗎？」

我嚇得不敢說話，那位太太回答說：

「根本沒超過，不信你出來看看。廢話少說，你——」

猶豫一會，售票員收進了半票的錢，遞了一張半票給我。我慌忙拿著車票，挑起籃子走向對面的南下月台。那位外省太太早已站在南下的月台上。我走到她面前向她道謝，這時心裡說不出的難過。

每次回家父親都特別高興，他遞給我一塊喜餅，說：

「你母親的學生要結婚了，她送帖子和喜餅來，我特別留一塊給你。」

以前的零食少，吃結婚喜餅是最高級的零食，我接過父親手中的喜餅，把它切成兩塊，留一塊給妹妹。我這次隔了兩個星期才回來，家裡又亂又髒。我開始清理，想到一個家分住兩地實在很不妥當。父親更瘦了，長久下去家不像家，父親又能撐多久？他病了將近六年，再拖下去真的不堪設想，母親在北門為了賺錢養家，日夜忙碌，過度操勞，健康隨時也會有問題。尤其父親每天還要煮飯、洗衣，對一個重病的人也不堪負荷。

回到北門，我告訴母親，我們家不能再分開住了，還是搬回新市，一家人住在一起可以互相照顧。母親和外祖父商量過後，她也認為搬回新市較好，外祖父還建議養豬之類的副業。我們終於搬回新市老家。幾天之後，外祖父送過來兩隻好品種的種豬給我們。一家人高高興興地養起豬，胖嘟嘟的小豬很可愛，養了兩個月，我發現小豬不吃東西，好像比以前瘦了，我們不懂找獸醫來看，不到兩個月小豬竟然死了，我們非常難過。

正感到絕望時，新市突然來了許多從大陸撤退過來的傷兵，火車站附近的倉庫住滿了，新市國校也住了一批，開始有軍人來家裡修改軍裝，他們說大部分的軍裝尺寸不合，必須要修改才能穿，而新市的裁縫師大部分不會說國語，我們家四兄妹都會說，這樣的優勢帶來了很多修改衣服的軍人，母親的生意增多了，當然收入也增加了，應證了天無絕人之路的古訓。這些從大陸來台的軍人，顯然帶著很重的鄉音，有些話有時我們也聽不懂，可是溝通上沒有太大問題。後來熟悉了，他們紛紛介紹朋友來改衣服，把哥哥們當朋友，常來家裡同哥哥聊天，談起他們的家人。

一天我們正吃晚飯，看到我們吃番薯乾飯，第二天就送來一大包鍋巴，教我加點水煮就是稀飯。他們告訴哥哥，新市國校住了好幾百個軍人，每天三餐用大鍋煮飯，大鍋底的飯都變成鍋巴，有許多老百姓每天到國校的大廚房買鍋巴，我們聽起來很新鮮。他們走的時候問我們喜不喜歡鍋巴？母親要我問問能不能留一些賣給我們？他們說會設法叫朋友留一些。我很高興，以後我不用常到很遠的地方撿番薯，更不用天天吃地瓜飯了。母親的收入好轉了，但是我們憂心的是父親的病。自從父親生病之後，他很少去看朋友，多年來家裡也沒有朋友來看望我們，倒也不能怨人現實，這是人之常情嘛！

第二章　祖母的墳

呂梅黛就讀中學時期。

一天，我告訴父親有客人來訪，父親很快就出來見客。兩個人見面頂熱呼，打過招呼就坐下來聊天。

「寒舍來了稀客，不知有什麼貴事？」父親說。

「沒事不能來嗎？」

「噢！可以，不過有點奇怪，現在的人很現實，我如今貧病交迫，看你來覺得很不尋常。」

「老朋友來探望，你不歡迎？」

「歡迎！」

「那就好，你知道我平日忙碌，沒有幫手，整天窮忙。近日鄉里間紛紛傳說你們家的事，所以我才來。」

「那先謝謝你了，依你的看法呢？大風水師！」

「別說笑，我們說正經的，你難道沒有想到你的病和你母親的墳墓有密切的關係？」

「看你說話總不離本行。」

「別想左了，看你這個樣子，誰還敢想賺你的錢？我們大半輩子的交情，從不談生意，對嗎？」

「你是不是要告訴我，當初我就不該把母親的風水交給親家公做？」

「我是外人，我不敢也沒權利這麼說。不過事實是全新市人都知道，你母親幾乎要拚命來反對你弟弟和這位大風水師的女兒結婚，後來是你專程回新市勸說母親，親自主持這門親事的。」

「那有什麼不對的？」

「對不對沒有人論斷，不過你親家曾揚言，有一天會給你母親好看。」

「看什麼？」

「看那位親家、大風水師的厲害，偏偏你母親過世，風水由你親家做，我曾經提醒過你，結果你說我要搶生意，只好同你避而遠之。」

父親默然不語。

「那位大風水師早就威脅過你母親，新市鄉很多人都知道，你應該也聽過。」

「是的，我聽說過，可是人死了，他有什麼本事害她？都是一些沒有科學依據的話。」

「老兄，你病了六七年，外面很多傳說，起初我認為大家胡說而已，昨天我特地去看你母親的墳，覺得——」

「有問題嗎？」

「照理說一般做法，大房和小房要兩邊平均，絲毫不能有偏差。事已至此，我就直說了，外人傳說你親家為了報復你母親，把風水做偏了，大房小、小房大，這種做法是讓自己女婿更好。而你母親的墳一邊靠在水田裡，你大房不但好不了，子孫也不會平安。」

父親沉默半晌，好像在沉思什麼。

「我不能光聽別人說什麼，就要挖墳撿骨。」

「到今天你還不肯承認問題，這六七年來，每遇下雨天，你雙腿就會浮腫，大太陽出來你就會發燒，有沒有這個症狀？」

父親不否認，也不相信是風水問題影響他的病情。這位朋友看父親不太相信他的風水論，搖搖頭告辭，臨走父親還向他不停地道謝。

晚上父親和母親提起祖母的墳墓，根據外人傳說的問母親，要母親表示她的看法，母親建議盡快修墳，她說光憑祖墳下陷進水，晚輩就不能坐視不管。父親無可奈何，目前他不只沒有這筆錢，更嚴重的是他沒有體力出面做修墳的工作。經過兩天的考慮，父親還是找朋友去遊說三叔，但三叔不同意，他說風水有問題影響父親的健康，是無稽之談，他還諷刺父親無能卻怪風水。三叔的老丈人，還威脅要用他的生命阻止修墳。話已經說得這麼絕，朋友建議向警察局報案，同時到鄉公所備案，然後不管三七二十一就動工修墳。

父親考慮再三，還是又託人向三叔說好話，錢由我們家負擔，修墳將擇日動工。可是無論說盡了多少好話，三叔還是不同意，最後父親斷然決定動工修墳。那天母親帶兩個工人和一個撿骨師到祖母墳前，三叔早就坐在墳上，他大聲對母親吼叫說：

「今天你敢挖墳的話，連你娘家老祖宗的墳我都要去挖開。」三叔叫到最後連三字經都罵出來。

一個弟弟連自己病重的哥哥都不體諒，還對嫂嫂無禮謾罵，頓時傳開來，引起鄉里公憤，地方上的人紛紛站出來罵三叔的不是，警方也派出兩位警員，陪同母親和工人協助挖墳的工作，祖母的墳墓終於順利修好。巧合的是父親七年來的病也好轉起來，可以開始出門走動了。

很長的日子，新市人都在紛紛議論，三叔為什麼要阻撓修墓？耐人尋味的問題傳開後，很多人都來探望父親，一位從沒來過城市的鄉下遠親，也來探望父親，他告訴父親：

「你三弟無人性……你父親早逝，你一手照顧弟妹們，還孝敬母親，照理他該好好向你學習，怎麼可以做這樣不仁不義不孝的事情？長嫂如母，她有孝心為呂家老母修墓，他怎麼可以對嫂嫂不敬？簡直不是人，畜生都不如。」

遠親罵了老半天，直到黃昏時分才告辭，臨走要父親好好養病，等病好了，家必然會好起來。

大約祖母的墳修好後一個月，有人告訴父親，說三叔的岳父死了，聽說是去幫人看風水，回家路上從轎子上跌下來，兩天後就去世了。那時沒有什麼交通工具，為了顯示他的身價和聲望，他出門都坐轎子。他自認是大風水師，還兼做道士，是這一行家中的行家，什麼好事壞事他都在行，名聞鄉里。他的死訊傳開後，大家都傳說他在祖母大殮和出殯時做了手腳，一般人不願做害人的事，因為一旦破功之後，自己會遭殃的。三叔不准我們挖墳，大家都猜到他怕岳父破功反彈、自食惡果，那必然遭受死亡的報應。

民國四十年，台灣還沒有瓦斯，我們家靠我到火車鐵道上撿煤塊和木片來做飯，煤塊是火車的主要燃料，鐵道上經常掉落些煤塊，我成了火車鐵道上撿煤塊的女孩。那時火車鐵軌是用木頭做枕木來固定，為了安全，鐵道班的工人常來往鐵道上巡視，看到陳舊的枕木就會把它換新，拆換時常常會留下一些碎片，這兩樣被廢棄的東西，成了我家日常燒飯主要燃料。七、八年來，新市火車站到新市國校這段鐵軌上，有個女孩在鐵道上撿東西，那就是我，我總是挑著兩個大籃子，走在危險的鐵軌上，看到什麼撿什麼，有時火車從背後急駛而來，當火車靠近背後，我才慌忙奔下鐵道。

有一次大年初一，家家戶戶、大大小小穿著新衣出去玩，而我照舊穿著破舊的衣服到鐵道上去撿柴火。難得看到大年初一有人這麼勤奮的到田裡工作，老農人捧著一堆番茄到鐵道邊送給我，他問我為什麼不出去玩？我傻笑著，他告訴我他女兒初二要帶孫子回來，特地到田裡摘一些孫子喜歡的番茄和蔬菜，他誇我是個好孩子，並且說如果他的孫女像我這麼勤勞，他就高興滿足了。

過年不久，寒假結束了，每遇新學期開始，是我最難過也是最尷尬的日子。從新市街上到火車站大約有一公里多的距離，新市街是大部分人口聚居的地方，不管上學的學生，或到其他地方上班，或者到台南辦事，或去看病，主要交通工具是火車。搭乘火車的人要步行十五至二十分鐘的路程。新市街那時只有一條大馬路可以直通火車平交道，平交道有柵欄，每當火車要通過前數分鐘，鈴聲響起，柵欄隨即放下。平常行人走過平交道得右轉走向鐵軌邊的小路，大約要走兩百多公尺的小路才到新市火車站。小時候當走過平交道，只能右轉順著鐵軌邊的小路走向火車站，小路同鐵軌相距不到兩公尺，當火車從後面經過身邊，帶著強風襲來，讓人感到危險萬分和恐懼。那時候鐵路局從沒有為鄉民的安全改善過，如今事隔六十多年再回鄉，鐵道邊已經起了一道磚牆，隔開了鄉民走在危險的火車道邊。

每到上學或放學時刻，我害怕到鐵軌邊撿柴，我盡量避開同學，不願看到背著書包上學的學生，常想我要輟學到何時？還有背起書包上學的一天嗎？

有一天，二姨丈和二姨突然來看父親，當天二姨丈就叫了一部車，親自送父親到台南市吳登儀內科。經過吳院長一下午的檢查之後，二姨丈又把父親送回來。晚上母親告訴我們，吳院長說父親可能是十二指腸蟲作祟，要等檢驗過後才能肯定。如果確定，醫生才能開這種殺蟲藥。因為要用較強的藥才能有效殺滅，目前父親太虛弱，先吃幾天緩和症狀的藥，等檢查報告出來，才能對症下藥。

那天二姨丈同二姨逕自回去。

幾天後父親依約回診，吳院長已經確認他的診斷。他開了七天的藥，頭兩天是殺死十二指腸蟲的藥，另外五天是用來調整腸胃復原。醫生還交待父親要注意飲食的調養，並告訴父親藥吃完了，身體會好轉，不必再去看，似乎很有把握父親的病從此會痊癒。

父親整整病了七年多，我夜夜祈求神明保佑父親早日康復，但願這次能夠真正地解除父親的病痛。七年多來，我們家負債累累，一貧如洗，妹妹升小學六年級了，我的同學也都已初中三年級快畢業了，可是我每天在田野裡撿拾地瓜和稻穗，在火車道上撿碎木片和煤塊，想到前途感到茫然，我的命運不知有否轉機的一天？

意想不到的，父親吃過打蟲藥後，真的身體好轉了，他一天天感覺到有精神，體力好多了，尤其是他的臉色變了，不像以前那麼蒼白，偶爾會到田裡去，荒廢了七年多的田地，他每次從田裡回來，告訴我們佃農都有幫我們耕種。然而很奇怪的是到了收穫時，我們收不到任何農產品，是佃農不交租嗎？父親不肯告訴我們，他認為小孩子什麼都不懂，沒有必要知道田地上的事。可是他每次從外面回來，臉色沉重，默然不語，一個人悶在一邊，偶爾同母親說什麼，好像又怕我們聽到，我和哥哥都覺得納悶。

家裡四個兄妹，除了我，他們三個每天照常上學，家事依然繼續由我一個人挑著，我任勞任怨地忙於家務，每天晚上做完了家事，會偷偷地拿妹妹的書來看，有次忘了放回妹妹書包裡，第二天妹妹上學不久又跑回來，她告訴母親書不見了，母親很疼她，馬上就大聲叫我，問我有沒有看到妹妹的書，我這時把掖在背後的書拿出來，妹妹一手搶過去，瞪了我一眼說：

「以後不准再拿我的書。」她一向仗著母親的寵愛，對哥哥、姊姊的態度傲慢。

父親知道這事後，有一天晚上問我：

「你想不想讀書？」

我怯怯地點點頭。

「那很好！」父親笑著說：「那今年你準備考台南女中。」

「只有一個月的時間，怎麼來得及？再說我已經輟學三年，不可能考取，我只能考縣立中學，我的程度還不一定考得取哩！」

「你非去考省女中不可。」二哥插嘴：「你的同學都能考取，你怕什麼。」

「她是畢業後第二年參加升學補習才考取的。」

我辯不過二哥，在他的逼迫下，我無奈地和妹妹一起報考省女中。當考卷發下來的時候，面對考題我愣住了，許多題目非常陌生，有看不懂的，也有似曾相識但沒法子正確寫上答案，實在荒廢太久，早預知根本不能上榜。妹妹雖然是應屆畢業生，可是她一直沒有參加升學補習，對省女中艱難的考題看不懂，姊妹雙雙落榜，這是意料中事，但是我們依然難過喪氣。父親安慰我們，這次考試主要是讓我們增加入學考試的經驗，不要把得失放在心上。

省中放榜之後，緊接著縣中的招生廣告紛紛出來，父親要我們姊妹去報考附近的新化初中。考試那天我覺得縣中的考題簡單，小心翼翼地一一作答，為了避免答錯，我反覆地檢查，心想如果落榜，論年齡我沒有勇氣再考。這次的考試，該是我這輩子進學校讀書的最後一次機會，我感到無限恐慌。

放榜那天，父親親自騎腳踏車到新化初中看榜，一個多小時後他回來了，欣喜地告訴母親我被錄取了。全家人都很高興，父親交給我報到通知單，隨著報到之後，就要參加新生訓練。我看到我的名字在報到單上，欣喜萬分，妹妹鼓著嘴，她知道自己落榜了。

「你還小，」母親拍拍她，「沒關係，我們送你上升學補習班，明年你一定是省女中的榜首。」

妹妹皮笑肉不笑地咧咧嘴。

幾天後母親為我做了一件白上衣和黑裙子，我高興地穿著新制服去註冊，母親張羅到的錢只夠繳註冊費，其餘還有制服費、書本費，父親要我問老師，可不可以先繳註冊費，老師很親切地看看我，說：

「可以的，書本也可以自己去買，學校只是代辦而已。」

回到家，母親說，過幾天把書本費攢夠了再到學校繳。我想到也許我可以借到課本，我到處打聽誰家的孩子就讀新化初中，很快的知道一家花店有個學兄，我去拜訪他的時候，這位學兄同他的家人，見到我這個新學妹，非常友善。我問起學兄有關讀過的課本，他馬上領會到我的來意，他告訴我那些課本用過之後，他保存得很好，並且說如果我不嫌棄的話，他可以借給我。說完他走向小樓，把書本拿出來給我看，學兄說：

「這些書都是一年級上學期的用書，我媽媽曾對我說，讀過的書不要丟，保存起來也許還有用。」

「學兄，你是說這些書還要用？」

「我不是要用，而是借給別人一樣有用。」

「你們真好。」我接受了學兄的課本，連連向他們一家人道謝。

我順利地參加了新生訓練。自從考取初中，每次到學校註冊或做什麼事，都是父親親自帶我到學校。第一次穿上有裙鉤的裙子，很不習慣。記得我總是一邊走一邊掉，每走一段路，就會整理一下衣服和裙子。父親走在前面，我老是落後很遠，父親常常回頭停下來等我，他大概誤會我走不動才落後，那時候的父親對我愛護備至，很有耐心，走一段路就停下來等我，從不責備，哪怕是我和妹妹吵架，父親總是袒護我，他常常向朋友誇獎我，說如果沒有我他早就連骨頭都沒有了，哪還能活到今天？

我們這天靠著雙腿，走回到新市火車站，那兒正好停著興南客運，車上走下來兩位女學生，她們都是今年考取的新生，父親看看她們，嘆息一聲說：

「過幾天，父親攢一些錢，給你買張車票，還是坐汽車上學。」

新市到新化初中，大約有五公里多遠，只有興南汽車，從新市火車站行駛到新化街，興南汽車的學生票沒有很大優惠，學生月票每月三十塊台幣，對我家的經濟狀況是很重的負擔。那時新市有不少學生，就讀新化初中和新化初農，男生占很大比例，幾乎所有的男生都騎腳踏車，女生只有三個，兩個坐公車，我沒有腳踏車，只好走路。如果是晴天，上下班時間整條路都有三三兩兩騎車人群，行人不多，大約都是公路兩旁種田的農民。我每天從家裡走到新化初中，大約要一小時多一點。

學校早上七點上自修課，七點半打掃清潔，八點升旗典禮，也就是朝會，每星期一有周會。我是很難七點鐘到達學校，開學後老師知道我的情況，導師特別批准我免參加自修和打掃清潔，八點鐘我必須到達學校，不能遲到。

從新市火車站走向新化，是條直通通的公路，遠遠看過去，在二、三公里處似乎無路可通，像是一片樹林阻擋去路，當走到樹林邊，延著公路微向右邊繞過樹林，豁然開朗，前面的公路還是光亮而直通通地呈現在眼前，然而當繞著樹林走的時候，傳說中的故事不免讓人膽怯。因為蓮霧樹林長在公路邊的窪地，站在馬路上看不到樹的根部，只能看到樹木的上半截。傳說中樹林鬧鬼，也常耳聞有強盜躲在樹林裡。二二八事變時，很多鬧事的流氓曾躲在樹林中，和警察槍戰，被打死了好幾個流氓。這些傳言，撲朔迷離，留給人們神祕又恐懼的印象。

每次當我走到這段路的時候，都匆匆奔跑過去，但如果遇到有人群，我就從容地走過這片樹林，過了樹林，前面有一條六十多公尺長的水泥橋，橋面比馬路低一公尺，大約五、六公尺寬，這條純水泥橋兩邊沒有護欄，走在橋面上，如果遇到大風吹過來，真怕被風吹到橋下，而橋下流水淙淙，令人雙腿發抖，我每次都提心吊膽地走過橋，過了橋總算鬆了一口氣，並慶幸沒掉落到橋下滾滾泥水中。

有一次正下著大雨，到放學時雨還沒停，我沒有帶任何雨具，當我走到水泥橋的時候，河水已經離橋面只有一公尺左右，泥漿水在橋下旋轉，一個個巨大的漩渦讓我頭昏眼花，站在橋頭我不敢過橋，嚇得大哭起來。

半晌，一個種田的老阿伯看到我，帶我走過橋，我驚魂未定，一路淋著雨，哭著走過蓮霧樹林，奔向回家的路。隆隆的雷鳴，閃電一條條在眼前閃爍，我害怕極了。我加速腳步，繼續跑著，跑了一段路，路上沒有人影，那些騎車的同學全不見了，只有我在傾盆大雨的路上狂奔。又跑了一段路，實在跑不動了，我身上早已濕透，如果不跑就開始發冷。跑著跑著，突然眼前一亮，在不遠的前方，有個熟悉的人影向我的方向走過來，漸漸看清後，我精神一振，慌忙迎向前，是父親給我帶雨傘來了，我高興地說：

「父親你的病才好，不能淋雨呀！」

父親沒說話，把他手上的雨傘交給我，示意我快打開傘，可是當我才把傘打開，一陣風吹過來，把傘吹到地上，父親忙撿起來，嘆息一聲，傘骨被風吹散了，只好繼續淋雨回家。

父親病好了，可是他從前巡田帶的鋤頭不再帶出門，每次從外面回來，總是愁眉苦臉，過去每遇星期假日，他常帶我和二哥到田裡拔草，自從他病好了之後，從沒有要我們到田裡幫忙，總是對我們說：好好讀書。其實我複習功課，大都在上學、放學的路上，邊走邊看書，只有需要坐著寫的作業才留到晚上做，所以我還有時間幫母親做繡花的工作。

母親的學生訂婚了，送來訂婚禮餅，母親總要切成幾份，每個人都有一份，每次哥哥和妹妹都馬上吃掉，我一向省著慢慢吃，我把我那份切下三分之一先吃，剩下的收到櫥子裡，第二天我想去切一點餅吃，拿出來一看竟然變小了。母親望望我神祕一笑，我又把剩下的這一小塊餅切成兩份，準備先吃一小塊，再留一塊，母親笑著說：

「全吃了吧，別留在那兒引老鼠流口水，家裡有一隻大老鼠會偷吃的。」

我笑了笑，我不貪吃，還留下一小塊。我知道母親說的大老鼠是誰，那就是她最疼愛的妹妹呀！

父親每天忙進忙出，但家裡的經濟依舊沒有改善。那麼多田仍然沒有任何收入。學校規定每天都要帶便當，同學的便當是白米飯，我的是地瓜乾飯配蘿蔔乾，有時配豆豉炒小魚乾，偶爾有一兩樣炒青菜，如此而已。開學不久，我發現班上有幾個女同學，喜歡在午餐時巡視每個人的便當，然後公布每個人的便當菜，並加以批評取笑。我自知便當菜不好，為了不被取笑，第四節下課鈴響，我提著便當跑向運動場外，躲在一棵樹蔭下吃飯。有一天我正在吃的時候，聽到背後有聲音，倏然回頭，原來是班上專愛取笑別人的兩個女孩，我沒理會她們，把便當吃完。午飯後的午休課，大家都得伏在桌上午睡半小時，午睡後有十分鐘自由活動時間，這時我看到班上同學三五成群地說說笑笑，尤其看到我很神祕。我避開那群同學，當我走遠，依然聽到她們的笑聲，很清晰地聽到那些同學的談話：

「她吃地瓜乾飯配老鼠大便，怎麼吃得下，髒死了！」

「你們看她穿的衣服，跟我們不一樣，那種粗布。」

「她比我們大三歲才讀初一，一定太笨了考不取。」

「實在很丟臉，十四歲讀初一，要是她能讀完高中，等畢業不是已經老到掉牙了嗎？」

「既然考不取，勉強讀到學期結束了也會留級的，看她那麼窮，她白搭。」

「你看到她穿的鞋子沒有，前面長兩隻眼睛，很好看。」其中一位女同學說著哈哈大笑。

「笑死人啦，那麼爛的鞋子，只有叫化子才穿，垃圾堆裡撿的都比它好。」另外一個聲音說。

你一句她一句的，正說得高興的時候，上課鈴響了，說話聲音總算消失了。

我進了教室，拿起書本遮住臉，桌上滴滿了淚水，眼前模糊一片，看不清書本上的字。心想我做錯了什麼要受人取笑侮辱？窮人想讀書有罪嗎？明天我還能繼續來上學嗎？還要繼續忍受這一連串的冷言冷語嗎？

回家的路上一個人走著，沉思同學的戲謔，忍不住又暗自落淚，快到家門的時候，我慌忙擦乾淚水，裝出笑容。母親看到我很高興，交給我兩件大衣的繡花工作，我接過後連夜趕工繡好。夜裡輾轉反側無法入眠，想起我重新揹起書包那天，是多麼的興奮，心中充滿對未來的希望，支撐著我克服困難，走向求學之路，如今我真的猶豫向前，暗想我能否告訴父母親我在學校的境遇？

第二天走在上學路上，我總是利用走路的這一個多小時複習功課，或者背英文單字。這天天色陰暗，每次遇到這樣的陰天，我特別害怕走到那一片傳說中鬧鬼的蓮霧樹林，更害怕走那座沒有欄杆的水泥橋。碰到有路人經過身旁，會增強我的膽子，也常常有路人讚美我，尤其是學生們經過身旁時會留下話：

「那麼用功，想考上狀元嗎？」

其實我也只有在路上的這一點時間屬於我，唯一能讀書的時光。當然我也希望將來能考高中，甚至能上大學，誰不希望更上一層樓？然而一到了學校，看到那一群女同學，我感到無限自卑，沒有勇氣面對她們。日復一日，我似乎是硬著頭皮上學，但平日老師們的鼓勵，和他們的教導，是我求學的力量。老師平日鼓勵我身處逆境，是堅強地追求知識的關鍵時刻，這些金玉良言，也是促使我能忍辱向前的動力。

這天是我初中一年級結業的日子，老師在課堂上頒發第一學年的學業成績單，從最後一名的成績單發起，當所有同學都領完成績單後，那一群常恥笑我的同學，把目光投向我，我頓時不知所措。老師突然拉高喉嚨說：

「這學期獲得第一名的同學是呂美代，她的勤學和克服困難的精神，值得做同學們的榜樣，你們要向她學習。」

我們是男女合班，男同學的掌聲徹頭徹尾響個不停，女同學冷冷地、不服氣地看我。我相信不久的將來，他們都會改變對我的觀點。成績單發完後，老師緊接著發放下學期的註冊單，臨走要我跟她到辦公室。我戰戰兢兢尾隨老師，到了辦公室，老師露出笑容對我說：

「暑假快結束的時候，你要到鄉公所民政課申請一份清寒家庭證明書，下學期註冊時要帶來。下學期起除了免去註冊費之外，你還可以申領到兩百塊的清寒獎學金。」老師拍拍我又說：「好好讀書！」

我向老師道過謝後走出辦公室，這時我非常興奮，感覺所有的老師特別慈祥，同學們非常友愛。我飛快地走向回家的路，看到母親連忙把成績單呈給母親看，父母親很高興，勉勵我繼續努力。

幾天後，我帶著借來的一年級課本，到那位學兄家，我是去還書的，他見到我第一句話就是先向我道喜，他未等我開口借書，就自動說：

「二年級的書我給你準備好了！」他邊說邊走進書房，很快地把二年級的課本全交給我。

當我道過謝走出來的時候，他追過來叫住我，並說：

「三年級的書，我會給你留著，到時候會交給你，你安心地讀下去，如果有什麼事需要幫忙，請不要客氣。」

我的努力總算獲得不少同學和學兄們的友誼，我想利用暑假充實自己。可是還有一件更需要關心的事，就是父親所耕種的田地。以前每到寒暑假，我同二哥都要去田裡幫忙除草，算算有一年多，父親痊癒之後沒有要我們去田裡幫忙了，我同哥哥們提起這問題，大哥感到納悶，這一晚我和哥哥一起問父親。

「父親，」大哥先開口：「到底我們的田為什麼不再要我們去幫忙了呢？」

「小孩子好好讀書，別管大人的事。」父親冷冷地說著，似乎要走開不想回答，他正轉身時，我拉住他。

「父親，」我說：「我們都不小了，家裡的事我們也該知道，到底發生了什麼事，為什麼您很久不去田裡？而且也不要我們去幫忙？好像佃農很久沒來交租了？」

父親嘆息一聲，許久才說：

「既然你們都覺得奇怪，我只好告訴你們，我們的田在我生病時，都被別人占去了。」

「誰占走了我們的田？」大哥問。

「就是代耕的佃農。」父親說：「當初請他們代耕，講好我病好了，就要收回田地的，誰知道他們聯合起來，不還了。」

「為什麼不請村長幫忙？」我說。

「問題就在村長身上，他們提出書面證明，證明我們把田地全放給佃農，我有口難辯。」

「難道沒有申訴的地方？」大哥問。

「有，」父親嘆息一聲：「要到新化地政事務所，也許他們能處理，可是時代不同了，聽說地政事務所現在都是一批從大陸來的年輕人，他們全是大學地政系畢業的，也許他們會主持公道也說不定，但這批人不會說台語。」

「父親，」我說：「這件事我去處理，我知道地政事務所在哪裡。」

「你只是個十五歲的小女孩，誰相信你，你要是男孩子就好了。」父親說：「你大哥在外面不敢說話，這件事我一直抱著悲觀的態度。」

「父親，你就讓大哥和我兩個人一起去好嗎？」

「這——」父親猶豫一會道：「也好，明天你們去看看，找到承辦人向他說明原委。」

第二天我同大哥到了新化地政事務所，大哥有點膽怯，向門口服務台說明來意，那位小姐把我們帶進一位專員的辦公室。那位專員看起來很年輕，很客氣地請我們坐下後，遞給大哥一張名片，他名叫李逸民，自我介紹是成大地政系畢業，受完兩年訓後，被派到新化地政事務所，看上去沒有官架子。他首先問我們為何事而來，大哥怯怯地說：「為土地被侵占的事。」

「噢——」專員的態度很友善地問：「土地怎麼被侵占的？」

「我父親患了七年病痛……」我搶著說，大哥對我看了一眼，我不敢再說下去。

「繼續說下去，我聽著。」

「我妹妹沒說錯，因為我父親病重不能耕種，這期間請人代耕，約定父親的病一好就要收回土地，結果佃農七年來不但不繳付田租，村長幫他偽造文書，造成侵占土地的事實。」

「你說的全是實話？」李專員問。

「我們不會騙人。」大哥示意我說下去，我就接著說：「現在我們收不回土地，非常無助，父親不會說國語，我們只好代替父親來申訴，請求先生主持公道。」

他聽了很驚訝，沉思半晌，答應查辦這個案子，並且問明我們持有的土地地號，大哥拿出土地權狀給李專員登記下來。他告訴我們，這件案子是他就任新化地政事務所專員之後，第一次遇到比較棘手的案子，他會好好調查，公平處理，要我們放心。當我們向他道謝走出辦公室後，他快步追上來，請我們和他一起去吃午飯。我一再婉謝，向大門直走，我同大哥小聲說我們身上沒有錢，今天我們有事向他求助，怎能讓他破費請我們吃飯。我一邊道謝一邊慌忙向他告別。大哥不好意思拂卻別人的盛意，慢慢和他一起走著，李專員看我走出大門，追過來要抓住我的時候，突然嘶的一聲，人沒被他抓住，他的戒指勾住了我白色學生服的袖子，竟然被撕開一條裂痕，破了，李專員神色一變，尷尬地苦笑，他不停地道歉，說：

「真對不起，為了能表達歉意，這一頓飯你們一定要賞光，一起去吃點廣東麵點。我在台灣沒有親人，我們有緣認識，就把我當大哥哥好了。」

拗不過他的盛意，我們兄妹倆只好跟著他走向麵館了。看得出來，他是這家館子的常客，他向我們介紹這家麵館的招牌包子，客人很多，李專員點好菜後，菜很快就上來。我第一次進飯館吃飯，感到很新鮮，第一次吃廣東叉燒包，非常好吃，一口氣吃了兩個，那盤三鮮炒麵也特別可口，李專員一直勸我多吃，他真的像大哥哥一樣。

飯後他回到辦公室，我和大哥向他道別後，走向回家的路上，當我們走進家門，父親迎上來，知道李專員請我們吃飯，指責我們不懂事，說我們有事請人幫忙，怎麼可以接受人家的招待？

三天後李專員告訴我們，他曾去鄉公所拜訪，也去過我們的土地所在地，最後就到佃農家。聽那邊的村民說，李專員訪問了我們兩個佃農，還到關鍵人物村長家去做筆錄，當然最重要的村民他也做了詳細調查。一周之後，哥哥收到李專員的信函，信中詳細說明他所做的調查，搜集到村民對我們有利的證詞，他整理好了會呈報上級，等上級決定如何處理後，會通知我們。

收回土地的事微露曙光，我們萬分感激李專員，可是父親認為李專員是外省人不可信。我和大哥就不這麼想，就憑兩個未成年人，一身破舊衣著走進公家機關去申訴，他沒有懷疑我們，熱心接辦這件案子，顯示他的眼光銳利，上任後的第一個案子，就是挽救一個瀕危家庭的大善事，他的大恩大德我們呂家不知如何感謝他。

自從學校放暑假後，我又同村人到處撿稻穗，摘野菜，有時也會到河床上撿拾人們丟棄的嫩西瓜。嫩西瓜是農民疏果時丟棄的，可以醃製成醃瓜，等發酵過有酸味就可以炒來佐飯，煮魚湯也很好吃，是一道很受人喜愛的開胃菜，桌上可口的佳餚。

漫長的暑假，我每天要撥出一些時間溫習功課，寫暑假作業，也要抽出時間幫母親做繡花或者縫邊的工作。布料好的衣服，工資也高，不能用針車軋邊，完全要靠手工一針一針的縫，衣服正面不能露出有針車車過的縫線痕跡。有時我還得到火車道上撿木片或煤塊，儲存開學後家中煮飯的燃料。每逢下雨天就做清潔房子的工作。父親常常對人說，只要我在家，這個家就會很乾淨，他常向母親抱怨妹妹從不幫忙家事。

父親生病前耕種三甲多土地，這是耕者有其田允許留下的最高面積。父親臥病長達七年，這些田地全部被侵占光，自從李專員來調查過之後，有一兩個佃農陸續歸還代耕土地，大約收回一甲左右。父親於是開始忙碌了，水稻種下之後，他常常帶二哥和我到田裡拔草，每每要工作到天黑才回家。天黑之後的田埂，常常有水蛇從腳邊游過，也有青蛙跳進水田的聲音。大哥課業重，較少到田裡幫忙，我雖然瘦小，做起事來從不認輸，常常和二哥較量。二哥小時很頑皮，愛玩，拔草工作常常趕不上我的效率。妹妹很少到田裡，她大部分的時間，都待在母親身邊撒嬌。

暑假快結束了，有一天李專員出現在我家，我和父親都在田裡，沒見到他。大哥說他到區公所，順路帶來了好消息，他說父親的田都可以收回來了，等上級的公文下來，他會親自帶我們去辦手續。晚上父親從田裡回來聽到這消息，眉頭深鎖的臉終於露出笑容。我也很開心，心想我們的生活慢慢會好轉，我將有較多的時間讀書，我憧憬著未來能夠順利求學。

隨著芒果季節的結束，緊接著是龍眼上市。大營老家有好幾棵龍眼樹，也有許多其他果樹，大哥常帶著我到大營去摘水果，新市到大營大約四、五公里遠，小時候總覺得有消耗不完的體力。每次摘芒果比較吃力，有一棵叫南洋芒果的，果粒大似嬰兒頭，有一次我們在樹下摘芒果，突然掉下一粒，正好打中大哥背上，他大叫一聲，摸著背說好痛，我把這件事告訴母親，從此母親不准我們回老家，她說那麼重的芒果打在背上，實在危險。

老家的堂叔大概看很久沒有人去摘水果，龍眼成熟了，有一天他挑了兩籃龍眼來看我們，父親忙著同堂叔寒暄，堂叔高興地抓了兩串龍眼給妹妹和我。妹妹接過龍眼，照堂叔的盛意開始吃，我看她吃得很開心，也跟著吃起來，我倆吃得很高興，沒有留意父親的臉色，不久堂叔回去後，父親把我和妹妹叫到他面前，我這才發現他板著臉，手上拿一把竹尺，命令我倆伸出手來，緊接著竹尺落在我們手心上，一時只覺得手心麻痛。我和妹妹苦著臉相視一眼，父親這時厲聲問：

「你們知道今天為什麼挨打嗎？」

我倆搖搖頭，鼓著嘴看父親。

「客人帶來的東西，在客人沒走以前是不可以自己拿起來吃的。」父親說：「這點禮貌，你們不懂嗎？」

「是堂叔拿給我們的，他一直要我們吃。」

「原來是這樣，父親今天錯怪你們了。」

父親平日很嚴格，對我們的生活教育特別重視，他七年的重病，無力也無心教育我們，我們有些疏忽了。今後將會重新注意父親的教育，尤其是生活細節。好在我們犯的錯不大，他向我們揮手示意離開，沒再責備我們。

學校開始註冊，首先我到鄉公所民政課申請貧寒證明，承辦先生說：

「依據你家繳的稅金，不能算貧寒之家，看在你能申請清寒優秀獎學金的分上，我可以幫這個忙，這是我們鄉裡的光榮。」

我拿著清寒家庭證明書，到學校註冊，教務主任告訴我免繳學校所有的費用，並且也為我申請清寒獎學金，兩個月之後，縣政府會把這筆獎金撥下來，要我安心讀書。

新學期我雖然已註冊，但大哥、二哥和妹妹還無法註冊，這是母親最操心的時候，這天她把僅有的首飾交給父親，到台南銀樓變賣。大哥為了早日分擔家計，初中畢業就考職業學校，他台南高工的學業只剩一年，二哥讀的是台南二中，才高中一年級，妹妹考入省立女中，家裡的經濟負擔很重，每次母親都要變賣首飾來給他們繳學費。

新的學期開始了，同學們的態度也改變不少。我不再是她們取笑的對象，她們不但開始對我友善起來，遇到功課上的難題還會找我，我也高興地和她們切磋，增加同學間的感情，沒有再遇到像以前那樣尷尬的場面。

只是每天上學路上一個人孤單獨行，有時很遠見不到人影，那滋味很不好受，常常害怕壞人突然從樹林裡竄出來。來往的人稀稀落落，我總是拿著書本邊走邊看，多少會忘卻心中的恐懼。我想人總是喜歡熱鬧的，誰也不喜歡在這樣荒涼的公路上獨行。遇到遠地有一群騎車的同學經過身邊，膽子便壯了些，哪怕只有幾分鐘也感到好過些。看到那些車隊遠離時，漸漸的又害怕起來，直到走到新市火車站，才擺脫了恐懼。

新的學期開始，也換了新的老師，新老師特別嚴，首先推行說國語，同學們說慣了台語，一時改不過來，暗地裡交談還是用台語。老師派班上的糾察隊員記名取締，糾察隊員本身也常說台語，他也不敢舉報說台語的名單，老師發現取締效果不佳，於是他自己來抓。他經常躲在同學背後偷聽，剛開始許多同學都被記下名字，違規的同學要罰洗廁所。那段時間幾乎每位同學都掃過廁所，如果全校廁所做清潔比賽的話，我們這一班該得冠軍，同學們都怕被罰，但也經常被抓到，大家非常無奈。這位新導師是剛從大陸來台的外省人，同學給他取了綽號「冷血動物」。同學們有共同的默契，老遠看見老師，就用暗語：冷血來了，然後大夥兒一轟而散，怕被他聽到我們說台語。

推行國語之後，開始要大家改名字，只要有接近日本名字的，通通改成中國式的，幾乎一大半的同學都被公布出來非改不可。我當然也得改，其實我在台灣光復時就從美代子改成美代，現在要我一周之內把新名字送上去，一周後大哥照吉祥筆畫給我取名黛良。我更改名字的事，親戚們都不知道，依然叫我舊名字。

哥哥們和妹妹也都順利地註完冊，開始他們新學期的課程。大哥讀職業學校比較辛苦，他每天乘火車到台南，從台南火車站到台南高工，大約走五十分鐘才能到校，下午放學後也要走五十分鐘的路，到火車站搭乘火車回新市。當初選讀台南高工，母親曾反對過，因為每天早晚上下車都得走五十分鐘路，可是大哥為了畢業後馬上能就業，還是選擇讀台南高工。

我們四個兄妹，總算都入高一層的學府，生活雖然艱苦，都充滿希望。

有一天，那位新化地政事務所的李專員，突然出現在我們家，母親一直想怎麼謝他，卻聽到他即將離開新化的消息，他是特地來辭行的。他告訴我們，上級把他調升到台北的地政事務所任科長，我們一家人都為他高興，想到即將離別，感到悵惘不已。他婉拒我們為他餞行，留下台北的地址，匆匆離去。

升上二年級後，學校給我們增加了課外勞動課，每天下午最後一節課安排了種花和種菜課程，每個學生分配一塊地後，老師先分配菜苗或花苗，然後教我們如何種植，澆水、防蟲、施肥。

花苗和菜苗定植後，我們開始澆水等工作，眼看它長出新芽，令人感到驚喜，給我一種成就感。一個多月後，我發現花開始長出花苞，菜也結球了，我們這群沒種過菜的大孩子，在老師的教導下，竟然種出好成績來。兩個多月後就可以採收了，花開得很漂亮，就留在校園裡讓人觀賞，菜在老師打過成績之後，告訴我們可以摘回家吃，同學們高興地把自己的收成帶回家。母親看了我帶回家的菜很高興並誇獎一番，戲說我如果沒工作，可以靠種菜維生。那時候城市外的學校，初中生幾乎都有課外活動課程。

第三章　大哥挑起家計

呂梅黛少女時期。

轉眼大哥將畢業，每天勤於看報紙，希望在求職欄找到適合的工作。聽說有些私人企業到學校求才，已經有幾個同學找到喜歡的工作。一天晚上大哥拿一張報紙，和父母親商量，他考取了國防部技術人員的工作。母親非常反對，她不希望大哥離家太遠，大哥說進國防部是當技術人員，工作有保障，正適合他學以致用，而且待遇比較好，可以領到父母配額的柴米油鹽配給，每個月還可以領到美援的救濟物資，很適合我們的家境。

大哥和雙親爭執兩天，還是毅然決定到國防部，雙親是多麼的捨不得，想到大哥才十九歲，為了家計離鄉工作，心中感到萬分不捨。大哥離家時，只帶了一個小包包，國防部的通知單說明，所有衣物由公家配給，這也省了一筆服裝費，從此大哥將要披上軍裝，這是當時一般人最看不起的職業。

大哥依依不捨地搭上北上的火車，新市火車站沒有快車，他將坐十個小時的慢車，搖晃到台北，看著大哥踏上辛苦的人生列車，黯然落淚，從此家中沉重的工作，不再有人幫我了。

幾天之後，收到大哥家書，他告訴我們辦完報到手續之後，換上軍裝，也住進碧潭的軍營，他喜歡碧潭的風景。他除了報平安，還表示很喜歡這份工作，一家人終於像吃了定心丸。

大哥的家書頻仍，我可以想像他還不習慣離家的生活。父親也寫信鼓勵他，並且要他不要掛念家人，漸漸地大哥的家書少了。

父親的田自從收回來之後，已經正常地耕種，他整天就在田裡忙得很開心，由於七年來都沒有種植，種田方面還不能有收入可貼補家用，我每天從學校回來，除了幫忙家事之外，還得幫母親繡花或者縫布邊，在家讀書的時間不多，完全靠學校課堂裡，有時下課時間同學都出去玩，我就抓緊時間寫作業，上學路上就要背書或背英文單字，整天壓力大，也非常緊張。尤其星期日，不是到遠地撿地瓜，就是要到火車道撿煤塊，撿多的時候，常常挑不動，經常邊走邊休息，以前大哥會出現在路上，幫我把東西挑回去，如今他到台北工作，再也看不到來幫忙的大哥了。

這學期開始功課重了些，我依然靠走路上學，家裡一個月還不能湊出三十塊錢給我坐公車，平常還不覺得苦，一遇到下雨的日子，打傘無濟於遮風雨，雨衣太貴買不起，經常淋成落湯雞似的。冬天地上露水重，腳上的布鞋有破洞，自己用麻線縫補，擋不住地上的潮濕，手腳經常被凍得冰冷，苦不堪言。自認萬事要咬緊牙，忍著不能向任何人訴苦，誰叫我要讀書呢？

大哥去上班一個月了，他領了薪水後全部寄回來給父親，信中還提到我們家的恩人李逸民，大哥說他星期日去探望李先生，他似乎開始習慣台北的生活，假日常常和同事出去走走。

大哥除了有薪水之外，父母親配額的柴、米、油、鹽也配給到家裡來，這些配給中的米，已經夠我們三兄妹帶便當了，再加上美援的救濟物資，像脫脂奶粉、奶油、麵粉之類的食品，增加了許多家中糧食，我從此也不太需要經常出去撿地瓜了。

初三時，功課加重了，競爭很厲害。父親給我買了部舊腳踏車，要我學會了以後騎車上學，可以節省走路時間。母親的學生帶我到國校操場練習，很快我學會了，她叫我騎上馬路，一直往前騎，我聽她的話騎向新化初中的方向。我小心翼翼地向前騎，才過新市火車站不遠，前面衝過來一部軍用吉普車，我為了躲這部迎面而來的車子，把手過度轉向一邊，倏然連人帶車掉進側邊的大溝裡。右腿覺得很痛，半晌才能站起來，驚魂未定，只知道把車子推上馬路，趕快回家。

母親看到受傷的我，慌忙為我清洗傷口，我的右小腿脛骨烏青一片，皮也磨破了，已經腫了很大一塊。母親要我給隔壁的鄭伯伯看，護士替我敷藥，綁上繃帶，幾天之後磨破的皮痊癒了，可是依然腫得很厲害，脛骨突出一大塊。母親聽說草藥搗爛敷在腫脹的地方，很快就可以消腫，但不知道為什麼，兩三個月後還是沒有消腫，摸起來像是骨頭腫起來，雖然走起路來還是很痛，但可以忍受。不過從此我再也不敢騎車，反正學業只剩一年，只好忍耐著走下去。

初三，最重要的是考慮升學問題，依我家的經濟情況，不敢妄想考普通高中，最理想的只能考慮師範學校，師範學校是小學教員的搖籃，三年讀書完全公費，畢業後有當小學教員的資格，是不愁沒飯吃的鐵飯碗，入學考試競爭激烈。南部有校史悠久的台南師範，還有剛成立的高雄女師，這兩校有點不同，台南師範是男女合校，採自由方式，學生可以住宿在學校，也可以每天通學，通學的學生可以每天到學校，把教育部發給的全部費用領回家，住宿的學生由學校支配那筆公費，吃住全在學校。比較起來，學生如果家住不遠，把公費連同配給領回去自己支配，可以節省一些錢。高雄女師是剛成立的學校，只限女生，但全部要住校，一般家長不放心十七、八歲的女兒住在學校，那時的台灣還是很保守的，稍有經濟基礎的家長不會同意住校。我班上只有一半同學要升學，一半選擇就業，幾乎升學的女生都選高雄女師。這是因為高雄女師和台南師範錄取名額一樣，這顯示考取高雄女師要容易得多，女生要和男生競爭是多麼困難？我堅持考高雄女師，父母親沒有意見，可是二哥反對得很厲害，我選高雄女師還有一個原因，因為台南師範是採用標準本出題，新化初中多年來教的是正中和復興書局出版的課本，內容差別很大，注定會吃虧。而且投考南師的有省一中、二中和女中的畢業生，這三間省立學校讀的課本都是標準本，縣中學生沒讀過這個版本的內容，像這樣情況下如何同省中學生競爭？明知選錯了目標必定失敗，可是我沒有選擇權，更沒有自主權，我萬分絕望，真有所謂前途茫茫的感覺。

有幾個年輕外省人，帶了一大堆軍裝來要母親幫他們修改，母親有許多個學生，可以幫忙拆，修改衣服很容易，因而來者不拒，於是幾乎每天都有外省軍人在我家走動。這些人大部分都是在大陸撤退時的傷兵，但已經接近痊癒，分發到新市休養。新市火車站附近平交道旁有好幾個大倉庫，改裝給傷兵休養，新市國小也有一批重症傷兵，軍醫醫療中心就設在國小中。

以前沒有這麼多人來改衣服，現在母親的生意特別好，她說，有兩三個面孔很熟悉，這麼多人改衣服，大概都是熟面孔帶來的。他們一來，母親會叫二哥出來翻譯，二哥不在時，就叫我當翻譯，漸漸熟了，就不單是改衣服的話題了，他們會像調查戶口似的，打破沙鍋問到底，問個沒完沒了，我太忙了，就藉口溜走，他們就改向母親問，母親是鴨子聽雷，聽不懂，但也很有耐心應付，有時也會把妹妹找出來，同他們寒暄。

我們的國語不是很好，尤其那些外省人的鄉音特別重，似乎每個人都來自不同的地方，有時要問好幾次才聽懂他們說的話，我們家一向穿著簡便，又節儉，衣料貴，我經常穿有補丁的衣服，妹妹從小愛漂亮，母親重視她的衣著，我也從不計較她穿得比我好、比我漂亮。

有兩個常帶朋友來改衣服的軍人，和二哥相處久了，每天晚飯後常常出現在家裡，他們時常帶禮物給二哥，都成了好朋友。周日他們約二哥到台南看電影，看過電影又約二哥順便上館子吃飯，二哥非常開心，玩了一天才回來。成了朋友之後，他們經常來找二哥，每次他們來家裡，我就溜開。

有一天我發現在上學路上，看到一個熟悉的身影站在不遠處，後來在放學的路上，又看到他站在我要經過的地方向我打招呼，我害怕鄉人看到了說閒話，對他點個頭就急忙走遠。

那天我回家較晚，一進門就看到那個熟悉的臉和二哥聊天，他已經不常穿軍服了，我走進後室後，他站起身說有事必須走了，臨走交給二哥一個布包，他說一個住金門的朋友託他買的布，等他寄到金門，那個朋友被調走了，包裹被退回來，這些布他現在沒有用了，送給我們也許有用，丟棄了實在可惜，說什麼他一定要留下。二哥沒推辭就收下了。客人走了，妹妹好奇地打開一看，原來是一塊細白布和一塊黑色卡其布，那是做學生服的布料，我想他的朋友有女兒讀初中，那年齡應該不小了吧？

妹妹看到這兩塊布，馬上要母親給她做一套新的學生服，母親最疼她，當晚就開始動手做了，新制服做好後，妹妹第二天就穿去上學，她的穿著一向比我體面，我也不和她計較，我只夢想換一雙沒有開口的鞋子，穿破鞋子早上走在有露水的草地上，腳總是被凍得僵硬。

大哥在國防部工作幾個月了，每個月的柴米油鹽準時配給到家，因為都是禮拜天送到新市村長家，母親一直是叫我去領。有一天我很吃力地提回來這些配給，累得我上氣不接下氣，那個熟悉的軍人正好來和二哥聊天，他馬上站起來接過我手上的東西，還直誇我那麼瘦小力氣可不小呢。

他和二哥還真的有聊不完的話，他告辭的時候同二哥約好，下星期天去台南玩，他叮嚀二哥要帶我一起去，二哥沒問我就直接答應了他。

星期天他早早地來接我們，那時候到台南除了火車還有興南客運，班次很多，我們很快就到了台南，他首先帶我們去一家鞋店，要我挑選一雙鞋子，我很害怕，怎麼可以讓人家買鞋子給我？回家可會挨父親一頓打，我從沒收過別人的禮物。父親的教育特別嚴格，絕對不准我們接受別人的東西，父親常對我們說無功不受祿的道理。可是他的一張利嘴說服了二哥，二哥點頭要我試穿，穿好了新鞋，他吩咐把那雙舊鞋子丟棄，步出鞋店，我們走向電影院，看完了電影，又到一家麵館吃餃子，在街上逛到黃昏，終於一起坐車回新市。臨別他一再告訴二哥，他的家人全在遙遠的大陸，杳無音信，在台灣沒有親人，他希望我們把他當大哥一樣，他實在非常孤單，也不知道何時反攻大陸？

從此，他幾乎每隔兩天就會來家裡，並且常邀我們到台南看電影。二哥說他一個月只能領到二十塊錢零用金，哪來那麼多錢去台南？他說他寫作，有稿費收入，不必為他擔心。他十六歲從軍，有家歸不得，那時部隊裡的兵整天聚在一起賭錢，他有錢就買書，他愛看書，慢慢也學習寫作、投稿。在嘉義他交了幾個愛好文藝的朋友，辦了刊物，也嘗試向《徵信新聞》、《聯合報》投過稿，稿件被採用，就會有稿費，所以不愁沒有錢用。

原來如此，我一直懷疑他為什麼那麼闊氣，錢哪兒來的？原來他另有生財之道，每次他帶朋友來改衣服，我們看到都是他替朋友付錢。

分別時，二哥沒有答應下次去台南的時間，但告訴他歡迎他常來家裡聊天。其實二哥沒有太多的時間出去玩，他高中快畢業了，正準備考大學，一點不能鬆懈，如果他今年沒考取大學，就得去當兵，他已經滿十八歲了，是關鍵時刻，當兩年兵回來，再準備考大學那就更難了。

我自己的升學考試也是很煩心的事，家人不贊成我報考高雄女師，硬逼我考台南師範，這種選擇，幾乎是斷絕了我的升學之路。報名日期到了，我無奈地報考台南師範。考試那天，當監考老師發下考卷，我愣了，真的欲哭無淚，我望著那一題一題陌生的考題，真想大哭，為什麼家人要操縱我的命運？不必等放榜，我知道絕對會落榜的，看看同學，在校名次排到十名後的都考上高雄女師了。想到今後艱苦的日子是被逼迫出來的，怎麼不讓我傷心絕望？

那時只要考取師範，眼前的生活、學業，以及未來的工作都不必憂心了。一輩子當個教員，生活有保障，是個鐵飯碗，可是現在我如何面對眼前的困境，真可用前途茫茫、不知所措來形容。

不久普通高中的招生廣告相繼出來，父親還是鼓勵我去報考，我心裡有千萬個不願意。讀普通高中的學費、書本費、制服費都不便宜，我家哪來的錢？將來畢業了工作也沒著落，沒有好背景，找工作時誰會幫你這個農民子女？此刻我真的很絕望！對眼前和未來都沒有信心了。

父親親自帶我去報名，簡直是打鴨子上架，被逼著去的，連考試時都是父親親自陪我，我猜想父親擔心我罷考。反正考取了我也不會高興，考不取更無所謂，一個人的志願被毀了，對未來也就絕望了，不指望有光明的前途，我胡亂地作答，早早交卷出來，父親看我一直悶悶不樂，沒有問我為什麼，就帶我坐車回家。

台南市的高中聯考放榜了，我考取省立台南女中分校，那時台南一中、二中和女中，家住台南市區外的錄取學生，全被分發到分校，也就是第一屆的省立善化高中，男女合班，只錄取一個班級。

緊接著要註冊了，我實在不想讀，家裡經濟是那麼困難，新生的費用特別高，我的壓力很大，父親一再鼓勵、勸說，我真的很不願意去註冊。如果讀師範，我就不必再花費父母的辛苦錢，穩穩安心地完成學業、就業，很快就能協助家計好轉起來。現在我略為計算一下，註冊費、服裝費、書本等雜費，加起來一共將近三百塊錢，這就是第一學期的費用，以後交通費，再加上兩年半的註冊學雜費，這一大筆費用，都得陸續繳出，我實在不敢想下去。後來母親也來勸我，她說她會想辦法多接一點工作，要我放下心好好讀書。在父母親的勸說下，我去註了冊，很勉強地入學讀書。

到善化的路程比到新化再遠兩公里多，有廉價的火車學生月票，每天早晚坐火車通學，和別的學生一樣同去同回，不必像以前那樣孤單地每天走十幾公里路，也不要經過那陰森恐怖的蓮霧樹林和斷魂橋了。

那天放學回家，我幫忙煮好晚飯，二哥還沒回來，那位帶我們去看電影的外省軍人又來了，二哥不在，我只好招呼他，問起了我入學情形，聊了一會兒。母親拿了一件衣服，要我縫邊，手工縫邊是細工，可以多收一點工資。我開始忙，他一個人等了很久，二哥依然沒回來，他向我告辭而去，臨走留下兩本書，一本是《文藝列車》月刊，另一本是《櫻花夢》，作者朱斌。《文藝列車》月刊裡也有朱斌寫的散文，我猜想他就是朱斌。

我對寫作第一次感到很新鮮，由於從小一直要幫忙家務，除了學校的功課，根本不敢奢望有空看課外讀物，這兩本書給了我機會接觸課本以外的文學作品。

送走了二哥的朋友，繼續忙著幫母親，做完她交給我的工作，匆匆寫完作業，就躲到樓上看《文藝列車》那本刊物。

《文藝列車》上那篇散文，描寫他鄉居的嘉義新港一帶的景色，還有生活點滴，原來在那兒有一群愛好文藝的朋友，閒時他們聚在一起，《文藝列車》就在他們努力下誕生的。第一次接觸文藝刊物，深深地吸引了我，尤其對近在不遠的作者感到很神祕，很想挖掘他寫作的動機，也想知道他是如何創作，寫作對我來說是完全陌生的。雖然我已經是高一的學生，國文課老師也曾教過作文，可是腦子裡總覺得它和作文不太一樣。

那天我放學回家，不久二哥也回來了，並且帶回來那個熟悉的外省人，這時他自稱是二哥的老朋友，他身後跟著走進一個姓劉的朋友。二哥放下書包，就同他們坐下來聊天，我就躲到後面做事，二哥和他們聊了兩個小時，朋友就告辭離去。

第二天放學回來，走在回家路上，突然路邊出現了那個熟悉的身影，我向他點點頭打了個招呼，慌張地走向回家的路，從此他的身影經常出現在路邊，我也沒在意。有一天，他又同二哥一起回來，二哥說在路上遇見他，就邀他來家裡聊聊，他重複地說，一個人在台灣沒有親人，心裡面想的就只有朋友了。臨走他又邀二哥和我一起去台南，二哥有事不能去，他快要考試了不能再浪費時間，結果他就轉而邀請我，二哥沒問我就答應了他。

星期天我依約到達火車站，他早早地在那兒等我，不久火車來了，我跟在他身後上了車，我怕熟人看到，總是和他保持一段距離，到了台南下了火車，我連東西南北都分不清楚，跟在他後面走，他偶爾會回頭等我。他帶我到一處公車站，坐公車在市區轉了一段路，然後下車，他帶我到一家電影院，買了兩張票，我們進了電影院，不久電影開演了，我第一次單獨和一個男人看電影，感到非常害怕，不時盯著旁邊的動靜，他似乎很入神地看著銀幕上的劇情。我無心看電影，只一味地想不該跟他來台南，從小沒有什麼娛樂的我，根本沒想到會來電影院，和一個不很熟悉的大男人坐在一起看電影，此刻我不想知道電影的情節，只希望快點回家。

眼前黑黝黝的，只見到布幕上人影跳動，我沒有投入電影情節的心情，一個多鐘頭的時間，宛如一年那麼難捱，等電影結束，該回家了吧？我心裡想著。

從小父親管教我們兄妹非常嚴厲，我事先沒有得到他的允許，和一個算是陌生的男人出來，是很嚴重的，只有二哥的允許，我就同一個外省男人到台南，這個責任，我會連累二哥被處罰。我越想越害怕，他只是二哥的朋友，雖然他一再要我們把他當大哥哥看待，可是他畢竟不是我的親哥哥。正擔心煩惱的當兒，突然燈光大亮，我似乎這才清醒過來，電影結束了，觀眾紛紛站起身，當我也站起來，他問我喜不喜歡這部電影。

我不能潑他冷水，對他點點頭。同他走出電影院，沒走多遠，有一家麵館，他帶我走進去，我告訴他不想吃，想盡快回家，他表示吃點麵就回去。

我只好隨他進館子，坐定後他叫來了侍應生：

「吃什麼？你……」

「隨便！」我回答他。

「侍應生！來兩個隨便……」他說。

我愣了一下，突然笑了一聲。

他似乎看出我的不安，我這一笑他也笑了。

他點了兩碗牛肉麵，還想點別的東西，我告訴他簡單一點，吃碗麵就夠了。吃過麵我們就搭火車回到新市，還好天還沒黑，下了火車，我叮嚀他我們分開走，臨走他突然看著我身上的衣服，問：

「我送給你們的布呢？」

「你是說那兩塊白布和黑布？」

「是呀，我上次看你穿的白制服都破了，所以假裝寄布給朋友被退回來，擔心你母親想到別的。」

「噢——給妹妹做制服了，我身上穿的是妹妹的舊衣服。」

「我是要送給你的，不方便說。」

「給妹妹做也一樣，謝謝你，再見！」

我快步奔回家，一顆心撲通撲通地跳，好害怕父母親責罵！走進家門，發現氣氛很不好，母親冷著臉不理我，妹妹一副幸災樂禍的樣子，二哥沉默地坐在書桌那兒，很用功的樣子，我換好了衣服，馬上張羅晚餐，問母親晚上要煮什麼呢？母親說隨便，然後就忙著她手上的工作。晚飯的氣氛很沉悶，大家都默默地吃著，不像往常還會說一些事。飯後父親把我叫到一邊，他嚴肅地對我說：

「你已經十九歲了，從小你就很懂事，為什麼突然變了？」

我沉默著不敢吭聲。

「你怎麼可以同一個外省人出去看電影？起碼要向父母打個招呼才能出門呀！這個外省人沒有家，我們又不了解他的家世，你不擔心被拐騙，我們做父母的可擔心得很。」

我依然不敢說話。

「你還小，要好好讀書，現在不是交男朋友的時候，等到時候我們會給你安排的。」

「我不是想交男朋友，」我覺得父親的話不妥，我根本不懂要交男朋友，我說：「我現在不要男朋友，只是把他當大哥哥，他說過他沒有親人，認一個妹妹而已。」

「你相信他的話？」

「我看他滿好的。」

「好？」父親厲聲地說：「有一天他的真面目露出來了，你後悔都來不及了。」

我啞然，實在不知道說什麼好。

「以後任何事都要問過大人。」父親向我揮手，示意我走開。

這晚我無法入眠，回想父親對我的態度，他從沒有對我大聲說過話，今晚算是我生平第一次，而且從沒有見過父親對我那麼冷淡，我認為父親誤會了，我根本就不是要交男朋友，我腦子就是那麼單純，把他當大哥哥而已，也許沒有人會相信，我那時就很單純，還不懂男女關係，回想起來，我就會罵自己是個大傻子。

父母親沒有再責備了，父親一向比較疼我，相信我會聽他的話，大約有一星期以上的日子，那位外省人沒有再出現在家門前，在我上學路上，也沒再見到他的身影。我忙於學校考試，把這些不愉快的事拋在一邊，家裡似乎也平靜多了，我和以前一樣，上學回來照樣要幫忙家事和協助母親。我不必再去摘野菜了，也不須去撿地瓜，每天回到家肚子餓了，有母親給我們準備的一些番茄和鳳梨之類的水果，這是我成長時期唯一的零食。

大哥每個月的薪水幾乎全寄回來，有時只留十塊錢做交通費。另外家裡按月有軍眷的配給和美援物資，經濟改善很多，二哥準備高中畢業報考大學，快放寒假了，隨著要過年了，大哥有一個星期的年假，他很想回來。

過年母親非常忙，我要幫的忙也多，一家人都為過年而忙，只有妹妹最輕鬆，這些日子她也友善許多。

要放寒假了，回校領成績單那天，我在上學路上又見到那個熟悉的身影，見到他我有點害怕，他微笑地向我打招呼，同時也交給我一個信封，我們沒有交談各自離去。

我把信藏在口袋裡，不敢打開，到了學校參加過結業式，領了成績單，也領了下學期的註冊單，我還領了獎品回來，這表示我的成績還不錯，高一上學期結束了，心情輕鬆些，過完了新年，母親的工作會閒下來，不需要我幫忙的話，我計畫看看課外讀物。

回到家我先打開署名朱斌的那封信，他在信上告訴我，過完年，他可能回到陸軍總部，他將利用年節的空閒，回到嘉義水上療養院看看老戰友，他最高興的是他已經可以離開療養院了，末了他說會常寫信給我。

我只要有空就躲著家人，偷偷地看他寫的那本《櫻花夢》，這部書主要是描寫一對戀人纏綿的愛情故事，非常感人。第一次看愛情小說，我懷疑它的真實性，我想那該是虛構的成分比較多，現實生活中不可能有這麼癡情的戀人，我暗暗佩服作者編故事的才華。他的作品常常在報刊雜誌發表，所以他比他的那些朋友有錢，我有個夢想，如果我也學寫文章，慢慢地被採用了，應該有點收入吧？於是我找了一些舊報紙上的副刊，一篇篇地研究，夢想有一天我的作品也許會發表在報刊。只要有空，哥哥們或爸爸看過的雜誌，我一篇也不放過，分析研究每篇文章，虛構的也模仿，真實的更好，試著寫吧！把身邊的同學發生的故事寫出來，應該不難，於是我把同學雅美的身世和遭遇寫出來，寫好了不好意思被看到，我把它藏起來，不讓家人知道，尤其是鬼靈精的妹妹。

過了一段日子，外祖母生日，母親帶妹妹到北門給外祖母祝壽，因為還沒開學，她們住了一個星期才回來。我利用她們不在家的時間，把這篇〈雅美的天空〉再做修改，這時我發現經過一段時間再修改，似乎有進步。如果再擱一段時間，經過多次修改之後，大概可以拿出來請那位作家朱斌過目。

妹妹和母親從北門回來，我們開始準備註冊了，母親交給我父親的存款簿，叫我領出來註冊，不知道為什麼，一向最疼妹妹的母親，似乎突然對妹妹不對勁，問妹妹發生什麼事，她不說，而母親總是整日瞪著眼睛，對著妹妹不說話。

我到學校註冊，註冊費和書本等費用，總共花去父親一百八十塊錢。我很擔心父親會責怪我，這時我又想起，如果我讀的是師範學校該有多好！不會花父親一文錢，不免又怪起二哥無理的堅持，影響我的前途，想起來很難過。

不久，朱斌又出現在家裡，這次他帶兩個朋友來改衣服，二哥忙著為考大學補習，很少在家，很奇怪的是妹妹這次當主角，自動迎上去招呼，我因為同他去看過電影，被父親責備，所以我打了招呼就準備走向屋後，這時候他小聲問我有沒有收到他從台北寄來的信，我搖搖頭走向屋後。

我到後院去煮晚飯，心想他怎麼又給我寫信？為什麼我沒有收到？我感到納悶，當我進屋子取米時，看到朱斌交一個東西給妹妹，我驚詫一下，馬上收回視線。

朱斌的朋友和母親無法溝通，母親叫妹妹過去當翻譯，我又繼續到後面做事。等飯菜做好了，再進屋時，朱斌和他的朋友早已告辭離去。

開學後，我在走到火車站的路上，又遇見了朱斌，心想他出現得未免太頻仍了。他問我有沒有收到他寄來的信？我說沒有，他懷疑地又問是真的沒收到？我點點頭，他沉默半晌還想說話，我看到路上有許多上學的同學，示意他不適合多作交談，向他道別繼續向火車站走去。

我邊走邊沉思，他為什麼又寫信給我？奇怪的是我都沒有收到。他說從台北和嘉義都有寄信給我，而我都沒收到，實在很奇怪，難道家人沒收了我的信件？沉思半晌，自覺好笑，他算什麼人？他的信有什麼重要？沒收就沒收，我不希望和這個外省人有什麼祕密，我更不想父母親為我擔心。同他來往，我只希望他能指導我有關寫作方面的事。我心裡只羨慕能走向寫作這一條路而已，其實我最大的願望，這輩子能當個教員，如今願望已經破滅，我退而求其次，想當個作家，難道算奢求？

這天正逢周末，我坐在書架邊寫功課，一個郵差正好送信來，我走上去接過郵差手中的信，一看是我的名字，我捧著那封信，正查看是誰給我的，忽然一隻手伸過來搶走了那封信，我說是我的信，當我伸手搶回信的時候，妹妹大聲叫著，頓時信又被她搶走了，剎那間她把信撕碎，並塞在她的衣服口袋裡，這時我完全清楚了，原來朱斌寄來的信都落在妹妹手裡。這時她理直氣壯地說：

「你沒有資格收這些信，我必須把它交給父母親。」

原來是這麼回事，我何必為一個外人同妹妹爭執，我不該因為這個人的存在，讓父母操心，現在最重要的是該好好讀書，做一個聽話的女兒，這個朱斌對我來說不重要，他若存在我內心，我有一種犯罪的感覺，我不想要這個包袱。

這件事我很快就忘記了，我也不怪妹妹，我只是想好好幫家裡，因為我心繫遠在台北的大哥，才十九歲的他，為了幫忙家計，隻身在台北工作，當初他去台北就職，也曾經猶豫過，可是他想到自己是長子，三個弟妹學業未成，毅然犧牲自己，挑起家庭大樑。

有一天，大哥在家書裡提到，他利用星期假日去拜訪那位幫我們收回田地的恩人李逸民。他自從調職到台北之後，我們就沒有他的消息，父親要大哥去看看他，對這位在台灣無親無故的恩人，父親常常想念他。大哥找到他，告訴父親，李逸民升官之後，依然待人真誠親切。

自從土地收回，父親辛苦地耕種，但是也許父親運氣不好，或許他不懂耕種方法，或許氣候不正常，整個收成很不理想，對家裡的經濟未見改善，倒是大哥工作的收入，改善了家裡的生活。

二哥沒考上理想的大學，他考的成績還不錯，只是選擇的志願成績達不到，最主要還是考慮到家裡的經濟負擔，如果不考慮經濟和志願問題，他也可以考上很好的大學，二哥很喪氣，準備去當兵，兩年的預備役之後，再做打算，我們依依不捨地送走二哥。

朱斌曾送了兩本《文藝列車》給我，有空時我就拿出來看，試著寫一些散文。他已經一個多月沒來家裡了，他這段時間聽說在趕寫東西很忙，他的朋友傳話說他和幾位文友要出版一套選集，忙完了要回台北陸軍總部，辦理退伍手續。我心裡奇怪，他為什麼告訴我這些事？那跟我有關係嗎？

高一第二學期的功課還可以應付，雖然回到家經常要幫忙，但是功課方面我不感覺吃力，學校增加軍事訓練課的實槍練習，從步槍的操練開始，到如何保養槍支的清潔工作，教官都有實際的示範。當我第一次擦拭步槍的時候特別害怕，怕摸槍會有走火的危險，其實是庸人自擾，每支步槍或手槍都有安全開關，絕對沒有危險。我們背著步槍操練，教官教我們如何射擊，當我們伏在地上，向靶心做瞄準時，感到非常興奮，但畢竟為了安全，也為了不浪費子彈，還得反覆的預練，教官說實彈練習，一個學期每個人只能試射六發子彈。先學射三發，學期結束前，要考試再射三發，最後三發是要記分的，萬一分數不及格會留級。那時的軍訓課很重要，誰也不敢輕視。考完實彈射擊之後的第二天，每個同學的右肩都又腫又痛。另外還有負重行軍，對女生來說也是很大的挑戰，因為不分男女學生都要背十公斤的沙包，限時走十公里路，有幾位女同學平日很少走路，一趟負重行軍走完回到學校，腳底竟然起了水泡，她們一邊走一邊哭，但還是走完了全程十公里，那時的女孩子寧願吃苦，也不願認輸，教官讚美我們是十足的女兵，我們都引以為榮。

大哥、二哥不在家，家裡冷清許多，偶爾他們會寫家書回來，報平安之外，也告訴我們工作和受訓情形。二哥還說星期假日會同大哥見面。

第四章　徘徊在十字路上

呂梅黛就讀高中時期。

朱斌又寫信來，我覺得他不該常寫信給我，他的來信造成我的困擾。打開信，發現原來他把我交給他的兩篇散文修改後寄回來。他不只修改，還提示了意見，這樣一來，整篇文章變得很不一樣，今後我向他學習的地方很多。他勉勵我要好好寫，說文章寫好了，也會有不錯的收入。他告訴我除了努力之外，最重要的要有恆心，更要有毅力才能成功。

說寫就寫吧，我就把外祖父收養的棄兒阿霞作為題材。

這個故事，早就在我腦海裡生根發芽，寫起來特別輕鬆，但如果沒有人指導，作品還見不得人。我自己重複改寫之外，還請高二的國文老師指導和修改。那位高二時的國文老師姓鄭，短小個子，但國文根基很深，教學認真，是位好老師。他看我課餘寫稿，很高興地替我修改。

第二天，我收到鄭老師替我修改的那篇〈阿霞〉。我萬分欣喜，難得國文老師批了許多勉勵的話，他把文中不妥的用字和故事一一指出。我重新把這篇稿子改寫，整理完成，等有機會交給朱斌看後，再決定是否可以投寄出去。

朱斌正好回新市，他告訴我們他來拿行李，他來我家辭行時，我把那篇〈阿霞〉交給他，他拿走稿子，一句話也不說就又回台北了。

奇怪的是稿子交出去後，一直沒有消息。有一天收到他從嘉義新港寄來的一份小雜誌，作家動態欄裡有他的消息，他和朋友新辦了一份雜誌，將暫住新港。上次來時，他沒告訴我已離開陸軍總部，為什麼那麼神祕？其實我對他也不想知道太多，只希望他能指導我寫作，以後我可以靠自己的努力賺錢來付學費。

現在我覺得功課輕鬆很多，雖然高中課程比初中沉重，但每天坐火車上學，節省許多時間和體力，而且從初中一路讀上來，情況不一樣。不像讀初中時，因小學畢業後輟學三年，程度一時跟不上。

這天，我放學回來，發現書桌上有一本小雜誌，收件人是我，慌忙打開一看，我高興地跳起來，那本雜誌裡有一篇稿子是我寫的〈阿霞〉。我反覆地讀著，看起來文筆很通順嘛，我得意地告訴母親，她似乎沒聽到我的話。後來妹妹回來，看到桌上那本小雜誌，馬上跑到母親身邊，附在母親耳朵旁邊說了什麼。母親抬頭瞪我一眼，我不知道這是為什麼，沒去理會。晚飯的時候我和父母親、妹妹坐一起，氣氛不是很好，我感覺得出來。默默地吃著飯，母親冷冷地對我說：

「那個朱斌靠寫文章，一輩子沒出息，這種人最好不要理他。寫文章的人像無業遊民。」

我低下頭沒說話，看到父親的臉色也不好看，我不知道怎麼應付這前所未有的氣氛。後來母親說我們村裡某某人當老師，某某人在鄉公所當公職，他們都有固定的薪水，不會餓肚子，為什麼要理那個有路無厝的外省人？

我心裡納悶，這是說到哪裡去了？我只是想跟朱斌學寫作，母親今天怎麼了？我又做錯了什麼事？真的百思不解。明明朱斌說過要我們把他當大哥哥，我認為他在台灣無親無故，就認他是個大哥哥有什麼不好？為什麼這樣對一個外鄉人，那不是太不厚道了嗎？現在兩個哥哥都不在，父母親和妹妹是一邊的，他們說的話似乎是針對我一個人，我警告自己，我只能沉默，母親今晚是想教訓我什麼吧？這時妹妹突然站起來，走到書桌邊，拿起那本小雜誌，作勢要撕毀，我慌忙奔過去搶回來。

「這裡面有我辛苦創作的文章，你不能撕！」我心急地說：「這本雜誌是我的。」

「如果你硬要拿走，我硬要把它撕掉，你敢對我怎麼樣？」妹妹大聲對我說。

我沒有理她，把雜誌握在手心，緊緊地。

看到父親默然地上樓去了，剩下母親和妹妹，妹妹一個人在興風作浪，狠狠地望著我。

夜裡我躺在床上，真的百思不解，我到底做錯了什麼，今晚母親和妹妹一起似乎要鬥爭我。之後幾天，正逢假日我在家，郵差送來了一封信，我上前接過，不料從一邊伸過來一隻手，一把搶過信，我說：

「信是我的，你憑什麼拿走我的信？」

「怎麼樣，我不能拿是不是？」妹妹瞪著眼對我咆哮，同時把信撕成兩半，她問：「我不能拿是嗎？那我把它撕碎，你滿意吧？」妹妹把撕碎的信丟在地上。

「你太過分了，為什麼欺負我？」我流著淚氣憤地說。

我話才出口，母親從裁剪衣服的大桌板一邊，拿起竹尺打我手背。我撫摸著手背，好痛，痛得我要哭出來。家裡有兩個在隔鄰酒家陪酒的酒家女，正來家裡做衣服，看這情景愣愣地望著我，而母親厲聲地說：

「外省人不知道他家底細，為什麼要同他來往？」

聽母親這些話，我非常不服氣，我只是想學寫文章，請他幫我修改，我把他當大哥哥看，向他學習而已，為什麼把我的這份願望醜化了呢？其實我什麼也不懂，尤其男女之間的愛情真的還不懂，也沒想到過。

夜裡我想到父親一向很疼我的，但他那張冷酷的臉看得我心驚，他到底怎麼了？一直以來我認為母親非常偏心，在我印象裡，任何事在母親面前，我是討不到公道的，我常常覺得我不像是母親親生的女兒。明明是我的信，妹妹把它撕掉了，好像她有理。天哪！這樣對我，我怎麼能接受？而父親那種冷酷的態度也讓我傷心。我覺得枕頭很涼，伸手一摸，才知道枕頭是濕的。我整夜無法入眠，看看時鐘，已經凌晨三點了，第一次嚐到失眠的滋味。

第二天起了個大早，我提著籃子，走到屋後的蓮霧樹林。新市出產名聞全台的白蓮霧，盛產的季節，大早上掉了很多熟透的蓮霧，我經常起個大早，是第一個去撿蓮霧的人。以前滿地掉的都是又甜又好吃的蓮霧，我撿回家充飢。現在蓮霧過時了，看著空蕩蕩的樹下，我一個人坐在那兒發愣。我沉思著如何打發這尷尬的日子，在家裡整天要看父母親冷漠的臉色，還要忍受妹妹陰陽怪氣的嘴臉，實在不好受。自我反省，想不出家人為何變得那樣陌生？

看到有人走過來，我提起竹籃向一邊的小溪走去。溪水清澈見底，偶爾有小魚游過，溪底隱約見到田螺。憶起多年前，我常常隨著鄰居的大人，到很遠的大溪摸田螺。那時天真爛漫，不知人際間的矛盾，雖然過著不得溫飽的苦日子，心裡充滿了希望，整天只盼望父親早日康復，別無他求。眼前這條小溪是我平常摘野菜的地方，這時我順手摘了一把「過貓」，兩把野莧菜。我繼續沿著小溪走，不知走了多遠，直到實在受不了蚊蟲叮咬，才返身走回家。

一進家門見到父親，他看看我手上的野菜，開口說：

「大早上的荒草野地，蚊蟲多，不該到處跑。今天是星期天，想不想到田裡做事？」

我點了點頭。在父親的催促下，草草地吃了一碗稀飯，跟著父親走向我熟悉的稻田。稻子已收割多時，父親早已種下番薯，父親說今天要替番薯翻藤。過去父親每次種番薯，我和二哥常陪他來翻藤，我第一次來的時候，不懂為什麼要翻藤，父親告訴我把每一根藤子翻轉過來，主要是不讓藤葉貼地生長，番薯才會長大，有好的收成。跟在父親身邊種田，學到不少常識。三、四分地，我同父親忙到黃昏，然後父親又帶我到「店仔頂」村邊的另一塊甘蔗田巡視。再兩、三個月，甘蔗就要收成了，甘蔗今年長得不錯，將會有很好的收入。父親喜歡種甘蔗，主要是工資省，比較沒有麻煩，收益又好。長時間以來，我也因此對耕種常識懂得多些，增加了種花和種菜的興趣，學校的課外活動，常獲得很好的成績。

當我們走向歸程，天色已暗，走在田間狹窄的田梗，不少青蛙和昆蟲在腳邊跳躍，也許是我們的腳步聲驚嚇了牠們。偶爾有水蛇游過眼前，我很怕這些長蟲，父親告訴我，不要怕，水蛇沒有毒，不會傷人，天涼之後，更少出來游動。

在外面做了一天工，已經忘記了昨天不愉快的事。今天父親那冷酷的臉不見了，我擔心回家之後，妹妹又會暴發什麼風雨。昨晚沒睡好，今天到田裡做工，感到特別累，我早早地上床睡覺。

一連幾天平靜無事，有一天母親交給我一封信，原來是匯票，已經被打開檢查過，那是雜誌社寄來的〈阿霞〉那篇文章的稿費，雖然只有三十幾塊台幣，我覺得很開心，那是朱斌幫的忙，不然文章不可能被採用，我很感激他，以後我要更努力，好好地寫下去。目前我正求學，也只有這條路是我唯一的選擇。家裡經常有不少風塵女人串門做衣服，常七嘴八舌，口無遮攔。我大部分在家的時候，都躲到樓上看書寫功課，很害怕和那些女人碰面，我發現自己似乎得了自閉症。

雖然我十九歲了，說實在的，我真不懂什麼男女之間的愛，我同朱斌之間不能算談情說愛。從小生活在貧困中，時刻盼望能掙脫貧困，常常想為什麼我的境遇同別人不同，不甘心這樣的生活持續下去。第一次遇到一個從事寫文章的人，可以靠寫作賺錢，這條路深深地吸引了我，因而崇拜他，一心一意地希望他能引導我成為一個作家，如此而已，不知道為什麼引起父母親的誤會。我很想同父親表明，可是他那樣冷酷不容你解釋的態度，讓我到嘴邊的話，又嚥回去了。母親那邊更不容許我辯白，因為她心中只聽妹妹的話，這些都使我有口難開。一個人處在別人的誤會中，處境尷尬無奈，造成我每天回到家，都盡量地躲到樓上，迴避家人。

也許有人認為我那麼熱中於寫作，讓父母不高興非常不妥，然而沒有學費，擺在眼前可能將再度輟學的嚴重問題，這是我唯一的選擇。幫母親工作，算是分擔家中的生活費，我不能要求拿來繳學費。和父母親冷戰了一個多月，有一天放學回家時，朱斌突然出現在路上，我們相互點點頭，當我急忙想避開的時候，他交給我一封信，我把信放進書包後匆忙跑回家。我覺得好像做了什麼虧心事，心中忐忑不安，跑到樓上發現沒有人，乾脆打開信封看究竟。

首先映入眼簾的是妹妹的字跡，我一時不相信我的眼睛，仔細看下去，共有三張信紙，兩張出自妹妹的筆跡，是她寫給朱斌的信，內容是妹妹陪母親去北門給外祖母祝壽時，她把母親交給她保管的金戒指遺失。母親非常生氣，逼她非找回來不可，否則要打死她。她找遍了地方，找不回丟失的戒指，只好向朱斌借。另一張是妹妹收到戒指後，向朱斌道謝，等她畢業有工作時，第一筆薪水會買戒指還他。其他是妹妹向朱斌訴說近況，他們似乎經常有書信來往。第三張是朱斌給我的信，主要是解釋那天交戒指給妹妹時，被我看到，希望我不要誤會，末了要我告訴他近況。他特別把最近的住址告訴我。

原來妹妹竟然有這麼大的把柄，她未免太大膽了，父親管教我們四兄妹，一向非常嚴厲，這件事如果父親知道了，真的很嚴重。妹妹這個祕密我一定要告訴父親，正沉思著，聽到有人上樓的腳步聲，慌忙把信藏起來，是妹妹上來了，她走近我的書桌，看到我在寫作業，沒說話又下樓去了。我實在不解，妹妹的事我一向不干涉，也不想知道，她為什麼老盯著我？而且老在父母面前挑撥是非，讓母親老是罵我，讓父親也沒有好臉色待我，我在家動輒得咎，毫無尊嚴，活得很痛苦。

有時我會想，不能同妹妹一般見識，深知眼前最重要的除了讀書，還要發憤寫作。沒事的時候，我就開始構想新的故事，等把故事大綱擬好之後就動筆寫。這篇稿取名〈種子〉，預定應徵香港《亞洲畫報》剛公布的小說徵文比賽，我將參加學生組，故事主人翁是身邊熟悉的人。

幾乎每天從學校回來，我馬上到樓上寫東西，時間緊迫，必須在截稿日前完成，然後再請朱斌修改。聽說每年應徵的大都是大專以上的學生，競爭激烈，我不能草率。

我們家租住的房子原是二層高度的樓房，民國三十五年新市大地震，新市村有一整條街的房屋幾乎全倒，是和我們住的新和村相隔不到一百公尺的街道，很幸運我們這條街，沒有房子倒塌，可是整條街的房子都被震裂了，經過縣政府的勘查，二樓的磚牆必須拆去一半的高度，變成二樓前後牆只剩一百公分高，前後樓板只能彎腰爬著進去，中間樑的部分勉強可以站直身子，我的書桌是一張矮腳桌子，要蹲坐著讀書寫字，整個樓上的光線陰暗，特別吃力，長時間坐著，實在很疲累，可是我從小耐力強，忍著完成了一篇稿子，為的是一個願望和理想。

〈種子〉總算完成了，經過修改和整理，把它寄給朱斌。他很快修改過後又寄回來，他在原稿末批了幾行字，說我在寫作上進步很多。稿子遵照他的意見重新整理，經過一星期修改再整理，如期完成寄到香港的亞洲出版社。一個多月的忙碌，讓我忘了許多不愉快的事。

稿子寄出後，放學回來我問母親，有沒有需要我做的工作。母親還沒有回答，正好有個女客人來取衣服，母親告訴客人還差一點點工，請她晚上來拿。這位女客人突然發了一頓脾氣，說母親不守信，講好早上可以拿的，現在都已經下午了還沒做好，以後再也不給母親做衣服了。

客人說完生氣地離去。這時妹妹在一邊開始抱怨，怪我這段時間不幫忙，讓母親失信於人。

「很奇怪，」我對妹妹說：「我這段時間趕寫一篇稿子，日夜都忙，你為什麼光說我，你也可以幫忙呀！」

「我——」她對我大吼：「你叫我幫忙？真好笑，我不會做呀！」

「不會做？」我不高興地對她說：「你既然不會做，就沒資格說我，你拿不會當作藉口？你少挑撥是非。」

「住嘴！」母親大吼說：「你整天躲在樓上寫什麼，你以為我不知道，你好意思說妹妹嗎？」

「有什麼不好意思？」我面向母親：「我理直氣壯，我沒做虧心事。」

「你整天寫信給那個有路無厝的外省人，你等著餓死吧！」

「到底誰寫信給朱斌？」我說。

母親突然拿起竹尺又打我的手背，還大聲吼叫：「你敢頂嘴？你就只有一個妹妹，為什麼傷害她？」

我又挨打了，凡事被冤枉了也不能辯白，我覺得母親一向對我很不公平，難以讓我接受，這時我不顧一切大聲說：

「我並沒有寫信給朱斌。」

我的手背又麻又痛，一時氣不過，之後我非常後悔，因為要是父親知道這件事，絕對不會饒恕妹妹的。妹妹從小被母親寵壞了，不但任性，而且霸道，好在這時只有母親在家，而母親早該知道妹妹這件事。

母親默然低下頭，我發覺自己失言了，慌忙又躲到樓上。回憶父親病重的時候，我和母親到北門工作，妹妹整天在家陪伴病重的父親，兩個哥哥早出晚歸在台南讀書，她那時過的日子是多麼孤單可憐。每次我從北門帶東西和錢回來，她見到我既高興又親熱，當我要離開的時候，她又淚汪汪，依依不捨，尤其火車經過新市國校時，她準時站在操場邊堤岸上，面對我搭乘的火車揮著小手，那一刻我永遠忘不了她那一瞬間的身影，不免心酸起來。那時姊妹之間是多麼的友愛，如今母親回到她身邊，她完全變了一個人，一副霸道的嘴臉，對我像對仇人一樣。我冷靜地思索，覺得不該同她一般見識，我應該原諒她，我畢竟比她大一歲，我要忍耐，替她保密才對。

我預感到不愉快的事會陸續發生，冷戰日子也撐不了多久。沒想到新學期還未開始，妹妹傳來了父親的話，那天妹妹對我大聲說：父親不准你領他的錢去註冊。

這突如其來的宣布，就像晴天霹靂，頓時我的頭像被重物擊中似地，痛得要炸開，一個人不知所措地跑到樓上，蒙著被子痛哭，不久竟然睡著了，醒來靠著微弱的夜光燈，發現已是凌晨三點了。我想如果父親真不給我錢繳學費，我實在無法待在這個家了。以前家境貧苦，一家人在一起過得很溫暖，尤其是姊妹之間從沒爭吵過。現在家境漸漸好轉，親情全變了，一家人像陌生人，令人無法理解。在無助的情況下，我偷偷地寫信給朱斌。

幾天之後，他出現在上學的路上，他勸我忍耐，要做一個聽話的女兒，不可有離家的念頭，他要我好好讀書。可是父親不給錢註冊，我怎麼好好讀書呢？他還告訴我，他剛退伍，目前沒找到固定的工作，不能照顧我。他很樂觀地鼓勵我，反正還沒到註冊的時候，所有的難題都會解決的。說完他又匆匆地走了，他告訴我將回新港。

如果不是家人沒收我的信件，朱斌不會出現在眾目睽睽之下上學的大馬路上。沒有我們的交談，也不會造成外人的誤解，傷害了我的清白。如今我無法洗刷外人對我的觀感，這種傷害是誰的過錯？而我能平白地接受外人送的學費嗎？

《亞洲畫報》的徵文比賽揭曉了，學生組入選十名，我的〈種子〉獲得第七名，十名得獎的學生，除了我一個是中學生，其餘九名全是大學生。這個消息帶給我很大的鼓勵，雖然作品是經過朱斌的指導和修改，但得獎給我增加了不少信心，朱斌還有朋友未康復，住在他以前休養的大房子，一天他的朋友給我送來了兩本文藝刊物，不久這件事被妹妹知道了，她向父母親告密。我的日子才平靜幾天，妹妹又開始製造事端，她總是有那種唯恐天下不亂的心態，只要父母親聽到了，我就會倒楣的。

母親的洋裁手藝很受歡迎，她替客人設計的樣式，很合客人的心意。那天又有幾個風塵女子拿布來做衣服，母親同她們交談中，又說起了外省人，那些風塵女子都是一群沒受過教育的女人，說起了外省人，都說些不堪入耳的話，我聽不下去，只好走開。

一天晚上，父親把我叫到他面前，板著臉對我說：

「你又拿我的存款簿去領錢了，是嗎？」

「是的，」我說：「我的錢不太夠，差八十塊錢，為了應付如期註冊，只好先領了八十塊，這錢等我領了稿費會還給你的。」

「還？這都是你自己做出來的，我早就說過不能拿我的錢，你好大膽，偷偷地拿我的存款簿去領錢。」

我實在聽不下去了，不知道父母親有沒有想到這樣對待女兒，晚輩能否接受？我也不知道說什麼好。想哭卻忍著，沉默地低著頭。只聽父親接著嘮叨：

「你從小就聽話，為什麼現在變了一個人，你把父母的臉皮踩在腳下，同那種窮當兵的外省人來往，不怕他窮得活不下去了，把你賣到妓院？」父親越說越離譜，「你到了該結婚的時候，做父母的會給你安排很體面的對象，你為什麼不等到那一天？外省人我們不知道他家底細，多危險的人，為什麼你偏要同他來往？丟盡了父母的臉，再不聽，我有的是辦法。」

父親說了一大堆，無疑地是要我斷絕同朱斌來往，可是既然我這個女兒不能同外省人來往，為什麼另一個女兒不但可以來往，甚至向外省人借金戒指？我暗想父親也許不知道這件事，可是母親知道的！那時候我還不懂男女之間的來往，就是為了結婚，這是我從沒想過的。我同朱斌來往純粹是為了學習寫作。兩個哥哥都不在家，眼前的處境沒有訴苦的對象，朱斌在我心裡就是學習寫作的老師，我的想法是否錯誤？我該問誰去？我茫然不知所措。

又有郵差送來一封信，我迎上去接過信，突然一邊又伸過來一隻手，妹妹把信搶過去交給母親，母親當著她的客人，一群來做衣服的風塵女人，大聲對我斥罵：

「不聽父母言，吃虧在眼前，我還沒有死，不可能看你走死路，再不聽話，我會讓你好看。」

母親那群客人，用那種卑視的眼光看著我，頓時我心如刀割，那時若有地洞，我會鑽進去的。我轉身奔到樓上，躲掉那令人難堪的眼光。在樓上發愣許久，心想今後我如何待在這樣的家？為了保有尊嚴，我必須離開身邊這些人，也必須遠離這個令人難堪的地方，我開始有這樣的念頭，但我到哪裡去呢？

想了好幾天，記得朱斌曾告訴我，他在隆田有個表哥，這位表哥結婚不久，在隆田新兵訓練營當上校營長。隆田離新市不遠，我想到不妨去同他表哥和表嫂討個主意，如何解決目前的處境。那天下午，父親去田裡，母親和學生一起忙著，我提著草籃子，裡面放了一套換洗衣物，從後門走出來，就像平日去摘野菜的裝扮，沒有人發現我的異樣。我順利地走向火車站，坐上北上的火車，在隆田站下了火車，轉搭興南客運到隆田新兵訓練營，找到朱斌的表哥，他看到我很驚訝，問我怎麼來的，我沒說話，他把我帶到他的辦公室，他說等他下班，要帶我回他家。他盯著我手上的小布包，沒說話，忙著他的公務。好在我下了火車就把草籃子丟掉，用一條包巾包著我那套換洗衣服，看起來不顯眼。

大概坐了半個小時，這位表哥匆忙趕完公事，向他的部下交待一些話，帶上軍帽，帶我走回他家。我尾隨在他身後，默默走過一片田野。我們沒有說話，這位表哥一向很沉默，也不問我為什麼來找他，我也不知道向他說什麼好。默默地走了十幾分鐘，前面有幾棟村舍，在一棟瓦房前，出乎意料地我看到一個熟悉的身影，朱斌出現在眼前，真的令人吃驚，他笑著迎向我們，等走進屋內坐定之後，朱斌問我：

「怎麼想到來找表哥？」

我難過得說不出話，也害怕今天離家出走，是不是嚴重的錯誤？我難過到極點，低著頭不停地流淚，他這時走過來拍拍我的肩膀，不再問什麼。表哥走到門外，叫表嫂給我倒茶，並吩咐傳令兵準備晚餐。

表嫂是個山地人，不會煮飯，表哥身邊有個傳令兵，除了很會做菜，家中大小雜工，都是這位傳令兵一手包辦。表嫂沒有受過什麼教育，不大會說國語，小孩子氣很重，一天到晚鬧彆扭。表哥大學畢業，從大陸撤退時，投軍同共產黨一路打到台灣。表哥在大陸有個漂亮的未婚妻，也是大學畢業，在老家一所中學教書，表哥參加勦匪戰爭，撤退時他的未婚妻哭著要跟著一起出來，為了她的安全沒帶出來，後來身陷大陸，團聚無望，表哥無奈，花了兩千塊台幣，買了這個山地人做太太。聽說她一不高興，常在夜裡獨自跑進附近山裡，讓表哥非常擔心。此刻我無心聽表哥的事，心裡除了害怕，也萬分想念父母親，想到他們發現我不見了，一定心急且發怒。

晚餐後表哥、表嫂同朱斌坐在客廳喝茶，一會兒表嫂一個人離去。表哥說表嫂整天沒事，又在臉上下功夫，把一張臉畫得像唱戲的，他說他不知道怎麼教這個太太，實在帶不出去。談著談著，表哥看出我心情沉重，說到我的離家，問我有沒有告訴父親？朱斌插嘴說：

「她父母親如果知道，怎麼出得了門。」

「這樣說父母親發現女兒不見了，一定很擔心的。」

「可不是嗎？」朱斌說：「現在很麻煩，她父母親一定會說是我拐她出來的。」

「我看讓她在這裡玩兩天，快開學了，還是讓她回去讀書，不要讓她父母親誤會你。」

朱斌點點頭說：「我還是勸她盡快回去。」

「就這麼辦，明天你就送她回去。」

第二天朱斌要送我回新市，我告訴他我很害怕，實在不敢回家，就這樣我又待在表哥家，住了兩天，朱斌一直勸我回家去，好好讀書，凡事忍耐，不要在意父母親的責備，在他勸說下，我只好回家了。臨走朱斌告訴我，他現在已經退伍了，因為從軍日子才幾年，沒有退伍金，雖官拜上尉，只領到一張戰士授田證。目前他還沒找到工作，沒有固定收入，很難維持生活，幫不了我的忙。他寄居在表哥家，靠表哥生活，但是相信他的收入很快就會穩定下來，勸我回家好好讀書。

我聽朱斌的話，硬著頭皮回家，母親看到我有點驚訝，沒有責備，我跑上樓，心跳個不停。我蹲坐在那張矮書桌前，打開了稿紙，想開始寫稿，腦子裡空蕩蕩的，怎麼想都想不出一個題材。後來我就準備第二天上學必須帶去的東西，然後下樓去幫忙家事。父母親沒有同我說話，妹妹陰陽怪氣地看看我，沒有理我。

我離家三天，似乎外人不知道，開學那天我像往常一樣地上學，不過心情跟以往完全不一樣，日子過得很沉悶，也很煩惱，對以後的日子萬分憂心，擺在眼前是充滿荊棘的道路，我很難去克服。〈種子〉的得獎並沒帶給我快樂，這本入選的集子出版後，我收到不少讀者來信，但我無心回答他們。

從讀初中到現在，學校的活動我從沒參加過，但這次學校的活動在台南市舉辦，一向住外縣市的同學都不參加。班上有一位住在台南市的女同學叫林淑燕，她和楊麗珠同我三人很談得來，感情又好，她邀我們去參加，活動結束已經十點多，要我們住她家，第二天直接從台南搭火車上學。林淑燕的父母很好客，第二天早上她母親準備了一頓豐富的早餐，還給我們做了便當。這位同學家是做生意的，經濟情況很好，她回到家，每天只要寫作業和複習功課，不需要幫忙家事。

中午打開便當盒的時候，我真的很驚訝。便當裡有一塊大滷肉，一個大荷包蛋，還有油豆腐、甜不辣、青菜等。打從上學起，我沒吃過這麼好的便當，那樣可口的菜餚，還是第一次嚐到，真羨慕林淑燕有個溫暖的家。

第二天放學回家，一種憂愁又籠罩在我身上，煩惱困擾著我，對自己的前途感到茫然。想不透為什麼有人生活得無憂無愁，而我從七、八歲起，就要背負那麼沉重的擔子，造物者未免太不公平了。我已經被壓迫得喘不過氣了，想到今後我不知道將會遭受什麼樣的折磨，我覺得不能像以前那樣沉默了，我開始把家人對我的一些事向朱斌訴說，也同妹妹爭執得很激烈。一天，母親竟然對我說：

「你如果想嫁人的話很簡單，你父親以前的朋友，有個兒子讀醫學院，從小他父母就很喜歡你，我乾脆叫媒人去說親，早點把你嫁出去，免得丟人現眼。」說著母親向我投過來白眼：「路邊隨便抓一個人都要比朱斌強，你為什麼要往死路走？」

我沒理會母親，跑到樓上冷靜沉思，我不能老聽這些無意義的話，我必須堅定志向，能夠有獨立的目標，堅強起來，依靠自己，這樣才有希望。我想如果我能寫出好作品，我的學費就不愁了，我必須努力。突然發現妹妹尾隨上樓，不問青紅皂白，抓起我攤開在桌上的稿紙，撕得碎碎的，然後跑到樓下向母親說：

「她又在寫信給朱斌，母親你看這些……」她說著把碎紙一灑。

我也跟著她走到樓梯口。

「你仔細看清楚，」我大聲說：「我寫的是什麼？」

「還用看，明明就是情書。」

「你不要含血噴人。」我氣憤地說：「只有你這種人只知道寫情書。」說完我又坐到我的書桌邊。

愣愣地坐了許久，腦子裡一片空白，再也想不起故事來，我感到疲倦極了，不知不覺竟睡著了，連晚飯都沒吃，醒來已經是第二天早上六點了。我整理一下書，背起書包直奔火車站，我餓著肚子連便當都沒帶。從小我的身子瘦小，營養不好，升旗的時候，差點就暈倒在操場上。同學問我是不是生病了，為什麼臉色那麼蒼白，我搖搖頭沒說話。

放學後下了火車，低頭走在火車鐵軌上，想到回家，不禁打了個寒顫，我害怕回那個家，正在不知所措的當兒，突然發現有人擋住我的去路。抬頭一看是朱斌，心裡奇怪他怎麼會出現在鐵道上？我一句話也說不出，只想哭。

「你怎麼啦？」他直問：「想到你回家後的情形，我很不安，所以來看看你。」

我忍住心中委屈，半晌無奈地說：

「我很好，你走吧，別讓路人看到我們。」

我作勢離開他，雖然心裡想告訴他近況，然而想到在表哥家他告訴我的話，他目前靠表哥生活，還有什麼力量幫助我？我想著急忙跑回家。

才進門，母親交給我兩件大衣，說好第二天客人要來拿，我開始忙著在大衣口袋繡花。妹妹手上拿著兩封信，作勢交給我，我沒接它，但看清了不是朱斌的字跡。她冷笑一聲說：

「信是父親打開看過了，是讀者寄來的。」

「你拿去，就放在你那兒吧！」我冷冷地說。

我即刻在母親交給我的大衣上繡花。記得從小我就做母親的助手，賺錢幫忙家計，那時父母親是多麼疼我，一家人在一起，雖然生活艱苦，卻充滿愛心，也充滿希望。如今家裡被妹妹一個人搞得充滿仇恨，我的一舉一動都被監視，只要我坐在樓上矮桌寫字，妹妹就會向父母親告狀，說我給朱斌寫情書，而他們不經過證實，母親就開始外省人長外省人短地叨唸個沒完沒了，父親對我怒眼相視，令人心驚。在這樣的環境下，如何安心寫作？我還有機會讀書嗎？我不知道如何應付眼前的處境。

一連幾天，我放學回家，母親就交給我工作，除了繡花，還有縫邊的衣服，我除了吃晚飯，大部分都在樓下趕工，每天趕完了工，都已經十點多，匆匆忙忙地趕寫作業就上床睡覺，很少有機會坐到矮桌子前寫作，妹妹也就沒機會興風作浪，但我心裡記掛著拿父親八十塊錢貼補註冊費，並曾經向父親承諾會還他。然而這一連串的忙碌，我沒有時間寫作，心中不免耿耿於懷。

平靜的日子沒過多久，那一天我正好在家，送信的郵差送信來，我接過信還沒看清楚是誰的，妹妹動作快，搶過信，厲聲地說：

「你沒資格收任何人的信。」

這突如其來的吆喝，讓我半晌不知道發生什麼事，等冷靜想想，我說：

「為什麼？如果是我的信，你沒資格拿走。」

「這是父母親的命令，你看我有沒有資格！」

我啞然，後來我給朱斌寫了一封信，告訴他以後不准給我寫信，也不准寄任何雜誌給我。我只求日子能平靜地過下去，雖然不知道是否可以順利地讀完高中，但姊妹繼續爭鬥，不是我希望的。在無助的情況下，我只有讓步，俗話說：退一步海闊天空，不是嗎？

信才寄出三天，朱斌出現在我每天上學的路上。我想跑開，被他擋住，他問：

「到底發生什麼事？希望你坦白告訴我。」

我搖頭不發一語，他板著臉，嚴肅地說：

「你不想說，那就跟我走。」

「跟你走？怎麼可以？我不要。」

「為什麼？」他微慍地說：「我不能再讓你家人這樣逼迫你。」

我低下頭，眼淚撲簌簌流下，一句話也說不出來。

「如果你不走，再這樣下去，你被逼死了，我會拿手榴彈到你家把他們炸死，大家同歸於盡算了，這件事是我惹出來的。」

我實在很害怕，我還是默默地流淚。這時朱斌斬釘截鐵地說：

「你還猶豫什麼？難道你願意這樣被逼死？」

「如果——」我沉思半晌，問他：「我不跟你走，你真的會炸死我家人？」

「會的。」朱斌不假思索地說：「不是我嚇唬你，也不是我威脅你，今天我坦白告訴你，我非常喜歡你，如果你家人把你逼死，我也活不下去了，那只好……」

「我才二十出頭，我還想讀書。」

「這樣下去，你還有命讀書嗎？本來我是希望你進了大學，我有適當的工作，再向你父母親表示，希望求得他們成全。現在的情形，是不可能的，只好把你帶走，我會好好照顧你的。」

這事發生得太突然，我很難決定。我一向只是把他當大哥哥。他看我拿不定主意，說：

「你比你妹妹大一歲，怎麼看不出來我喜歡你——要是我接受你妹妹，今天你就不會遭受這麼多罪吧？」

這時有一班火車要進站了，過一會兒，會有更多下車的學生和旅客，我必須躲開人們的視線，我們往他過去休養住的大房子走去，暫時避開人群。我的心一直跳得很厲害，一時間不知如何決定，眼看天快黑了，我非常害怕。

休養所這裡還住著朱斌過去的戰友，此時為了我，他也盡量躲到黑暗處，天黑了之後，我更加感到進退兩難，回家吧——離放學時間已經兩個小時，我如何向家人交待？猶豫許久，我只好硬著頭皮，冒險同他走，就這樣離開了家，步向一個未知的未來。

第五章　我的婚姻

呂梅黛婚紗照，民國48年2月與朱夜結婚。

我們又回到隆田新兵訓練營，我同表嫂住一個房間，朱斌同他的表哥臨時擺了兩張行軍床，營區裡家眷住的地方非常簡陋，表哥和表嫂不吃軍隊裡的伙食，在屋外擺了個小爐子，用樹枝當燃料，他們也能適應。次日，表哥叫他的傳令兵去買了紅蘿蔔和豬肉，我們煮了一鍋飯，炒了一盤高麗菜，主菜是豬肉燒紅蘿蔔。吃完飯，朱斌帶我到附近爬山。我心裡沉悶，無心欣賞山景，非常掛念家裡的父母親，當他們發現我又離家，一定會著急，我此時感到對不起父母親，又害怕回家，真的是茫然不知所措。

在表哥家住了十天，我發現表嫂不對勁，表嫂似乎不歡迎我，朱斌認為我多心了。其實不是我多心，我看出來表哥對我們很關心，而且常向表嫂誇獎我，這些都讓她不高興，我在無意中聽到她問表哥：

「弟弟他們到底要住多久？」

「問這個幹什麼？就讓弟弟他倆多住一段時間吧。妹妹跑出來也沒有身分證，住別的地方不方便，要是被警察查到，可就麻煩了！」

「那住下去，我們還要給他們吃飯，我們的錢不就全被他們吃光了嗎？」

「你不要管那麼多，反正他們的事你別管。」

「為什麼我不要管？錢都吃光了，我怎麼辦？我是你太太呀！」

表哥不說話了，他走到房外。後來我聽到表哥同朱斌在屋外聊天，聲音越來越小，似乎他們走遠了，可是房內傳過來摔東西的聲音，我很害怕。

我不怪表嫂，那時中校月薪不到一百塊，生活很苦，表嫂難免為自己荷包著想。我把這事告訴朱斌。晚餐時表哥叫我放心住下去，一切他會處理，什麼都不要想，天塌下來他頂著，他說：「我從小跟朱斌在一起，是他的表哥，我有責任照顧他，對你也是一樣。」最後他說，過些天他會同表嫂到我家去同我父母親談談。聽完表哥的話，我沒有平靜下來，我害怕父親知道我住表哥家，說不定會找警察把我抓回去。

表嫂對我們無可奈何，她不敢趕我走，可是她的臉色越來越冷，我感到很難堪，終於告訴朱斌，我要回家。他很難過也表示很為難，正好這時候，朱斌有個在《徵信新聞》當記者的安徽老鄉程翔雲來信，想介紹朱斌到台北見「徵信新聞社」的總編輯吳博全先生。吳總編是安徽老鄉，他很喜歡朱斌的作品，有意網羅到《徵信新聞》工作，他很希望能多照顧同鄉晚輩，表哥知道這消息後，鼓勵我們去台北碰碰運氣。

第二天我和朱斌搭乘北上的火車到桃園，下了火車很快就到程翔雲的住處，他還沒結婚，租了一間小房間，住處很簡單，晚上朱斌和程翔雲擠一張床，我被安排在旁邊眷村安徽老鄉龔家，同龔大嫂睡在一起。龔先生是上尉軍官，有兩個孩子，眷舍老舊簡陋，看起來生活比表哥更苦，龔大嫂用既來之則安之的話安慰我，待我親切如家人，她還告訴我，她今後會好好管朱斌，要他善待我。

見過桃園這幾位老鄉，心裡感到無比欣慰，也感到非常平靜。程翔雲跑完新聞回來，就帶著我同朱斌到台北大理街的報社。在報社我們見到吳博全總編輯，他見到我們既熱情又親切，就像長輩一樣令人尊敬，他一見面就堅持請我們吃晚飯，他說附近有家「不醉無歸」，有幾道招牌菜像是「蝦仁鍋巴」，讓人百吃不厭，要請我們嚐嚐，就這樣我們跟著吳總走進「不醉無歸」這家飯店晚餐。飯後吳總匆匆回報社上班，臨別他吩咐朱斌盡快地把履歷表寄給他。

回到程翔雲的住處，我們又湊合著在兩位老鄉家過夜。這晚我們同老鄉談到深夜，龔大嫂建議我們在桃園定下來，她說既然要去台北的報社上班，住在桃園方便很多，而且住附近他們都可以照顧我們。想想也對，我們就這樣留在桃園。龔家有兩個小孩，軍眷生活很苦，雖然有柴米油鹽的配給，但一家四口只有六十塊左右的薪水，龔大嫂能支配得很好，我從那時開始向龔大嫂學習，買菜要買最便宜的空心菜，菜葉用蒜頭爆香素炒，菜梗子同豆干炒辣椒，把一種菜炒出兩道可口的下飯佳餚，孩子們吃得很滿足，很健康。在龔大嫂身上我學了不少持家之道，生活不一定要大魚大肉，青菜豆腐一樣好過日子。

龔大嫂有一部針車，家事之餘，她也拿些簡單的零工回來做，賺點工錢貼補家用，龔大嫂要我學學針車，可以去拿些東西回來加工賺點錢。我向龔大嫂借針車學，她答應了，其實我早就會用針車了，我和朱斌去買兩塊布，回來照舊衣服描圖剪裁。我給朱斌做了一件花格子香港衫，也給自己做了一件簡單的家居服，他退伍後沒買什麼便服，那時工資貴，沒有賣成衣的，做一件衣服不容易，所以朱斌沒什麼便服。我做衣服的技術不好，尤其是做男人的香港衫，他一點都不嫌棄，穿著很神氣，龔大嫂也不停地誇讚很帥。

朱斌把履歷表寄出去後，程翔雲告訴我們，他進《徵信新聞》工作大概沒有問題，朱斌首先告訴我，他以後的名字更改了，筆名用朱夜，原名就用原來的朱蔚君，朱斌太俗氣。

龔大嫂在離她家不到兩百公尺的地方，幫我們租了一間房子，它屬於這一大片軍眷區，離龔家很近，座落在一個破廟旁，其實它不像房子，倒像個雨棚，大概只有兩坪大，屋頂是稻草頂，牆是竹子編的，是糊了泥巴的竹籬笆，只有七尺高，沒有連接屋頂，地面是泥巴地，門是簡陋的木板拼釘的，倒像鄉下人的柴房，實在不像屋子，龔大嫂說，眷村治安好，先住了再說。

說實在的，我們如果等工作，也不能再打擾老鄉，只好先住下來，等找到工作再說。朱斌帶我回隆田表哥家，把他唯一的家當棉被、洗漱用具、臉盆帶到桃園。我們在桃園一家竹器店，花了四十塊錢買了一張竹子做的床，也買了一個煤油爐，一個鍋子，兩個鐵盤，兩個碗，這些就是我們家的基本家當。想到從此要單獨和朱斌住在一起，心中很害怕，百感交集，我能怨誰？事到如今我沒有第二條路選擇，難道這就是命運？我的學業從此中斷，什麼願望和理想也得放棄，我就在矛盾和恐懼中度過這段日子。

在整理朱斌的信件時，我發現了兩本從沒見過的書，一本是太平洋出版社出版的長篇小說《聖愛》，另一本是晨光出版社出版的中篇小說《紅葉淚》，兩本書都是民國四十六年初出版的，作者是朱夜。沒多久前才出版，難怪我沒看過，他真的改了名字？我問他為什麼？他說：

「斌這個字太多人取，至於原名蔚君，這是我懂事以後，母親給我取的，我想念母親，所以改用這個名字。」

「那存文這個名字又是誰取的？」

「我是屬於朱家存字輩的，是父親給我取的小名。」

「後來怎麼又變成朱斌？」

「那是從軍以後上面給我取的，以後你就改叫我原名蔚君這兩個字吧！」

在稻草棚住了幾天，竟下起了雨，這時我感到稻草棚不能遮風也不能避雨，屋外下雨，屋內也漏雨，泥巴地變成濕滑的泥濘地，隨時有滑倒的危險。事實上如果不漏雨，這兩坪大的地方，睡覺、煮飯兼寫作，實在不夠活動。還好，沒幾天龔大嫂又幫我們找到另一間房子，也在眷村裡，離龔大嫂家只五、六十公尺遠，這是一間有屋頂有磚牆的房子，有四坪大，我們除了擺那張竹子床之外，還可以擺一張桌子。我們撿了鄰居丟棄的一張破桌子，然後從附近撿回來幾塊破磚，把磚塊堆起來當凳子，作為我們寫作時的椅子。蔚君靠竹床當書桌，我們兩個人開始埋頭寫作，一方面等報社消息。

這一段日子，我們的收入只夠吃飯付房租。蔚君有兩套衣服換洗，我只有一件外出的衣服，我們還沒能夠添購衣物，每當我的衣服穿髒了，換洗的那天，我只好躲在房間裡，等衣服乾了，才穿上出門，生活非常拮据。

我們平日除了吃飯就是寫作，生活平淡。一天，蔚君告訴我心裡非常沉悶，想到台北走走，我不想去，就讓他一個人出去散散心吧。那天他很晚才回來，我正奇怪，到底發生什麼事，他為什麼那麼鬱鬱寡歡，失魂落魄的樣子。後來在吃飯的時候，他問我知不知道他今天遇見誰了？

「我沒有同你一道去，」我說：「怎麼會知道你遇見誰呢？」

「告訴你你也不會相信，明明就像有神明，暗示我、引我去那裡似的。」

「去哪裡？有那麼神祕嗎？」

「是神奇，我遇到我舅舅，你相信嗎？」

「什麼？」我吃驚地摸摸他的頭說：「你沒發燒？你說你遇到舅舅？」

「是千真萬確的，我母親唯一的弟弟，我的親舅舅。」

「你沒有認錯吧？」

「笑話，我會認錯？今天好像有人指示我去那個地方，我在台北火車站下車，就往西門町走，然後遇到一群人在世界戲院的騎樓下圍看一個擺攤子的人，在那兒賣東西！」

「在那裡你遇到你舅舅？」

「可不是嗎？我看到一個老先生很面熟，我走近他，他正同身邊的人講話，我清楚地聽見了，他的口音就是熟悉的廬江口音。」蔚君興奮地說：「我走近他問他貴姓？」

「那不是太冒失嗎？」我不太相信地說：「你少蓋，編故事也要讓人能相信。」

「我不是編的，他真的回答我他姓孫。」

「是嗎？」我很吃驚，一時啞然。

「誰也不會相信有這麼巧合的事，他告訴我叫孫須繼，安徽廬江人。」

蔚君說：「我抓住老先生的手，連叫了幾聲舅舅，說：『我是存文，你的外甥。』我們雙手緊緊握著，我們都哭了，後來我們走向衡陽路，走到新公園，坐在公園裡談到天黑，然後互留地址，約好下星期天在新公園見面。」

這樣的重逢，很戲劇化，十幾年沒見面的親人，竟然在這麼遙遠的台灣巧遇，那不是神引導的嗎？我等著下星期天去看這位長輩，雖然有點害怕，但卻盼望有這樣的長輩，陪伴我們。

晚上蔚君很晚才合眼，他默默地沉思，也沒有寫稿，我知道他想念他的父母親，離開父母家人已經十多年了，哪有不想念的。蔚君後來告訴我，他舅舅家在廬江是大財主，家裡經營一家「長青軒」大酒樓，共產黨沒收了他們家的全部房屋，為了保命舅舅逃出來，跑到台灣來。

周日，蔚君真的帶我到台北見他的舅舅，舅舅很慈祥，在新公園談了別後的家鄉，後來帶我們到一家麵館吃飯，問起了我們的近況，蔚君把我們的事全告訴老人家。他是跟隨軍隊逃到台灣的，因為他家是共產黨鬥爭的對象，不逃出來就沒命了，但逃到台灣已經是一無所有。

舅舅從小看他們家的大廚做菜，也懂得做家鄉菜的祕訣，現在在一個休養機構的餐廳當指導。他說一般飯館的菜都不能吃，他後悔沒有學習到家鄉老廚子的好手藝，那時不知道向老廚子請教。那些菜現在在台灣根本吃不到，從他的談話中，知道舅舅是道地的美食家。

那晚和舅舅聊到十點多鐘，我們才回到桃園。

在桃園住了三個多月，有一天，程翔雲告訴蔚君，《徵信新聞》的工作吹了，他說蔚君不是國民黨員，安全檢查不通過。我們非常難過，既然進報社無望，就不想待在桃園，正在這時，蔚君有個姓丁的老戰友來訪，他告訴我們乾脆搬到內壢去，他內壢有朋友，那邊租房子便宜，環境又好。住桃園眷村房租貴，家裡又沒廁所，內壢有很多鄉下人種菜，生活便宜，說著就馬上帶我們去內壢走了一趟。

內壢的環境的確好，丁先生認識一對夫妻有房子出租，我們順便去看了房子，房子比較漂亮，房間裡有桌椅，廚房有爐子無條件給房客用，像我們現在買不起家具的情況下，搬到內壢比較適合，我們現在付的房租要再住半個月，我們同房東說好，半個月後再搬過去，請他保留一間房子給我們，這樣我們把房子訂下來了。

回來幾天，我發現生病了，蔚君帶我去看醫生，經過檢驗，醫生說我懷孕了，這消息給我們帶來了無限憂心，沒有工作，沒有固定的收入，今後的生活費更多了，這讓我們很恐慌，不知怎麼辦。最嚴重的問題是我們沒有辦結婚手續，最怕警察查戶口，而且我連身分證都沒有，問題重重，有待我們一一解決。龔大嫂帶我們到附近一家照相館，要拍一張結婚照，蔚君沒有西裝，照相館沒得借，不過有新娘婚紗可借，結果我捧了一束花拍了一張沒有新郎的新娘婚紗照。蔚君把我這張照片寄回家，信一個字也沒寫。

正好表哥出差來台北，他到桃園來看我們，知道我們的情況，他兩眼發紅，不停地流淚，他過意不去的是沒有好好照顧我們，他答應陪蔚君到我家同我父親談談，希望父親能把身分證給我，同時也讓我把戶口遷出來。

表哥回隆田後，我害喜越來越嚴重，以致蔚君不放心離開我，他更勤於寫作，這是我們生活的唯一路子。由於頭暈、嘔吐，大約兩個星期都沒吃東西，也沒辦法起床，後來完全靠打針，症狀慢慢消失。覺得好點的時候，我又伏在那張破桌子上寫作。那天不知道什麼原因，疊在一起的磚塊竟然滑落了，我一時跌坐在地上，一剎那間尾椎骨劇痛，伸手一摸，竟然流血了，蔚君驚慌不已，趕快拿碘酒替我擦，把我扶到床上躺下來，他很自責，心痛連一張好椅子都沒有能力買給我坐，他決定盡快搬到內壢去。

搬到內壢那天，見到房東夫婦倆，他們待人慈祥親切。聽丁先生說，他們在這條繁華的街道上，有不少房子出租，他們把房客當自己親人。蔚君喜歡這兒的新環境。這棟房子，樓下隔成三大間出租，房客全是年輕的夫妻，都沒有小孩，樓房後面有一大間廚房，是三個房客做飯的地方，在最後的部分有兩間浴廁，環境清理得很乾淨。樓上部分是房東夫婦和小女兒的住房，非常安靜。大家就像一家人住在一起般的溫暖。

房東太太知道我們還沒結婚，我們把實情向他們說了，他要我們放心住著，不會有人來找麻煩的，他們真像我們的長輩似地照顧每一個房客，有時房客拖欠房租，他們也不會催促，常常叫我們放心，有錢的時候才付就可以了。

住內壢六個月，朱斌已經改回他的原名朱蔚君，把筆名改用朱夜之後，寫作方面的收穫很順利，國內的《中央日報》、《中華日報》、《聯合報》、《徵信新聞》經常有他的作品發表，香港的《亞洲畫報》也登出他的中篇小說。另外在這一段日子，他又完成了長篇小說《雪地》，這部小說獲中華文藝獎金委員會獎助出版，署名朱斌。他發表的作品越來越多，收入也比以前好，他說為了孩子，他必須努力。

蔚君喜歡夜晚寫作，他說每當黑夜來臨，他的靈感也特別來得快，所以改用朱夜作筆名，幾個月下來，寫作的成績的確不錯，他曾經告訴我，用朱斌這個名字時，樣樣都不順心，那時候當流亡學生剛解散，在無路可走的情況下，投進軍中時給了他朱斌這個名字，結果到處都見到用「斌」這個名字，他感到太俗氣了，所以就改掉它。

蔚君現在似乎也迷信名字可以影響運氣，我不管這些，凡事他喜歡就好。

內壢是個小地方，蔚君突然告訴我，我們應該要住在大城市，比較有發展機會，而且從事寫作住在哪兒都可以寫。他的好朋友丁潁，後來住到台中市，他建議蔚君搬到台中去。蔚君真的聽他的話，收拾家當裝滿兩個大皮箱，輕鬆地搬到了台中。

在台中練武路我們租了兩間房子，一間做臥室，一間當書房兼客廳，房東練先生是個單身漢，有潔癖，整天東掃掃、西抹抹，交了好幾個女朋友，他原是個最受歡迎的單身貴族，可惜因為他的龜毛個性害了他，這些毛病使得他同女孩子交往不久都吹了。尤其遇到有小孩的房客，住不久就搬走了。我們沒有小孩，相安無事。遇到這樣的房東，讓我們警覺到，哪天一旦我們有了頑皮的小孩，也會不受歡迎。因此蔚君計畫要有自己的房子。

表哥到家裡說服父親，把我的身分證給了，於是我在台中辦好了戶口，作家畢珍給我們做證婚人，完成了所有手續，家成了，擺在眼前的是立業。從內壢到台中，我們在寫作上有很好的成績。這一段日子，蔚君光在報章上發表的中短篇小說就有〈大風嶺〉、〈母親的話〉、〈珠花〉、〈夕陽〉等等。另外香港的黎劍虹先生創辦的虹霓出版社，出版標榜一份報紙的價格可買一本書的小說報。每本兩萬字的中篇小說稿酬是一千二百元台幣，那時公教人員的月薪只有五百元左右，說起來稿酬相當高，所以朱夜一口氣出版了幾本小說報，有《第一夢》、《紅色淚珠》、《苦杯》、《隨風飄泊》、《魔戀》等，是最豐富的一段日子。

有位卓老先生，常請我們到他的辦公室做客，不記得他是什麼機構的主管，公家給他一間寬大的房子，又是辦公又是住家，又有大的工作房讓他做菜。他菜做得很好，常請朋友到他那兒品嚐他的手藝，老先生很歡迎這一群年輕朋友，經常聚在一起不只是吃，主要是計畫合作事業。一天大夥兒把時下最風行的小說出租店作為主題，這些租書店都以出租武俠小說為主，而大家一致認為目前這些專業的武俠小說作家，似乎千篇一律像同一個模子出來的，再繼續下去，將會造成讀者倒胃口。他們在研究如何創新，而且大都是主張從創作到出版，一貫作業，大家一起參與研究不同的題材。首先就推蔚君負責寫作，張克勤有錢負責出版計畫，卓老年高見識廣，推他做策畫監督，談了幾天，竟然說做就做，馬上成立了克勤出版社。

第二天張克勤就到家裡來談寫稿事宜。他說他想先出版一部五集的武俠小說，然後緊接著出版一部十集的，他除了提出完稿和出版時間，最重要的要先了解故事內容，談了大半天，最後提到稿酬，並建議早點交稿付印，稿酬他願意預支十集三萬元，蔚君口頭上答應張克勤，盡早完成作品。

客人走後，我問蔚君為什麼要寫武俠小說？一個從事文學創作的人，突然改寫武俠小說，不怕被讀者誤會走火入魔，不走正路嗎？蔚君告訴我，他看上一棟小洋房，非常喜歡，小孩快出生了，如果買了房子，以後生活就穩定了，寫武俠小說取的是筆名，不會影響朱夜這個名字，他說決定用「冶父山童」這個筆名，只寫一兩部武俠小說就不寫了，誰也不會把這個名字和朱夜連在一起，他還說如果有機會，倒想開個小印刷廠，幫出版社印書。

就這樣，我們買下了蔚君喜歡的那棟小洋房，房子是磚造的牆，有三個房間，後面有個大棚子，一半做廚房，那時家家燒煤球，通風好是最理想不過了，另一半做浴廁，大棚子有個竹子圍成的籬笆，可以看到軍眷村的富台幼稚園，它和幼稚園的運動場相連，能夠清楚地看到許多小孩子在幼稚園的活動，空氣良好，居家非常適合。屋前還有花園，占地三十坪左右，四周還有磚造圍牆，朱紅色的大門，和鄰居隔離，是個獨家獨院的房子，非常安全。真的，我們做夢都沒有想到，這麼快就擁有這麼理想的房子。

房子有了，但是還沒有錢買家具布置，只簡單地買兩張木頭椅子，一張粗糙的木頭桌子，才搬進新房子三天，孩子就急急忙忙來報到，大兒子出生了。從醫院坐三輪車回到家，一下子成了三口之家，朋友紛紛來家看望小傢伙，家熱鬧起來，蔚君非常高興，聯絡台北的舅舅，一個沒有長輩的家，顯得很孤單又無助，他也不懂得怎麼照顧我和孩子。

舅舅來了之後，蔚君加買了一張木頭床，一家四口住在這棟小洋房裡，一時熱鬧起來。舅舅每天買菜張羅三頓飯，他做菜做得很好。房子是預支稿費買的，蔚君得加緊寫稿還稿債，還完了稿債，再賺的稿費才能添買家具，把房子稍微布置起來。

舅舅來住了一個月，但他不放心台北的餐廳，之後便回台北去了。我們的生活比以前忙碌，蔚君很疼愛孩子，除了忙於寫作之外，他還包辦給小孩子洗澡的工作，有時也會幫忙給孩子換尿布。很幸運的是孩子有足夠的母奶，省下不少奶粉錢，孩子三個月後，我開始給他吃副食品，如雞蛋黃、肉汁和果泥。孩子長得又白又胖，人見人愛，將近四個月的時候，第一次生病，看孩子生病，我們做大人的很心疼，好在很快就好了。

第六章　創業夢

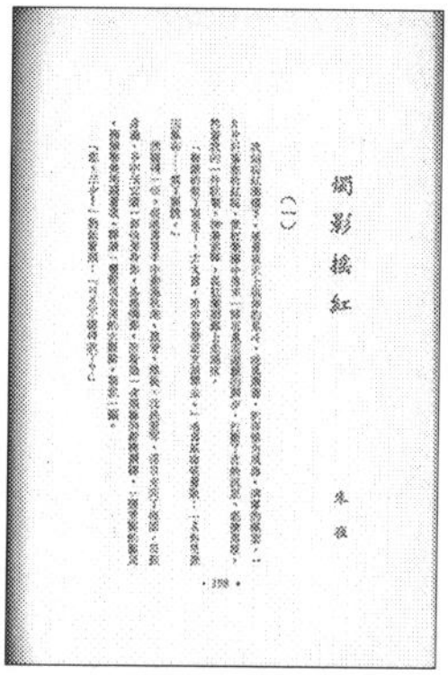

民國51年，朱夜小說〈燭影搖紅〉選入《中副選集》第二輯。

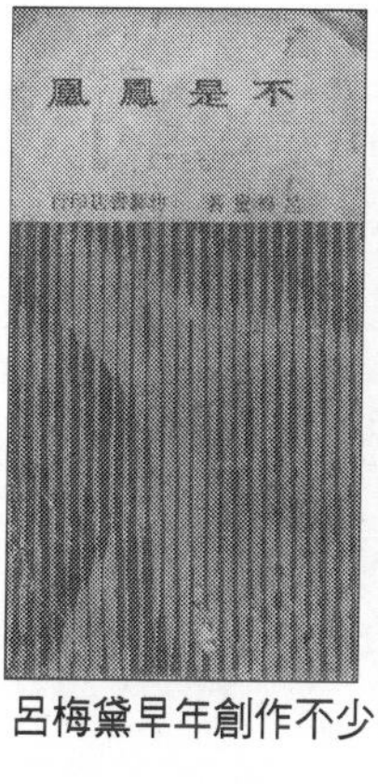

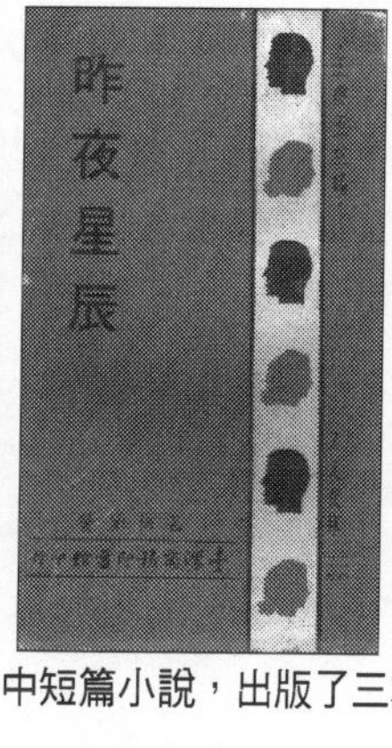

呂梅黛早年創作不少中短篇小說，出版了三本小說集。

蔚君完成第一套武俠小說交出付印，這時我們發現印刷廠生意太好，每家都不能在預定的時間交書，因此我們想起了曾經計畫開印刷廠的事，正好蔚君一個戰友褚雲雷退伍，到台中投靠，他對今後的生活沒有信心，很希望能和蔚君合夥做生意，我們正好認識了製造印刷機的王老闆，他願意先把機器交我們使用，等以後有生意收入，再分期付款。有這麼好的條件，正合我們目前情況。

我們的朋友介紹一位紀師父來工作，他曾經在軍隊裡的印刷部門當主管，現在退伍了，朋友把他找來同蔚君談，問他估計要多少本錢才能動工。他說有六千塊就夠了。我們很快決定準備開工。褚雲雷把他的退役金投了三千元，加入我們的印刷廠，我們自己也投進三千元資金買鉛字，一切就緒，機械廠很快送機器來安裝。試車兩天，機器性能非常好，老闆細心地教我操作，一切很順利，機器部分我就能勝任，不需要工人。排版部分由紀先生負責，紀先生把所有的鉛字全排放在鉛字架上，他很積極，很快開始排版，我也把所有滾桶灌好膠，機械廠也派人來指導。我們很樂觀，眼看第一本書可以付印了，當然準備工作也花了兩個禮拜以上的時間，沒想到另一個投資人褚雲雷突然反悔，要把他的資金拿回去。

蔚君斷然把褚雲雷的資金退給他。印刷廠資金出了問題，計算過後我們將不能按時付機器款，結果找王老闆來商量，他同意把機器收回去，介紹一位蔡老闆來。蔡老闆說他廠裡有半新舊的小機器，只要二千元就可以賣，我們沒考慮太多，付了兩千塊錢就買回來這部小機器，經過賣方的工人安裝了十天，還不能正常運作，我發現它根本就是報廢的機器，這時蔡老闆躲起來避不見面。紀師父經過多次測試調整，機器還是不能運作，證明這機器是部不能用的廢物。我們感到萬分絕望，好機器已經退回去了，換來了一部廢機器，我感到欲哭無淚。

兒子夢麟快滿周歲，正學爬學走路，很需要有人照顧，原計畫請了一個女孩專門照顧他，我負責操作印刷機。資金出了問題之後，我馬上把女孩辭掉。紀師父不死心，忙著修機器，希望能修好，經過一再努力，還是回天乏術。夢麟沒人管，在我腳邊爬來爬去，手腳和衣服被機器油弄得又髒又黑，看他哭過來哭過去，我的心慌亂極了。後來想到也許可以回去向父親借到一點錢，再把新機器買回來。一天晚上，我搭上南下火車回新市，向父母親求助。鄉人還不知道我結婚了，所以夢麟只能留給他爸爸，反正台中到新市很近，天亮我就可以回來，沒想到這個沒離開過我的小孩，當火車開動時，在台中火車站拚命地掙脫他爸爸的手，追著火車大哭叫喊著：「我要去阿嬤家——我要去阿嬤家——」

孩子的哭叫，在靜夜裡特別刺耳，也令人心酸，我一路上流著淚到新市。凌晨下了火車，只見四周一片漆黑，三年沒有走在這條路上，不只感到陌生，更感到害怕。我一邊走一邊跑，很快到了家，樓下一片漆黑，我拍著門喊媽媽。只一會媽媽在樓上應聲，看到我有點驚訝，不過也難掩飾她很高興我回家。她開門讓我進去，開口就問小孩怎麼沒回去？我把情形全告訴她，她沒表示拒絕孩子回去，只嘆息一聲，然後說：

「家裡從來不放現金，等天亮銀行開門再去領。」

「等生意做成了，錢很快會寄回來還。」我說。

快八點了，妹妹那時在農會當會計，她馬上又回來，告訴我說：

「這一千塊錢是母親的存款，父親沒有錢幫你，你先帶這一千塊回台中吧？」

我馬上趕搭八點半北上的火車回台中。父親不理我，我帶這一千塊回台中實在無濟於事，拖了兩個多月，把鉛字和機器當廢鐵賣了，結束了開印刷廠的夢想。但在我們創業的過程中，心中的創傷是無法忘懷的。蔚君告訴我，曾有個算命先生說，名字的筆畫不好，做事業的挫折特別多，以後就用一個名字「朱夜」做筆名就好，筆名的確定總算下了決心。

「我以後就改叫你朱夜，蔚君就只用在戶籍的登記。」我說。

朱夜武俠小說的稿債還完了，又以文藝創作為主，作品大都在國內的各大報發表，不再寫武俠小說。他朝高水準有價值的文學作品創作邁進，把發財夢擱到一邊，很快完成短篇小說〈吃耳光的人〉、〈卜〉。這兩篇相繼發表在《聯合報》和《中華日報》，緊接著在《徵信新聞報》發表〈死亡村的一夜〉，在《中央日報》又發表了〈慈母湖之獵〉等，這幾篇都是水準較高的作品，其間也發表了多篇散文，這一段日子的成績相當不錯，我慶幸他已經擺脫了創業夢碎的陰影。

夢麟一天天長大，每次帶他出去，連陌生人都搶著抱。他不怕生，到哪兒都笑嘻嘻，長得又白又胖又漂亮。台中自由路太陽堂隔壁有家大書店的老闆娘，我們每次去買書，她就抱住夢麟久久不放，直誇夢麟討人喜歡，讓人又疼又愛，每次接過夢麟，常常說她不想把孩子還給我們，幾次對我們表示，要收夢麟做乾兒子，朱夜表示我們不敢高攀有錢人。

朱夜每當寫作寫累了，就會停筆逗逗孩子，他說像吃興奮劑似地，可以解除他的疲勞，所以逗孩子玩，成了他每天的功課。夢麟從三、四個月起，就懂得和爸爸瘋狂地大叫大笑，我沒看過這麼瘋的小孩，孩子太討人喜歡，為了孩子，朱夜更加努力寫稿。每天下午他喜歡給孩子洗澡，晚飯後，他和孩子玩到孩子累了，我就帶孩子上床睡覺，朱夜開始他的工作。他習慣夜深人靜時埋頭寫作，整夜不停地寫到第二天早上七點左右，我和孩子睡醒時，睜開眼睛看他還坐在桌邊寫東西，心裡很難過，也很擔心他的健康。換了我若熬夜一個晚上，第二天會感到頭暈無法站立，朱夜天天熬夜，這種毅力和耐力，不是常人能承受的。我常常勸他，為什麼不改白天寫作？他老說白天無法靜下心，只有夜晚獨處，沒有聲音，靈感才會來。我常常想，他是不是對熬夜有特別的抗體？

時間在忙碌中，不知不覺地過了將近一年，開印刷廠的惡夢也逐漸淡忘。一天，褚雲雷的鄰居跑來找朱夜，他告訴朱夜：

「我的房東要我來找你，請你過去看看褚雲雷，他病了，而且病得不輕。」

朱夜熬夜寫了一個晚上的文章，疲憊地看著來人說：

「褚雲雷病了，快帶他去看病。」

「我們房東太太說，請你看在過去是戰友的分上，過去一下，他需要看病。」

「看病要找醫生，」朱夜說：「請你房東太太帶他去找醫生，看在是她的房客分上。」

「可是看病要錢呀！」

「我一夜未睡，我很累，等看完病回來再研究。」

朱夜關上大門，走回書桌坐在那兒發愣，半晌口中喃喃地說：

「他聽房東女人的話，雖然害了我，可不等於也害了他自己嗎？！」

朱夜無奈地說：「當初帶著退役金來時，被房東太太算計，錢被騙光了，如今是貧病交迫……」

「你怎麼知道的？剛才那個人說的？」

「我早就知道了，只是沒剛才來的人說的嚴重，現在是連看病的錢都沒有。」

「那不就得等死嗎？」

「你同情他就救他。」

「我自顧不暇，哪有力量救他。」

我走進臥房，心中感慨良多。

離家不遠，新開一家托兒所，專收兩歲以下的小孩，夢麟快兩歲了，朱夜想把夢麟送去試試，這樣白天他可以安靜地睡覺。第一天我把孩子送去的時候，夢麟不肯進教室，兩手緊緊抓住我的衣服不放，最後老師過來把他抱進去。我快步離開，聽到孩子大哭不停，實在心疼不已，不過我們也想讓他早點接受群體教育，也許有助於智慧的啟發，朱夜也能好好補足睡眠。下午放學時間到了，我去接孩子的時候，先從窗外偷偷地看，只見他失神地一個人坐著，也不跟同學玩，後來看見我，高興地站起來，跑到教室外緊緊地抱住我，突然大哭起來，我把他抱起來，哄哄拍拍之後，他轉哭為笑，我抱著他走回家時，發現他很疲倦，而且無精打采。

回家後朱夜問孩子，幼稚園好不好玩，孩子搖搖頭，鼓起嘴低著頭。夢麟一歲半才開始學說話，也許比別的孩子晚一點。他從小一個人沒有玩伴，我們平常都忙，也很少同他說話。後來我用硬紙板寫字，開始教他認字，我發現他認字特別快，為了讓他有玩伴，還是繼續送他到托兒所。聽說一般小孩，一個星期左右，就習慣去上學，而夢麟卻越來越反抗。那天，我送他去時，他竟然從邊門往外衝，差點被街上的車子撞倒。後來我狠下心，把他推進園裡。沒想到下午我去接他的時候，他頭上腫了個大包，兩眼無神不理我，老師說孩子跌倒受傷。回到家朱夜看到孩子受傷很難過，告訴我既然孩子那麼排斥，就別送他去幼稚園了。看看孩子的確瘦了，臉色蒼白，也許幼稚園的飯菜不合他胃口吧？

第二天，我告訴夢麟，不去幼稚園了，他沒有反應，早點也不吃，我摸摸他額頭，不料他發燒了，接著開始吐，我非常驚慌。鄰居告訴我趕快帶去給黃小兒科看，他是台中的小兒科權威。我很快帶孩子去給這位名醫看。

走進黃小兒科診所大門，見到一張冰冷的年長的面孔，他用一雙傲慢的大眼盯著我，一句話不說，我只好向他訴說孩子的症狀，他拿起聽診器聽聽孩子胸部，再敲敲腹部，然後開口說：

「回去照三頓給孩子餵藥。」說完揮揮手，示意我出去，向另一位病人招招手。我想向他請教一些問題，他似乎很不耐煩，我和朱夜只好帶著孩子回家。

回到家夢麟什麼東西都不想吃，我只好餵他吃藥，藥吃下去又吐了，燒沒有退，到了晚上，孩子一點都沒有好轉，朱夜整夜抱著孩子，不停地哄孩子喝水，等到天剛亮，我們又抱著夢麟去找那位名醫。診所大門關得緊緊的，一位掃街老人告訴我，沒到八點鐘，醫生不會出來看病。好不容易等到八點了，大門才開，我們第一個進去，老醫生儼然一副冰冷嚴峻的臉，看看我們再看看孩子，我告訴他孩子還沒退燒，依然吐不停，也不吃東西。

「小孩子的病沒有那麼快。」

「請醫生看看，是不是打針比較快！」

「是我做醫生還是你做醫生！」

好冷酷，一點不了解病家的心情，我突然對這位名醫失去信心。這時他還是老樣子，揮手要我們走，好不容易他冒出一句話，要我們明天再來。

我去領藥，四包藥又是一百塊，和昨天一樣。回到家我非常著急，每天四包藥一百塊，我們哪兒有那麼多錢再看病。最嚴重的是孩子的病，一點好轉都沒有。我抱著孩子哭起來，我擔心沒有錢再看醫生，更煩惱的是不了解孩子到底得了什麼病？幾天沒法睡覺，精神幾乎要崩潰了。

朱夜把孩子當他的命根子，他失魂落魄，已經沒有心情寫作了，就到鄰居家串門，請教眷村裡孩子最多的汪家。問他們的孩子病了，找哪一位醫生看？汪太太告訴朱夜去綠川街的張小兒科。我們當晚抱著夢麟去找張小兒科。這位張大夫很年輕，會逗小孩。夢麟見了他一點不害怕，診斷完了，馬上告訴我們，夢麟感染了A型流感，所以高燒四十度。現在馬上給小孩打針，燒明天就會退了，兩天藥吃完了，還要再來看一次，病才會完全好。他給夢麟打針時，還不停地逗他，孩子沒有哭，乖乖讓醫生打完針。當我去領藥時，正擔心我只有一百塊錢，恐怕不夠付，沒想到他只收我五十塊。

折騰了幾天，夢麟的病總算好了，我想起來了，他是在幼稚園被小朋友傳染流感。孩子很不喜歡幼兒園，我們沒再送他去了。朱夜經常把孩子放在搖籃車裡，擔心他老在地上爬著涼，孩子常把腳伸到車底外，用一隻腳撐在地上，讓搖籃車來回跑動。有一次，他把搖籃車撐到桌邊，一手抓起桌上碗籃往地下一扔，一陣碗盤掉地破裂聲驚動了我們，慌忙跑去看，原來我們所有的碗盤全碎在地上，夢麟還不知道他闖了禍，不停地對我笑，笑得好開心，我厲聲罵他，他還是傻傻地看著我笑，我說：

「你把我們吃飯的碗盤全打破了，還好意思笑！我要叫爸爸狠狠地打你一頓。」

孩子這才知道闖禍了，突然不笑了，怯怯地看著我。朱夜走過去，目睹一地的破碗，指著夢麟說：

「你會破壞東西了？這個帳我要記著，等你長大了，第一次賺到錢，要先買一些碗盤賠我。」朱夜指著孩子的鼻子。

「賠什麼？他一點都不懂。」我說：「孩子有精力破壞東西，表示他健康起來了，別說那麼多，趕快把破碗片掃起來，免得孩子受傷了。」

朱夜為小孩做什麼事，都是心甘情願的，他馬上把破碗片清理乾淨，尤其是孩子闖禍了，他表現特別勤快。

自從夢麟感染流感之後，他的體質似乎發生了變化，抵抗力特別弱，經常生病，我們的稿費收入還不錯，但是收到稿費的時間經常延誤，不像有固定工作的上班族，時間到了就有薪水可領。照理說，我們的收入算很高，可是因為夢麟經常生病，不知道是巧合，或者什麼原因，每次稿費一來他就開始生病，而且如果錢沒花完，他的病是不會好的，一直拖到沒有錢了，他就好起來，所以我們家的米缸經常吃空。有幾次稿費遲到，我已經向米店賒過一次，米錢還沒付，米缸又空了，我實在不好意思再賒，朱夜就自告奮勇地說他去賒，他常常挑起這些尷尬的事。

好幾次算算日子，稿費該到了，偏偏稿費都沒來，水費、電費沒有著落，連菜都沒有得吃，我不安得無法寫東西，肚子餓了，心煩得很，我看看坐在一邊寫稿的朱夜，他若無其事地埋頭寫稿，後來我對他大叫：

「喂，你肚子不餓嗎？」

「怎麼回事？你餓了嗎？趕快煮飯去。」他突然若有所悟地說：「是不是又沒有米啦？」

「不是沒有米，是沒有菜。」

「要什麼菜，我去買。」

「你有錢嗎？」我說：「如果有錢，我早就去買了呀！」

「噢，那我去向老鄉胡廣新賒點肉，他會賒給我的。」

說著朱夜馬上走向菜市場，他很快提一大塊豬肉回來，高興地揚一揚手中提回來的肉，他說：

「好幾天沒吃肉了，今天好好地燒一鍋紅燒肉。」

我很難過，也很羞愧，每次沒米沒菜，我似有一種怪罪他的意思，但他從未抱怨我沒有耐心。每次稿費來了，我們會把欠帳全還了，然後上建國市場的「牛稼莊」吃一頓飯，飯後到東海戲院看一場電影，過一天神仙日子；然後孩子又生病了，錢被孩子吃藥吃光了，又開始賒帳的生活，似乎就這樣循環地過著窮困潦倒的日子。

那時二哥在台中當憲兵隊長，和商界有錢人來往密切，甚至也有一位結拜姊姊，這位姊姊請母親和妹妹到台中玩。那天，她們一到台中，就來練武路看我，一見面就嫌我穿得不體面，罵我千金小姐不做，要做乞丐婆。妹妹帶給夢麟一盒餅乾，一個小玩具。夢麟第一次收到禮物，非常高興。妹妹很神氣地告訴夢麟，她有錢，可以買很多玩具和餅乾送給他，問他喜不喜歡。孩子很單純，點頭表示喜歡。妹妹馬上罵我連小孩都喜歡有錢人，母親也在一邊奚落我不長眼睛。兩個人你一句他一句地說完就作勢要走，臨走說她們現在就去乾姊那兒，晚上住在乾姊家，又說乾姊家很有錢，房子很漂亮。

我心裡難過萬分，朱夜也許看我一直哭，所以感到很愧疚，他拍拍我說：

「都是我不好，讓你吃苦受氣了，以後不准她們進朱家的大門，憑什麼來這裡傷人？」

朱夜氣憤不堪，整個晚上都在勸我，他說今後他會更加努力，讓我揚眉吐氣，人人稱羨。

連續三天過得很平靜，我和朱夜暗忖，母親和妹妹大概已經回台南了，我們不會再受到干擾了。可是到了下午的時候電鈴響了，夢麟搶著去開大門，門打開後，我看到是母親和妹妹，心頭一震，怎麼她們又來奚落我了！我冷冷地叫一聲母親，妹妹笑咪咪地抱住夢麟說：

「小麟，你看阿姨給你帶來了好吃的太陽餅，還有坦克車和這個——」妹妹把一個紅包、玩具等交給夢麟。孩子看看我，然後接過他阿姨手上的東西，這時他把東西拿進屋放在茶几上，手上卻拿著紅包袋，把裡面的錢抽出來，對我大聲嚷：

「媽，是錢錢……」

我白了孩子一眼，他把頭低下來，妹妹問夢麟：

「你喜不喜歡錢錢？」

夢麟點點頭，母親低下身對他說：「阿嬤會給你錢錢，跟阿嬤回去，你會有很多錢錢的。」

孩子依然不停地點點頭，母親牽起他的手，作勢走向門外，孩子當真隨阿嬤走向大門，但是還沒走到大門，他突然掙脫阿嬤的手，跑回我面前，抱住我不好意思地低下頭。妹妹這時開口說：

「我們來辭行的，明天我們就要回台南，晚上二哥的同事請吃飯，我們一會兒就走。」

朱夜泡了三杯茶，擺在茶几上。妹妹看看我不說話，先開口說：

「這次來台中，主要是那位乾姊請我們來玩，事先說好住她家。她在中正路開禮品店，房子很大，一大家人住一起，大大小小有十幾個人。」妹妹接著說：「我們住了兩晚，昨天我發現我們的皮包有人動過，丟了五百塊錢，我猜想我和媽媽去洗澡的時候，有人進入我們睡覺的房間偷的。」

我有點吃驚，看看妹妹，不知說什麼好。過一會兒母親說：

「本來我不想到那邊住的，可是你妹妹說他們很熱情邀請，不去不好意思，而且你二哥曾經幫過他們，不去的話，會覺得我們嫌棄他們，懷疑我們不接受這份結拜之情。早知道他們會偷走那麼多錢……」母親說不下去了。

聽完了她們的話，我心裡真的不是滋味，原來她們太現實，嫌貧愛富，結果被有錢人偷了，這真的是報應。可是想到被偷那麼多錢，心裡也為她們難過。

不久，她們告辭離去，並說明天將直接回台南，不再來了。臨走她們又問夢麟，要不要去阿嬤家？他表示要去，並且隨著她們走出大門。我慌忙抓住夢麟的手把他拉回來。母親和妹妹高興地笑起來，她們的態度似乎轉變了，看她們走向巷口，頻頻地回頭向我們揮手。夢麟大聲地叫：「阿嬤、阿姨，再見！」

送走她們，心中無限悵惘。她們不知珍惜親情，卻一心想交往有錢人，結果吃了虧，這種教訓，也許是老天特地安排來處罰她們的。

日子過得真快，夢麟轉眼兩歲半了，我想把他送到富台幼稚園，他常靠在後面廚房的竹籬笆上，看富台幼稚園的小朋友唱歌跳舞。朱夜問他想不想去上課，他每次都搖頭，表示不願去。他說要跟媽媽學認字，幫媽媽洗碗，他不想去幼稚園，他怕小朋友打他。這時我想起他一歲多上托兒所，有一次頭腫了個大包，那是不是被同伴推撞的，因此給他留下對上學的恐懼？我了解夢麟膽小，不敢和同伴打架，也好，等他滿三歲再說吧。

有一天夢麟不聽話，纏著爸爸要去看電影，朱夜正趕寫〈燭影搖紅〉，他告訴孩子，等把這篇稿子寫好寄出去，明天再帶他去看電影。朱夜連說帶哄老半天，孩子還是鬧不停，朱夜第一次大發脾氣，大聲斥罵，直對孩子大吼：

「不聽話，給我滾蛋！」

很奇怪，夢麟二話不說，竟然走進臥房，抓了幾件衣服，挾在腋下，直走向大門外，我追上去一把抓住他，說：

「你做什麼？夢麟！」

「去阿嬤家。」

「傻孩子，阿嬤家在哪裡，你知道怎麼去嗎？」

「我知道，」他指著巷口直直地走去。

我慌忙把孩子拉回來，告訴他：「阿嬤家很遠，你不知道路，還要坐很久的火車，你根本不知道怎麼去。」說著我抓住孩子：

「我們現在回家，改天媽帶你去！」

孩子哭起來，心不甘情不願地被我拉回家，他邊走邊哭，朱夜這時已追到門口，看孩子大哭，他笑指著孩子：

「你這個小不點，爸爸沒空帶你去看電影，你竟然要離家出走。」朱夜笑著逗孩子：「我看你將來長大了，我會管不了你的。」

小孩子很會察言觀色，馬上要爸爸抱抱，還要帶他去買棒棒糖。朱夜抱起孩子，說一聲「好」，父子倆一邊走一邊笑，人走遠了，還不停傳來笑聲，他們父子經常瘋瘋癲癲地混在一起。

晚上朱夜告訴我，〈燭影搖紅〉完成了，他自我陶醉地表示這篇東西寫得很好，真是太感人了，他說：

「我自己寫著寫著，眼淚都流了不少。」

他對我說，為了孩子，他會多寫些好作品，沒幾天，〈燭影搖紅〉就在《中央日報》的副刊上發表，一時讀者紛紛來信稱讚，各大報的編輯也紛紛來信約稿，朱夜忙碌起來，我也跟著協助他，盡量把孩子的事都挑起來，不讓朱夜操心。其實不是他照顧孩子，而是父子倆很會玩在一塊兒，瘋累了孩子去睡覺，他就可以專心寫作，生活就這麼單調，但他很快樂。

〈燭影搖紅〉發表幾天之後，朱夜又有一篇中篇小說〈馬賊〉在《徵信新聞報》發表，幾乎每天我們都收到讀者的來信，他要忙著寫各報的約稿，就把處理讀者信件的工作交給我。這一年朱夜發表的作品特別多，比較有代表性的還有在《聯合報》發表的〈荒野的呼號〉，在《中華日報》發表的散文〈思兒令人老〉等。這幾篇中最受歡迎的該算是小說〈燭影搖紅〉了，被選入《中副選集》第二輯。朱夜為此感到非常榮幸和驕傲，因為能被選入《中副選集》裡的文章，都是被肯定為高水準的作品。

為了讓他能更安心寫作，我帶著夢麟回娘家，因為母親突然發慈悲，要我帶孩子回家給父親看。上次我回去借錢時，是利用晚上偷偷回去的，那一次不敢帶夢麟回去，他在火車站大哭大鬧，說他要回阿嬤家，母親想起我說的這一句話，或許也想念這個外孫，因此要我帶孩子回去，她似乎已經不在乎外人知道我有孩子了，也不在乎聽到什麼閒話。我們的稿費收入已經很不錯，可是仍然不夠支付生活所需，最主要的是夢麟常生病，醫藥費的負擔太重，朱夜希望能多寫點稿子，另一方面也是應付目前稿約，但是小孩子白天太吵，難以靜心寫作，遲遲無法交稿，母親告訴父親我們的情況，經過父親的同意，所以寫信要我帶孩子回去住一段日子。

那天我帶著夢麟回新市，下了火車坐三輪車回家，才到家門口，母親一看到我們，馬上跑出來抱走了夢麟，夢麟親熱地叫阿嬤，阿嬤忙著找東西給孫子吃。從小夢麟大部分的時間，都被我們關在家裡，在自家小院子裡騎腳踏車或木馬，很少在外面買零食，這時他捧著零食一邊吃一邊同阿嬤訴說路上的事，然後好奇地看看房子，當他看到有樓梯就往上爬，母親擔心孫子跌下來，阻止夢麟上樓，然後就帶著他上市場。

上街逛了一個小時左右，母親才牽著夢麟回來，手上帶了很多玩具和零食。孩子跟我炫耀，說街上好多好玩的東西，只要他喜歡的，阿嬤都會買給他，不像媽媽是個小氣鬼，他忘形又得意地說了半天，抬頭看到我的眼神，馬上低下頭不敢再說話。

夢麟長途旅行大概太累了，吃飽了就躺在沙發上睡著了。母親忙著做客人的衣服，我過去幫她，這時父親回來了，我迎上去叫了一聲「多桑」，他沒理我，眼睛直盯著睡在沙發上的夢麟，然後逕自走向後院。後來妹妹下班回來，她在農會的工作繁重，把辦公室沒做完的事帶回家裡做。晚餐是我和妹妹一起張羅的。

吃晚飯的時候，我才把夢麟叫醒，他張眼時看到家裡那麼多人，愣愣地看來看去，我指著父親要他叫阿公，他嘴甜大聲地叫了一聲，父親嚴肅的臉拉出了笑容，嗯了一聲。後來夢麟笑著看妹妹說：

「我知道你是誰，」他頑皮地直笑出聲：「你是有很多錢錢的——阿姨。」

頓時一家人都被夢麟逗笑了。母親一直給孫子夾菜，哄他多吃點菜。父親吃完飯，一句話不說就上樓去了。夢麟吃完飯，母親要他跟隨阿公背後上樓。父親晚上喜歡一個人在樓上看報紙和雜誌，夢麟上樓時，我尾隨他身後偷偷地看著。他坐到阿公身邊，起先父親光看報紙，沒理會孫子，夢麟看阿公沒理他，他就又靠坐到阿公身邊。看看阿公還是沒反應，這一次乾脆把阿公手上的報紙拉了一下，他說：

「阿公，不要看報紙了，我們來玩翻筋斗，阿公你不會，我會翻，我翻給你看。」

夢麟看阿公放下手上報紙，就趴在榻榻米上翻起筋斗，父親慌忙過去扶著夢麟說：

「小心，不要跌傷了。」

「我不會，爸爸每天給我喝牛奶，不會跌傷的。」

父親笑了，自言自語說：「什麼理論，喝牛奶就不會受傷，小孩子就是小孩子。」

父親已經六十多歲了，年輕時候一直練劍道和柔道，身手敏捷，這時他還很健朗，翻筋斗算不了什麼，祖孫倆就在榻榻米上玩開了，後來夢麟先累了，父親就叫他不要再玩了。夢麟喘著氣，一個人下樓來，我發現他滿身大汗，衣服濕透了，連忙給他洗澡換衣，小傢伙今天夠累的，吵著要睡覺，很快他睡著了，總算家裡安靜下來。

晚上母親對我說：「小麟這麼小，正是黏人的時候，你們怎麼能安靜下來寫文章呢？」

「還好，」我說：「有時候他也很乖，我們盡量在他睡覺的時候寫東西。只是他爸爸天天熬夜，白天常常不能安靜地睡，孩子又不肯上幼稚園很麻煩。」

「朱夜長期睡不好，有礙健康，你要注意他。」

「為了生活，沒辦法的事。」一直以來我不敢向家人訴苦，第一次聽到母親關心起朱夜的健康，心中感到很溫暖。

夜裡看到孩子睡得特別甜，他有時說夢話，偶爾也會嘻嘻大笑。夜深人靜，想到朱夜一個人坐在書桌邊熬夜，沒有一夜他能正常安眠，不免對他的健康產生隱憂。想到今晚他一個人在家，不知道有沒有好好吃飯？這時特別想念那個三口之家。

像往日一樣，夢麟起了個大早，他用小手摸摸我的臉，看看房間四周，問起他爸爸。我想起來了，他每天一早醒來，就吵著爸爸給他買大餅吃。台中家鄰居住幾個退伍老兵，他們合開一個大餅店，每天天剛亮，就有熱騰騰的大餅，我們一家花一塊五毛錢，買三個大餅就解決早餐問題，方便又經濟，夢麟從小就喜歡吃大餅，這時他大概想起爸爸每天早上買大餅給他吃的事吧？

母親吩咐過，夢麟醒來了就給他穿好衣服，她要帶孫子出去買吃的。等祖孫倆出了大門，我煮了稀飯，從小我們家早餐都吃稀飯配醬菜，父親匆匆地喝了一碗稀飯，騎著腳踏車到田裡工作去了。

過了一會兒，母親帶著孫子回來，手上又捧著一大堆東西，母親特別高興，她說這些東西大部分都是送給夢麟的，大家都誇讚夢麟漂亮又可愛，都不肯收錢，對這個人人稱讚的孫子，她非常得意。看夢麟高興地吃著，有紅豆餅、鬆軟的小蛋糕、片兒糕、杏仁茶等，都是夢麟以前沒吃過的，他拉住我的手小聲告訴我：

「阿嬤家這裡的人真好，買東西都不要錢錢。」

母親聽了笑起來。這時鄭醫生來到我們家看夢麟，他聽說小傢伙回來，特地過來的。鄭醫生住我們隔壁，他就像我們的親伯父，鄭媽媽是日本人，三兩天就上台南，昨天他們從台南買東西回來，特地帶過來給夢麟吃。鄭醫生是留學日本的醫學博士，醫術高超。他有個怪毛病，他太太和孩子生病時，他從不親自看病，包括夢麟生病，他都介紹我們帶到台南去看。

我和朱夜能順利辦理戶口手續，全靠鄭伯父的幫忙，鄭伯伯每天都會來我們家聊聊天，像一家人一樣，夢麟也很喜歡他。有一天鄭伯伯建議母親說，夢麟這孩子很可愛，你們家都是大人，有個小孫子陪伴熱鬧多了，為什麼不把孫子留在這裡，讓女兒他們好好寫作。鄭伯伯的提議，正合母親的心意，不過朱夜的意思是怕夢麟不習慣，也捨不得他離家太久。

當然這樣我的精神負擔較小，夢麟這孩子還是太小，容易出漏子。大概在娘家住了半個月，那天下午父親不在家，母親出去給客人買衣服配件，我一個人同夢麟在家，我忙著幫母親縫客人的布邊，夢麟一個人玩火車，很安靜，我放心地工作。突然我發現夢麟跑前跑後，一會兒慌慌張張地跑到我旁邊，鑽進一張有垂地桌巾的圓桌下面，一句話不說就躲在桌下動也不動。我看看夢麟，正感到納悶當兒，後面傳來了嗶嗶剝剝的聲音，我跑到廚房，看到灶邊一大堆升火用的報紙燒起來了，火焰沿著旁邊的碗櫃往上燒，慌忙提來一桶水往碗櫃潑去，碗櫃已被燒得烏黑，好在火剛燒不久，很快被我用水澆熄了，有一部分碗已經被大火燒破，碗櫃也被燒毀了一半，好在火很快就被我撲滅。我慌忙跑去找夢麟，他依然躲在圓桌下，他以為有垂地的桌巾，沒有人會看到他，我拿一把量布的竹尺，把夢麟從桌下拉出來，問他：

「你點火，準備把阿公的房子燒掉是嗎？」

夢麟嚇得不敢說話，母親這時候正好回來，他跑到阿嬤面前，抱住阿嬤雙腿。母親阻止我責備孩子，我告訴她夢麟差點把房子燒掉了。母親牽著孫子走到後面看了一下，回來對我說：

「反正沒有大損失，算了，別對孩子那麼凶好不好？」

夢麟看阿嬤說情，竟然傷心地大哭起來，母親忙把孫子抱到懷裡，我說：

「母親，你不能偏袒小孩，有錯就得處罰。」

「你算了，等阿公回來讓他處理吧！」

母親又塞了一包吃的給夢麟，說是黃媽媽送的，她說那麼可愛的小孩，帶出門那麼體面，人人誇獎，責備我不懂疼愛。

「母親，夢麟會被你寵壞的。」我不安地說。

「我才只有這麼個小孫子，不寵他寵誰？」

正說著父親回來了，我要父親好好教訓孫子，父親似乎沒聽到，走到屋後，馬上又走到我們面前，他說：

「出了什麼事？廚房燒得烏焦巴黑的。」

「夢麟燒的！請父親好好處罰他，看他以後還玩不玩火！」

「他燒的？」父親笑了笑，沒再說話，更沒有生氣，也沒有責備夢麟。

「算了，別說了，別再嚇小孩子了。」母親說著把夢麟帶到一邊，剝菱角給他吃，夢麟看看我，若無其事地吃他的東西。

我想到孩子燒廚房的事，很不放心把夢麟留在老人家身邊，他長久和老人家在一起，一定會被寵壞的。我決定再住些天，就把孩子帶回台中，朱夜已經好長的日子獨居，應該也寫了不少作品，他常常寫信問起孩子的健康，可見他很掛念孩子。

這一年大哥結婚，他仍然在國防部服務，平日住在台北的部隊裡，每次回來只待兩、三天。大嫂在新市國校教書，每天五點就起床，收拾家裡的房間，然後洗衣煮飯，做好早餐才到學校去。中午學校有營養午餐吃，所以她早出晚歸，下午一回來就忙著一家人的晚餐，她非常能幹，手藝樣樣做得很好。我在家的時候，她一有空，就給夢麟和我做衣服，難得的好大嫂，她也很疼夢麟，那時我剛好懷了老二，害喜很嚴重，整天茶飯不思，她想盡法子，減輕我的害喜之苦，讓我很快度過那段嘔吐的日子。大嫂是個很好的人，女人中很少像她這麼聰明手巧，萬事難不倒她，凡事逆來順受，非常賢慧，我從心底尊敬她。姑嫂之間，我們相處宛如姊妹。

在娘家住了一個多月，實在不放心朱夜，我帶著夢麟回台中。這一段日子，朱夜的確寫了不少作品，在《徵信新聞報》發表小說〈拜帖〉和〈玉馬兒〉，在《中央日報》也發表了中篇小說〈㓜約〉，後來相繼在《中華日報》發表了中篇小說〈黃河咆哮〉等，也應香港小說報之約，寫了一部〈文明與野蠻〉中篇小說，這一年真的是大豐收，而最受讀者喜愛的〈约約〉，被選入《中副選集》第三輯。

近兩個月，由於朱夜能安靜地寫作，把賺來的稿費存了一些。家裡一直沒有水井，那時候的台中市也沒有自來水，每天我要走一百多公尺，到鄰居家提水回來用，對我來說很辛苦。房子買了三年多，一直沒錢打井，這次我回娘家住了一段日子，朱夜積存了一點錢，他馬上找工人在後院打了一個手壓式的水井，用水問題總算解決了。粗重的工作沒有了，朱夜也省心，不必擔心我懷孕提重東西，會出問題。

夢麟三歲多了，越來越懂事，手壓式的水井很輕巧，他蠻力很大，每天搶著打水給我洗衣服，有時候也搶著幫我洗碗、洗鍋子。他老是把「我會洗」這句話掛在嘴上，常搶走我手上的工作。朱夜每次看他幫我做家事，就說我命好，有個體貼的好兒子。

老二出生了，又是男孩子。在還沒生的時候，母親和妹妹常寫信來，急切地想知道是生男或生女。當夢麟告知阿姨是弟弟，家人很得意。因為大嫂和二嫂都生女孩，鄰居那些三姑六婆常說怎麼兩個媳婦都生女孩？母親是個好強的人，她一聽很不服氣，馬上回答他們說：

「我女兒可生了兩個兒子，是媳婦不爭氣。」

其實男孩女孩不都是一樣。

生了老二之後，我們特別忙碌，而且也特別吵，朱夜抱怨不能好好寫作，生活負擔加重了，少寫作就少收入，我們開始為今後的生活發愁。在妹妹來信中，得知家裡蓋了新房子，即將有落成儀式。母親要我帶兩個孩子回去，聽說親戚們都會來祝賀，要我們見見親戚，朱夜也希望我們回去，這樣他可以好好寫作，賺一點錢存下來。

新房子多了幾個房間，比較寬敞，夢麟非常喜歡。大哥的女兒也一歲多了，夢麟很會照顧比他小兩歲的大表妹，大嫂上班不在家時，他們都玩在一起，從不爭吵，這主要是夢麟很有愛心，知道愛護比他小的表妹。

小兒子夢薌從小就乖，能吃能睡。這時他已經五個月大了，每天坐在嬰兒椅上，餓了也不鬧，看到大人經過身邊，他一雙眼睛繞著大人轉，父親特別喜歡他，常誇他說沒見過那麼乖的孩子。每當父親從田裡回來，就會逗薌兒玩，拿饅頭餵他，他也一口一口地吞下去，父親覺得這個孫子從不吵鬧，也不挑吃，長得胖嘟嘟的。而他那兩個孫女，整天哭鬧，好東西沒少吃，可是又乾又瘦，父親常說他猜不透女孩為什麼比男孩子難照顧。

夢麟突然病了，在新市看了幾次醫生，一點也沒好轉，吃藥打針後依然高燒不退。二嫂陪我帶夢麟到台南看病，醫生要我辦住院手續做檢查。我告訴醫生，我們來自外鄉，一點沒有做住院準備，後來醫生就說先做初步檢查。二嫂就陪我在台南一家醫院，帶著夢麟做檢查，一直到中午，醫生說先打點滴，打完了就回家。回去如果燒退了就不需住院，等第二天回診就可以。大約到了下午五點鐘，我們才回到新市的家。當我們下了車，走向家門時，遠遠看到母親揹著薌兒站在門口張望，我突然感到非常過意不去，母親一向照顧的是瘦小的孫女，突然揹薌兒，我擔心她支持不住。回到家夢麟睡著了，我把他放到床上，馬上跑到郵局打電報給朱夜，朱夜連夜趕來，好在，到了午夜，夢麟燒退了。第二天，朱夜帶著夢麟回診，兩天後夢麟痊癒了，朱夜一個人放心地回台中，臨走，他叮嚀我住到新屋落成典禮完後，再回台中。

新房子落成典禮那天，外婆家的姑婆、阿姨全都來了，包括長期定居日本的表姨也來了，親阿姨、五姨媽和五姨丈也來了，還有最疼我的大姑媽也見到了，非常熱鬧。兩個孩子穿上大嫂給他們兄弟做的衣服，讓兩個孩子更顯得漂亮可愛。那天和親人聚在一起，我們不只感到喜悅，更難忘的是親人的關愛，那種溫暖永久不能忘懷。

回到台中，又像往日一樣，過的是一家四口繁忙的日子。每天忙於寫作，忙於照顧孩子，一家人的生活雖然單調，可是充滿了理想。我和朱夜時時刻刻鞭策自己，只希望有一天不要只為生活而寫，但願為理想寫出有價值的作品流傳下來。

在台灣朱夜最想念的是，在台北巧遇的親舅舅。他每隔一段日子，就會來台中看我們，每次來都會帶新奇的玩具，兩個孩子特別歡迎舅爺爺。舅舅沒有子女在台灣，他把朱夜當兒子，所以我們是舅舅唯一掛念的親人，每次來他同朱夜有說不完的往事。

舅舅告訴我們，他非常想念表兄孫立人。目前他們不能見面，更無法聯絡，他經常為表哥的處境擔心。有時候我會猜想，朱夜去《徵信新聞報》求職，安全檢查沒能通過，是不是因為他有孫立人這個表舅的關係？想起來我們傷感不已。

我們一直沒有固定的工作，日子雖然窮困，轉眼也過了六個年頭。夢麟五歲了，小兒子也一歲多了，已經學走路，平常兄弟倆玩在一起，大部分的時間，都是夢麟照顧弟弟，讓我能放心地工作，這是我最慶幸的事。這一年朱夜在《徵信新聞報》發表三篇短篇小說〈黑帖〉、〈虛驚〉、〈守靈〉，在香港《學生周報》也發表小說〈畫廊獨白〉，又在香港的《中外畫報》發表〈玩蛇者〉、〈律師之子〉等短篇。後來又在小說報發表中篇小說〈魔戀〉和〈隨風漂泊〉，在這一年裡，小說〈黑帖〉和〈虛驚〉相繼改編電影。朱夜不是多產作家，這樣的成績可說很不錯。我常想他要不是日夜顛倒，埋頭創作，真的很難有這麼好的成績。

第七章　不堪回首

全家福，攝於民國54年。被選為文壇七對佳偶之一。

民國55年，朱夜（右後四）當選全國十大優秀青年，獲頒青年獎章，左一為段彩華。

朱夜攝於民國59年，以〈綵衣盟〉改編電視劇參加菲律賓「國際電視節目展」獲獎。

妹妹訂婚了，準妹婿帶著她來台中，參加教員檢定考試。準妹婿是胸懷大志的教育家，他一直在教育機構工作，南台灣一所很有名的專科學校陽明工商便是他創辦的。

其實他是位建築師，多才多藝，台南地區許多公私立學校和政府辦公機構都出自他的巧手設計。他風度翩翩，是個難得的優秀青年。那天他們雙雙出現在我們家，我非常驚奇，準妹婿見到朱夜，好似老朋友，一見如故，而且兩人非常談得來。談話間我去準備了簡單的午餐，還合他們的口味，朱夜和他約好，等妹妹考完試，好好帶他們在台中玩兩天。第二天妹妹考完試，晚上朱夜約他們到東海戲院看電影，然後到文化大樓逛書店，因為夢麟感冒發燒，我留在家裡照顧孩子。

隔天，沒想到妹婿一大早和妹妹買了水果和熟食滷菜之類來，他們說孩子不能一起出去玩，所以在家裡聊天吃午飯，然後就準備回新營啦。妹婿說親人能多相聚多交談，比出去玩有意義。他很珍惜我們這次的相會。

妹妹回台南沒多久，就寫信告訴我，她考取了教員檢定考試。我猜想她很快要結婚了，按照習俗，當女方吃了男方的喜餅之後，表示婚期近了。妹妹用限時專送把喜餅寄到台中，並來信要我在她結婚的時候，回娘家住一段時間，母親會送我一對金手環，她叮嚀再三，那天有許多親戚和賓客來，千萬要帶孩子回去讓親戚看看。

我考慮兩天，給妹妹回了信，我帶兩個孩子坐三、四小時的火車回去很吃力，尤其小兒子還不會走路，一路上要抱，時刻都要小心照顧，家裡辦喜事大家都忙，不適合回家給家人添麻煩，我決定不回去。

妹妹很快來信，重複地提到母親要我一定回去，以免親戚問起我，他們沒法子回答，叫我不要給父母親難堪。

我知道妹妹結婚，如果我沒有回去，親戚朋友問起來，父母同新娘子的面子都不好看，他們用送我金手環引誘我回去，如果我真回去，我會很丟臉。妹妹也不是真誠的要我回去，我了解她是要向我炫耀她的婚禮是多麼體面，有那麼多的嫁妝，有那麼多的首飾，她一向都斤斤計較，這麼多年了，難道我不了解她？

朱夜開始勸我，要我照母親的意思先回去，否則呂家人會怪罪於他，說他阻止我回去，他還準備了禮物，在妹妹結婚那天送給她。

我拗不過朱夜的勸說，帶著兩個孩子，回娘家湊熱鬧。不管我心裡怎麼想，也管不了其他的事，什麼都聽朱夜的，打從在一起生活，凡事都聽他的主意，包括在外面說話，絕對不敢隨便發言，這樣萬一失言，朱夜才不會責怪我。

妹妹結婚前兩天，家裡已經非常熱鬧，也充滿喜氣，有些年長的親戚都來了。晚上母親和妹妹交談金飾的事，我在她們說話的隔壁房間哄小孩睡覺，無意中聽到她們正談論我，妹妹說：

「你看姊姊身上空無一物，小薌生日時我們送給她的戒指和項鍊都沒帶回來，我想大概是賣掉了。他們不工作，沒有飯吃，就賣那些金子，我看答應送給她的手環不能給她，給了不到幾天，他們沒飯吃，又會賣掉哩！」

其實我從小喜歡簡單樸素，尤其帶兩個稚子旅行，為了安全不敢帶金飾，現在被誤會了，我很苦惱。她們沒發現我在隔壁房間，我不想再聽下去，蒙起耳朵，抱著兩個孩子睡覺，可是無論如何都無法入眠。為什麼妹妹從小喜歡在父母親面前傷害手足？我這時很氣朱夜，為什麼勸我回來？我早就知道，妹妹要我回來是想給她錦上添花而已。明天會有更多家族的親戚來，妹妹會更風光，而沒有帶金飾的我，成了她笑話的對象，這就是她最大的目的。

妹妹結婚前夕，我沒看到朱夜，心想他該不會記錯日子了吧？納悶之餘抱著小兒子上樓想問個究竟。妹妹和兩位嫂嫂在樓上縫新娘被子，我抱著薌兒，心想這裡只有自家人，可以無話不談。妹妹正得意地說她的嫁妝如何搬運，禮服、金飾又如何配戴，我迫不及待地插嘴問她：

「你有沒有寄請帖給你姊夫？他早準備好送你的禮物，說好今天會帶來，不知道為什麼還沒來？」

「他沒有資格來——」妹妹撇撇嘴說。

一時我不敢相信自己的耳朵聽到的話，半晌我說：

「我不知道你什麼意思，他和朝群都認識了，在台中也相處兩天，怎麼突然……」

「你看我這個場面眼紅是不是？你是故意回來吵鬧的是不是？」

我愣住了，一時啞然，突然聽到她大吼：

「死孩子死不了的——」

這突如其來的叫罵，我還沒反應過來發生什麼事，抬頭看到她從新娘被子上撿起了一隻薌兒的襪子，往樓梯下丟去，我一時無法接受她的舉動和毒罵，為了薌兒一隻襪子滑掉到新娘被子上，她竟然口出惡言。薌兒還不到兩歲，還不會說話，做阿姨的怎麼這麼惡毒地罵他？我實在氣不過，馬上還擊，我說：

「我的死孩子死不完沒關係，那你就得絕子絕孫。」

話才出口，我馬上意識到一場母女聯合鬥爭我的場面就要發生。我慌忙回到臥房收拾孩子的衣物，提著小皮箱下樓，夢麟同表妹玩得正高興，我把他的手牽過來，給他穿上外套和皮鞋，準備立刻離開回台中。這時傳來大嫂喚我的聲音，她沉重地對我說：

「你不要走，你一走我們兩個（指她和二嫂）就會遭殃挨罵了！」

平時我和二位嫂嫂相處甚好，感情也深，大嫂這麼一說，我停住腳步，正在這時，八十多歲高齡的大姑媽問我發生什麼事，我除了流淚，一句話都說不出來，她小腳一邁，指著父親的臉道：

「你做父親的要做正，兩個都是你的親生女兒，不用你說我都知道你做了什麼事……」

大姑媽一邊說父親，一邊示意大嫂把我的皮箱提到樓上。她牽住我的手，說：

「今天大姑媽既然在這裡，我不會袖手旁觀的！」

這時母親走到大姑媽面前說：

「大姊，你不知道，今天她是故意回來鬧的，她嫉妒妹妹有那麼多嫁妝，你看她穿的什麼，她故意穿深藍色的衣服，像什麼——呀，今天是什麼日子？」

我穿一件深藍色的中式絨質上衣和咖啡色裙子，還算體面的衣服，我不知道她要我穿什麼才滿意？那時我們的環境，也只能有一件外出衣服，反正大姑媽出面，我只有沉默，只聽到大姑媽指著母親說：

「你不喜歡她穿的衣服，你給小的買那麼多，給她也買一件你喜歡她穿的不就好了嗎？」

母親一時說不出話，父親看大姑媽幫我說話，無趣地走出去。家人都忙著，沒有見到一張笑臉，我帶著兩個孩子，躲到樓上房間流淚，後來小兒子睡著了，夢麟似懂非懂，默默地拿起故事書翻著。晚餐時我沒有下樓吃，大嫂把夢麟帶下樓，同一大群親戚一起晚餐。

第二天一大早，男方的迎親車隊敲著鑼鼓來了，夢麟沒看過這樣熱鬧的場面，早早下樓去了。我帶著小兒子待在樓上房間，只聽到搬運工人、迎親的、看熱鬧的，像菜市場一樣喧鬧著，這時從樓下傳來了母親的聲音，她喚大嫂的名字：

「素治，快幫忙把那些金飾給妹妹全戴上。」

「整盆金子，要全戴到身上去。」是五姨媽的聲音。

「太多了，沒辦法全戴上。」二嫂的聲音。

「手環一個個戴到肩膀下應該可以。」母親的聲音。

「是可以戴上去，可是整個手臂很難彎曲……」大嫂的聲音。

一群人，你一句他一句地從樓下傳上來。安靜半晌，大概穿戴好了，聽到許多讚美的聲音，突然母親大聲喊叫：

「你妹妹要出門了，該下來送送她，這時候還鬧情緒，太不懂事了。」

我不想讓親戚們掃興，只好下樓，跟大夥兒站在門口目送迎親車隊離去。妹妹的嫁妝真多，三大卡車傢俱，還有五部陪嫁車隊，很壯觀也很體面。當鑼鼓聲逐漸遠去，我又上樓照顧小兒子。

晚上，父親張羅完明天妹妹歸寧的宴客事宜後，早早上樓休息，我在娘家的睡房，和父母親的臥房只一牆之隔。父母親的談話可以聽得很清楚，父親說：

「你準備讓我傾家蕩產是嗎？搞那樣的場面，買那麼多金子，不用頭腦想想，以後我們日子不過了？」

「我不笨的，倒是你沒見識，那些金子全是吹氣的，不是實心的。」

「看帳單我就明白了，別瞞我，你這麼做，為什麼？瘋了！」

「你不懂，我是給你充面子。」

「花那麼多錢，面子值多少錢？」

「好了，不要老談錢，明天有得忙，快睡吧！」

第二天妹妹歸寧，親戚朋友坐滿整個門前宴席區，接近中午的時候，呂家二女婿帶著新娘子回娘家，妹妹穿戴得珠光寶氣，神氣萬分，她才走下車，賀客蜂擁而上。我帶著兩個小孩在客廳招呼客人，這時大家都想看歸寧的新娘子。妹妹對我友善地笑笑，和妹婿首先相偕走到我面前，他們倆先逗兩個孩子笑，並交給兩個孩子紅包，妹妹開口說：

「前天很對不起，朝群（即妹婿）知道這件事，一直指責我不對，你不要生我的氣了。」

我默默地對她笑笑，依她的任性，跟我道歉是天方夜譚，大嫂正好叫我去招呼另外一批親戚，我匆匆離開，帶著兩個孩子走到五姨媽那兒。我在心中祝福妹妹，希望有寬大心胸的妹婿，能影響妹妹，改變她的任性和霸道。

現在我的感受同回來前迴然不同，那時我欣喜父母親要我回到他們身邊的幸福感，如今在家才幾天，我深深地感受到空虛和失落。回想同是父母生的女兒，為何有天壤之別，讓我尊嚴盡失，我抱怨朱夜，不該叫我回來給妹妹錦上添花，讓我們母子受她狠毒的辱罵。一夜未眠，第二天一大早我就收拾好行李，帶著孩子回到台中，回到那個貧困的家，這兒才是我平靜的避風港，我最幸福的家。

我和朱夜兩個人從在一起生活，就發誓要努力，直到能出人頭地，讓父母親刮目相看。兩個孩子的來臨，的確也讓朱夜知足，他常引用「有子萬事足」自我安慰。造成生活困窘主要是孩子小、多病，真的很無奈，每當孩子生病高燒不退，又沒有錢看醫生時，我們就抱著孩子哭在一起，等到稿費到了，趕快帶孩子看病，等孩子病好了，我們的錢也花光了。有一次一家四口餓了一天，到了晚上我在衣櫃搜了好久，從朱夜一件很久沒穿的大衣口袋找到一塊錢，我高興地叫起來，馬上到附近的山東饅頭店買了兩個饅頭回來充飢，一家四口靠兩個饅頭和幾杯白開水撐了一天。天亮後朱夜又到老鄉那兒賒米、賒菜。朱夜是個好面子的人，賒帳是萬不得已的，我常感到心酸。有一次孩子病了沒錢看病，朱夜帶幾本《中副選集》到台中中央書店想賣點錢，結果經理把朱夜當偷書賊趕出大門。

我在娘家的這段日子，朱夜一個人在家寫了不少稿子，在《徵信新聞報》發表了短篇〈逮狐記〉、〈逆流〉等。我回來後孩子生病，又讓朱夜的寫作進度停頓一段時間。經常都是這樣循環，他埋頭拚命一段日子又停了。如果朱夜能隨心所欲地安心寫作，他會有更好的成績，我們的生活就不會那麼窮困。朱夜寫作態度嚴謹，約束自己不要走多產的路子。他不喜歡欺世盜名，堅持作品要有他的水準，有深度，不喜歡說故事的寫法，他選擇在夜深人靜時筆耕，至於我是不限任何時間，只要家事忙完，孩子安靜地睡著了，我就可以坐在書桌前寫作。

緊接著朱夜又在《聯合報》發表短篇〈涅槃城〉，在《中外畫報》發表了中篇〈解剖者〉、《幼獅文藝》發表〈憂鬱山谷〉等，這一年的作品還真不少。而且這一年（民國五十四年）由文星書店出版了《朱夜小說選》。這本選集精選他近兩年十篇中、短篇小說，大部分都是讀者來信最多的作品。

我也在這一年擴大慶祝台灣光復二十周年紀念，由幼獅書店出版的一套「台灣省青年文學叢書」裡插了一角，出版的是《不是鳳凰》一書。這本集子在這個最有紀念性的日子出版，令我無限驕傲，也給了我很大的鼓勵。《不是鳳凰》這本集子收集了我十七篇小說，都是近年來在各大報發表過最受歡迎的作品，如〈侏儒〉、〈鑽牛角尖的人〉、〈請鬼抓藥單〉、〈三個禮餅〉等。

父親最反對我寫作，因為他不喜歡我同朱夜來往，於是最排斥我跟朱夜學寫作。然而多少次，大嫂偷偷地告訴我，父親常常在夜深人靜的時候，一個人坐在樓下沙發看報紙，我這些作品大部分發表於《中央日報》，而多年來我們家訂的是《中央日報》。幾乎每一篇我在《中央日報》發表的小說，父親都沒有漏看，大嫂告訴我，父親每次看完我的小說，都有一個很奇怪的表情，她形容不出來，她說半夜經常下樓給孩子泡牛奶時，注意到父親在看《中央日報》，只要有我的作品，父親特別晚入睡，大嫂說因為父親好像不讓人知道，他在看我寫的小說。

日子在忙碌中過得很快，我們很少出門玩，也很少逛街，幾乎都在家裡寫作，累了換個工作，那就是做做家事，朱夜喜歡帶小孩玩，偶爾沒有靈感時，他就帶大兒子到中山公園走走。練武路直走到底，就是自由路，穿過自由路就是台中中山公園，那兒經常聚集很多人群，也有不少來台中觀光的遊客，園裡有涼亭和人工湖，湖水清澈，小橋流水，又有錦鯉在水中游來游去，小孩最喜歡餵魚。

如果想一家人出門，就得坐三輪車，小兒子還不能走遠路，我和朱夜又抱不動他。朱夜不忍心一家人坐一部三輪車，他同情車伕太吃力。為了減輕壓力，朱夜經常帶孩子散步，或去慢跑，這是他唯一的消遣。

民國五十五年，朱夜三十四歲這一年，他還是以寫短篇小說為主，他說寫長篇會很久沒有收入，目前等著稿費生活，沒有條件寫長篇，他常常抱怨寫短篇太累，寫長篇比較輕鬆，一個故事可以發展許多情節。雖然寫短篇很吃力，但這一年他也寫了不少中、短篇，在報刊發表如〈悲劇〉、〈雨夜故事〉、〈獵狼人〉、〈一縷琴心〉、〈風燈掛在黑鮎河上〉、〈大地的孩子〉等，另外在香港的《今日世界》發表了〈山地行〉等，算是特別豐收。朱夜因為寫作上的成就，獲得青年文藝獎金的小說獎，並由救國團頒贈代表青年最高榮譽的獎章，也就是十大傑出青年獎。全國十大優秀青年獎是由蔣經國主任親自頒獎，並接見得獎人，全國各大報都有大篇幅的報導，並登出得獎人和蔣主任的合影照片，這新聞一時轟動全國，我心想父母親應該會為此感到驕傲高興吧？沒想到跟隨這個光榮而來的，是我遭受到一連串的困擾和難堪。

當文藝獎尚未在報上披露，救國團遴選得獎人時，同時分別通知獎金及領獎事宜，朱夜接到通知就準備北上領獎。獎金一萬元，我想到這些年生活窘迫，沒有錢做衣服，領獎的場合不能穿一件夾克之類的便服，必須為朱夜準備行頭，所以向父親借了五千元，那時候做衣服很貴，我想拿五千元去做一套西服，領獎回來就還父親。借錢時我是這麼想也這樣告訴父親，等朱夜從台北回來就寄還這筆錢。沒想到救國團拗不過人情遊說，在頒獎前夕，增加了小說獎另一位名額，原本是十大優秀青年獎，突然變成十一位得獎人，這個改變，影響到小說獎原得主的獎金，因為得獎人增加一個，獎金卻沒增加，朱夜的獎金只剩下五千元，我說早知如此，乾脆我們放棄算了，不要去領獎。可是這時我們進退兩難，放棄不只是借債無法歸還，得獎的事實也難以辯白，只好硬著頭皮北上領獎了，本來是光彩的喜事，一夜之間變成尷尬惱人。

向父親借的錢還不成了，朱夜只拿到五千元獎金，台北的朋友紛紛要他請客，他不好拒絕，在台北就花掉一大半，帶回來這麼一點錢，不夠還父親，我感到非常難過，不知如何向父母親解釋。我把真相說了，可是呂家沒有人相信，怎麼可能堂堂救國團頒布的獎金，變成兩個人平分？但是這件事偏偏發生在我們身上，誰也不會相信的。於是妹妹看朱夜領獎回來，遲遲沒有寄錢回去，她馬上寫信來罵我是個騙子，想騙家人的錢，還冠冕堂皇地編故事欺騙，朱夜氣極把信撕碎，我們真的很委屈，只能怪自己不會賺錢，太窮，才遭家人這樣的謾罵。

朱夜看我幾天悶悶不樂，他拍拍胸，安慰我：

「別氣了，以後不要理他們，我會努力，有一天讓你很有錢，那時可以讓你頭抬得高高的，等著，相信不會很久，會有那麼一天的。」

朱夜二十多年在外流浪，生命裡充滿孤獨和血淚，飽受冷暖飢餓，這種譏諷在他也許不算什麼，我想讓他無法接受的該是來自我家人給他的傷害。我感到愧疚不安，想忘掉這些不愉快的事，只有振作起來，早日歸還父親這筆錢。不過有時我也會怨天尤人，兩個年輕人一起這樣努力，為什麼老是突破不了生活困境？老是事與願違？

正在這個時候，商務印書館的總編輯金耀基先生來信，他告訴我們，已經審閱過我們寄去的剪報，決定把這些作品編入「人人文庫」中出版。朱夜的部分決定採用《獵狼人》作書名，共搜集〈獵狼人〉、〈慈母湖之獵〉、〈燭影搖紅〉、〈文明與野蠻〉等十篇中、短篇小說。這十篇小說都曾在各大報刊發表過，篇篇都是讀者特別喜愛，獲得最多讚揚的作品。朱夜的小說字裡行間，看得出他對家鄉是多麼想念，他把《獵狼人》這本小書，獻給遙遠的母親。我的部分搜集了〈昨夜星辰〉、〈雕蟲生涯〉、〈三個禮餅〉、〈琢玉記〉等十三篇中、短篇小說，其中金總編最喜歡的〈愛之煉〉這篇纏綿的愛情小說，也搜羅在這本《昨夜星辰》中。這兩本書在我們最困難、情緒最低潮的時候出版，給了我們很大的鼓舞。

民國五十五年青年節，朱夜當選全國十大優秀青年，蒙蔣經國委員長頒獎，召見聚餐，曾問起朱夜是否為國民黨黨員，簽了一封介紹函，要朱夜到台中縣黨部入黨，朱夜從台北領獎回來，向我提起這件事，讓我無限感傷。如果當年朱夜有黨員身分，早就進入《徵信新聞報》當編輯，我們就有固定的工作，過安定的生活，少受家人的恥笑羞辱。我向朱夜表示現在入黨的事，已經不是很重要了。可是那天吃過午餐，朱夜堅持到豐原黨部一趟，我拗不過他，拿了兩百塊給他作路費，然後就進房間寫稿。

天黑時他回來了，寒著臉一句話不說，我問他入黨沒有？他冷冷地回答：「入了。」

「那你該高興呀，」我說：「說說你到黨部的事吧。」

他嘆了一口氣，半晌說：「我的錢被扒手扒光了。」

「我給了你兩百塊錢，扣除車錢，所剩不多，算了。家裡還有一點，不要難過。」

「明天家裡沒有錢買菜了。」他露出一張苦瓜臉。

「我還有一百八十塊，別擔心。」

「沒有了，我全帶走了，」他邊說邊指著腰部被割破的錶袋：「他們用刀子割破了錶袋，然後把錢掏走，四個人聯合作案，到手一窩蜂地下車，他們手上帶著刀子，我不敢追下車。」

「你為什麼要把家裡的錢全帶出去？」我說：「我們還欠店鋪的錢……」

「我擔心黨部的人，如果邀我出去吃飯，不好意思讓人付帳，所以……」他一邊說一邊嘆氣。

貧賤夫妻百事哀，我們為了錢又吵起來，我怪他為什麼要去入黨。過去很希望有黨員身分，可以找一份固定工作，如今苦了六、七年，可以靠寫作維生了，已經不稀罕找工作，幹嘛要去入黨？我越想越氣，和他吵了很久，正好住附近的文友來勸架，丁潁比我們好，他太太有固定的工作，但生活也很苦，幫不上我們忙。連續幾天，我都沒理朱夜，我怪他無事找事，未受入黨好處，反受入黨之害。這一下，不但欠的帳未付，還要再賒，真是難為情，恐怕一家人要餓幾天吧？

第二天，一家人才餓一天，不到下午，朱夜就跑去米店賒米了，看兩個孩子忍不住餓，我也心軟了，煮了一鍋飯，家裡有麻油和醬油，我就拿它拌飯，還很香很好吃，小孩搶著吃，我嚐嚐味道很好，一家人就把一鍋飯都吃光了。我們每次遇到沒有錢買菜，一家人就吃這種「神仙飯」。吃神仙飯主要拌的麻油，是母親從新市老家送來的，一大桶麻油夠我們吃一段很長的日子。

一位文友聽說朱夜去入黨，被扒手扒光錢的事，特地帶了兩百塊錢來看我們，反正我們這一群文友，手頭都非常拮据，碰到困難時，卻能互相支援，他帶來了這兩百塊錢，讓我們捱到有稿費收入，解決了短暫的困難。

夢麟七歲了，已經讀小學一年級下學期，自從他進了小學後，身體好多了，不像以前經常生病。小兒子從小很少生病，他的體質較好，我們省了很多醫藥費，因此朱夜計畫寫一部長篇小說〈大地咆哮記〉。寫短篇是為了生活，短時間內完成，發表快，但構想每一篇的題材費時。朱夜開始寫作長篇之後，每隔一段日子會寫一、兩篇短篇維持生活，他日夜埋頭寫作，比以前更忙，有時編輯也會來信約稿，他都會準時交稿。

一天，《小說創作》的老闆唐賢翔來向朱夜約稿，知道朱夜正在寫長篇〈大地咆哮記〉，他要朱夜把完成的部分交給他看看，朱夜把稿子交給唐社長之後幾天，他約朱夜到他那兒，談論有關情節的進展，一直到故事將如何結束。最後唐社長表示，希望這部長篇馬上在《小說創作》發表，問我們有什麼條件。我同朱夜商量一會，兩人都同意讓唐社長決定就好，那樣我們可以一口氣把這部書完成，不必靠寫短篇來維持生活。朱夜說唯一不同的是雜誌社的稿費比報社低很多，但雜誌社的優點是發表字數不受限制，短時間內可發表完出版。最主要的是唐社長非常喜歡〈大地咆哮記〉，朱夜對唐社長這位同鄉長輩的盛情難卻，就把它交給小說創作社了。

〈大地咆哮記〉很快就要在《小說創作》上發表，朱夜正加緊趕寫，多年來他一直盼望的長篇小說，就在這偶然的機會中發表，等全部發表完，很快就出版了，朱夜總算完成一個多年來的願望。在《大地咆哮記》一書出版前，博愛圖書公司也出版了朱夜另一本小說集《一縷琴心》。該小說集出版不久，電影公司也改編成電影，這一連串的成果，讓朱夜感到欣慰，他的辛勤奮鬥沒有白費。我們生活在一起這八、九年的時間，朱夜在寫作上的努力，獲得的成績已經深獲文壇前輩的肯定。他在文壇上的地位，也相當有分量，有人稱讚他是文學神童，也有前輩稱他是文壇奇葩、文壇彗星，這一連串的稱號都加到朱夜身上。

這個時候，《純文學》雜誌又有一篇朱夜的中篇小說〈黑色太陽〉發表，他的作品一向很受注目，不敢說是轟動，但都會收到許多讀者來信，反應熱烈。

雜誌社以及各大報經常來信索稿，只要我們寄去的稿子都會採用，然而我們依然保持嚴謹的寫作態度，不欺世盜名，不會寄出不合水準的作品騙取稿費，因此朱夜更受文壇重視。他的努力雖然深受文壇肯定，社會地位提高了，但我們的內心世界非常孤寂，那是因為我的親人藐視我們的努力，從沒有一句安慰和鼓勵的話，有時候還用言語來傷害我們的自尊，這些種種事件，造成朱夜對我家人的不滿。我的家人對朱夜的成就，不但沒有肯定，相反的時常寫信來侮辱、譏諷，讓我們在親戚面前抬不起頭，雖然那不能代表全部呂家人的態度，但是已經讓朱夜無法忍受了。何況朱夜正是人人愛戴崇拜的當兒，每天收到的都是充滿愛慕之情的信件，兩相比較，朱夜終於對我怒吼，要我拒收呂家所有信件，並對我發牢騷說：

「把我看扁了，我朱夜討不到老婆了嗎？我要讓他們看看。」

台北有一家書店要出版朱夜的書，約他去簽約，我原認為合約寄過來簽就好了，何必老遠跑這一趟。朱夜堅持非要親自跑一趟台北，說好第二天就回來，我從不懷疑他會做對不起我的事，結果他一去五天沒有回來，連一封信也沒有，那時候家裡還沒有電話，凡事都靠信件聯絡，我萬分心急，開始擔心他是不是出了事。他一向離不開兒子的，這一次離家五天，他能放心兒子，實在有點蹊蹺，我懷疑他是不是出了車禍或者什麼意外，想的都是不詳的事，後來忍不住跑到住在附近的丁潁家，想問他有關朱夜到台北的事。丁潁外出，正好他的太太、詩人亞媺下班回來，我告訴她朱夜去台北，一去五天沒消息，可能出了什麼事。亞媺神祕地笑了笑，說：

「不會有事的，他上台北前來我們家拿信。」

「拿什麼信？」

「你不知道嗎？很長日子了，朱夜的信都寄到我們這兒轉，這一次好像跟一個女讀者約好在台北見面。」

「女讀者？」我驚訝地問：「在你們這兒轉信？」

「是呀！」

「為什麼不告訴我？」

「丁潁不准我說。」

「你現在還是說了。」

「看你著急的樣子，不說怎麼心安？」

這突如其來的消息，我一時愣住了，許久我才能平靜下來，亞孅又說：

「梅黛，那個女孩是你的讀者，當老師的，她說是你告訴她朱夜要去台北出版社替你的書簽約，她就和朱夜約好在台北見面。」

「你怎麼知道的？」

「朱夜臨上台北時，到我們家拿信，他還把信拿給我們看。」

本性善良沒心眼的亞孅實話實說了嗎？

「你說的都是真的？」我懷疑地問。

「梅黛，我們是好朋友，我騙你做什麼？」

亞孅真的直爽到沒考慮後果。

朱夜夠厲害，我作夢都沒想到，他竟然利用我和我的讀者間通信之便，傳遞他的行蹤。

我氣極了，剛剛還為他的安全擔心，一下子讓我知道他的詭計，以及出軌行為，我就得馬上讓他的行蹤曝光。我寫了一封限時信給墨人先生，朱夜一向把他當大哥，我請墨人先生找到朱夜，幫我勸勸朱夜快回台中來。墨人先生還真像親大哥，第二天下午他親自把朱夜帶回台中，當我的面好好教訓了朱夜。朱夜在墨人先生面前一句話都不敢辯，乖乖地向我道歉。

我們這個家的危機總算解除了，但另一家——丁潁同亞孅卻起了爭執，丁潁怪亞孅多嘴，打了亞孅一巴掌，說她不該出賣朋友。為了這一巴掌，亞孅離家抗議，她是為了我這個朋友不忍心隱瞞，才會說出朱夜的行蹤。如今亞孅要丁潁為這一巴掌付出代價，她離家出走了。最後我逼朱夜，要為這場風波負起責任，要他向亞孅致歉，因為他才是真正的罪魁禍首。

第八章　遷居台北轉當編劇

文友合影。立者左起：后希鎧、朱夜、姜貴、墨人、趙滋蕃；坐者左起：呂梅黛、墨人夫人；前蹲者：朱夢麟、朱夢薌。

〈大地咆哮記〉在《小說創作》發表之後，讀者反應良好，頗受文壇好評，給朱夜很高的評價。多年來，朱夜從短篇到中篇，一直到寫長篇，都有他獨特的風格，因而受到很多好評。然而他的願望是多方面的，經過多篇小說的改編電影，他開始對編寫劇本和戲劇導演有濃厚興趣，隨著我寫電視劇本的機緣，台灣電視公司也邀他為台視編寫電視劇本。

後來聯邦電影公司成立片場之後，透過《小說創作》唐社長介紹，希望朱夜能進聯邦電影公司，負責編劇部。經過多次約談，朱夜終於在民國五十六年六月進入聯邦電影公司。從此朱夜每周一早上，搭乘光華號火車到台北上班，周六晚上再乘光華號火車回台中。光華號是民國五十五年新開闢的台中到台北的直達特快火車，除了快速還贈送每個乘客一盒餐點。這時大兒子八歲，小兒子四歲，對爸爸經常不在身邊，總是悶悶不樂。每周六對爸爸的歸來都特別高興，不等到爸爸進門，絕不上床睡覺。朱夜總是捨不得吃那盒精緻的餐盒，他都帶回來給兩個孩子。

朱夜很疼孩子，他隻身到台北工作，最不放心的是兩個孩子的健康，他們兩個一生病，朱夜特別擔心，尤其夜間發高燒。他很希望盡快把我和孩子接到台北。沙榮峰老闆答應朱夜，把台北武昌街一棟舊樓房借給我們住，我照朱夜的吩咐開始賣房子。不過這是年輕的我從沒經歷過的事，實在很膽怯，那時表弟政義在台中念大學，一有空就會來看我，表弟的家人都住在純樸的台南縣鄉下，台中只有我這個親人表姊，他課餘常會來看我，尤其朱夜到台北上班後，他一有空就會來幫助我。小孩子生病的時候，他晚上會留下來，陪我照顧孩子。

他是我二姨的大兒子，二姨父早逝，表弟沒嫌棄我這個環境清苦的表姊，他的幫助，給了我很大的勇氣，面對生活的孤單，消除了我不少無謂的擔心和恐懼。

那時候，台灣治安良好，百姓善良純樸，我在處理房產的時候，遇到不少熱心人的幫助，很快順利地把房子賣了。對這棟陪伴我九年多的小洋房，我感到萬分不捨，但唐賢翔先生一再說服我們搬到台北，他說台北有較大的發展空間，告訴我們很快會在台北買到更好的房子；還說舊的不去，新的不來，要我盡快搬到台北。

房子賣掉了，我就收拾家當，租了一部小貨車，由舅舅和鄰居——麟兒的玩伴建國的爸爸王先生，一起把我們的家當運到台北。我同小貨車一起，離開了居住台中九年的花園小洋房，看著貨車遠去，我也帶著兩個孩子，依依不捨地離開台中練武路，坐上三輪車趕到火車站。臨時只能買到站票，而為了配合貨車的到達時間，也只好買站票。在民國五十七年，最好的火車莒光號，經常買不到票，火車的承載量少，班次不多，臨時更買不到有座位的票。我帶著兩個稚兒上了火車，擠在車廂最後端的座位後面，剛好可以把我提在手上的提箱，塞進那個空隙，小兒子勉強坐在箱子上，我和大兒子站在旁邊，和其他乘客擠在一起。火車剛離開台中，小兒子還安靜地坐著，過了苗栗，他開始不耐煩了，哭鬧著要我抱，我想站直身子都很困難，哪能抱他，只好耐心地哄他，後來大概孩子累了，就睡著了。大兒子靠在弟弟身上，半醒半睡地搖晃了一會兒，小兒子突然大哭，他看看滿車廂的人，癟癟嘴又不哭了，我告訴他快到台北了，很快就能看到爸爸，兩個孩子清醒後，看看窗外飛逝的風景。播音員播出台北到了，大夥兒精神一振。

下了火車坐上三輪車，武昌街離火車站不遠，不到十分鐘就到達新的住處。小貨車不久也到了，舅舅和鄰居王先生忙著搬下我們的家當。朱夜從上班的開封街趕回來，兩個孩子高興地迎上去，朱夜帶著孩子走進聯邦電影公司所屬的樓房。從此這兒將是我們暫時的落腳處，房子雖然陳舊，地點良好，它緊鄰有文化街之稱的重慶南路，離朱夜上班的開封街，不到十分鐘路程，非常方便。

大兒子八歲多，上小學二年級，就讀福星國小，學校在開封街頭，靠近中華路的中華商場，距離朱夜上班的公司和我們住家非常近。唯一擔心的是台北人車比台中多幾倍，剛開始每天早上，我親自送他上學，下午放學時，孩子班上成群的同學送他回到家，同學們的熱心和友愛，真令我們感動。

小兒子不肯上幼兒園，那時候幼兒園不普遍，大部分的小孩都待在媽媽身邊，到了滿六歲直接進小學。四十多年前台灣的婦女，大部分待在家照顧家裡和孩子，做真正的家庭主婦，很少出去上班。

安定下來了，朱夜的工作地點也有些更改，因為聯邦公司的拍片計畫增加了，就把編劇部也遷到桃園片場。他每天同助理坐交通車到桃園片場，下午再搭公司的交通車回來。每天回到家，他顯得疲累不堪，悶悶不樂，這樣的日子過了半年多，有一天，朱夜的助理張宏光先生來家裡，從他們的聊天中，我聽出來朱夜心情低落的原因。張先生年輕氣盛，談話中我聽到他說：

「他媽的，他們幾年才拍一部片子，算什麼嘛？從香港來的還同我們台灣的分派別，阻擾我們台灣人工作……」

「我們冷靜地看下去吧，看他們搞什麼花樣出來。」朱夜說。

「我才不吃他們那一套，了不起不幹了。」

朱夜愛好電影，希望有一天能拍一部有水準的片子，奈何自己沒有資本。早期他也拍過兩部台語片，除了編劇，還當過導演。台語片只重視票房，談不上水準。由於自己沒有錢，一切得聽別人的。他常對我說，什麼苦都忍了，唯一不能接受的，是拍那些迎合觀眾的低級趣味戲，他每拍完一部戲，都留下後悔和遺憾，不能滿足自己的願望同理想。

剛進聯邦電影公司，朱夜曾同沙老闆談過，沙老闆很欣賞朱夜的才華，曾經答應在擴大拍片計畫中，希望朱夜能策畫今後聯邦公司的拍片，要他把計畫呈上公司。沙老闆一再表示，聯邦公司龐大的片場開支，如果幾年只靠一部《龍門客棧》，那是無法發展業務的。於是朱夜積極地規畫，把聯邦現有的劇本拍攝時間，呈上沙老闆。

兩個多月過去了，如石沉大海，沒有任何動靜。後來助理張先生聽到片場有人傳說，聯邦有三個老闆，除了沙老闆，還有夏維堂、張九蔭，沙老闆同意的事，其他兩位老闆不一定會同意，再加上香港來的港派人士，絕不可能讓台灣的工作人員加入拍片計畫，他們要由楊世慶和胡金銓親手操作。助理張先生氣憤地說：

「我倒要看楊世慶、胡金銓他們，能創出什麼名堂。」

說完話的第二天，張先生就離開聯邦公司，兩個月之後，他來看我們，說他和朋友開了一家毛衣工廠，專門外銷非洲，他表示為了興趣被打壓，倒不如先賺錢，有了錢以後自己拍片。

朱夜被我們這個家拖得動彈不得，可是他已經預感到同聯邦公司的緣分不能長久，遲早要斷的。他每天一個人坐交通車去桃園片場上班，總是悶悶不樂地回來；遇到星期假日，就帶著我和孩子到處找房子。朱夜告訴我，必須盡快地搬離公司的房子。皇天不負有心人，我們很快地找到永吉路，國泰建設的國泰新村，那時的建設公司，不像現在這麼熱門，貸款手續簡便，房子完工了，只要搬進床、桌椅等簡單傢俱就可以住了。

等搬進了自己的房子，朱夜和我就感到踏實多了。到桃園上班，讓他得了頭痛和失眠症。唐先生和沙老闆經常聚會，唐先生帶來了沙老闆的關心，要朱夜休息一段時間，薪水照領，等身體好了再上班。我們很感激沙老闆對朱夜的厚愛。三個月之後，朱夜終於離開了聯邦公司，我們住進了永吉路的國泰新村，又回復以前熬夜寫作的日子。

自從買了房子之後，每個月必須繳貸款。在民國五十八年初，每個月要繳一千九百元的貸款，對一個沒有固定收入的作家，是沉重的負擔，那時公教人員的月薪還不到一千元，每個月將近兩千元的房款，不是普通人可以負擔得起的。朱夜剛離開聯邦的時候，我們將近三個月付不出貸款。報社的稿費，要等稿子發表過一個月左右，才會把稿費寄發出來。那時我和朱夜，只有日夜埋在書桌上，每天靠巷口的肉燥飯和陽春麵過日子，兩個小孩有時就靠麵包充飢，這樣熬過了三個月的危機，我們終於可以順利繳付房款。

寫小說和散文，收入有限，我們生活拮据，正好在一個偶然的機會，我遇見了光啟社的李玉鳳小姐，在她的邀約下，我試寫光啟社製作的電視劇。那時候除了八點檔的連續劇之外，單元劇特別多，有每集半小時和每集一小時的節目，稿酬每集二千元至三千元左右，光啟社製作的還有兩百元的津貼。那時候的電視節目限制多，劇情要富教育性，不影響社會風氣，要有愛國意識、重視倫理道德、不能有不雅的對白等等禁忌，製作人的要求高。好劇本難求，只要合乎政策的好劇本都會被採用，否則寫出來的劇本，往往不被編審採用，那時的警備總部管制非常嚴格。

慢慢地，我終於也走進電視劇的編劇行列中。不久李小姐知道朱夜離開了聯邦電影公司，力邀朱夜給光啟社編寫劇本，台灣電視公司很快和朱夜簽了編劇合約，從此朱夜不只寫單元劇，八點檔的連續劇也少不了他。香港國泰公司也邀請朱夜寫劇本。獨立製片乾脆把他請到烏來或陽明山的國際大飯店，把他關在那兒寫，我偶爾會帶換洗衣服到飯店，平常則不去打擾朱夜，一個人帶兩個孩子住在台北，讓他忙完這一批電影劇本。他說付完了房貸，就專心寫電視劇了。

兩個月之後，他交出劇本，終於回到台北的家。他告訴我，國泰的戲大概很快就開拍了，華國的可能還要一點時間商討，今後可以專心寫電視劇了。

朱夜住在飯店寫電影劇本這段日子，我也給光啟社寫了一些一小時的單元劇。朱夜回來之後，電視公司開始催劇本，他積壓了許多稿債，因此叫我別寫了，幫他做一些工作。那時每家電視台，每周都有周刊出版，專門介紹一周來的節目內容，每一部播出的電視劇故事，也得介紹出來，朱夜希望我幫他把寫好的劇本故事寫出來，有時候朱夜來不及校對，連戲工作也落在我身上。我們現在已經不愁沒收入了，可是每天家門前，都有車子等著拿劇本，我們的壓力很大。

民國六十年，台灣有台視、中視、華視三家電視台，由於朱夜寫的連續劇，廣告多，製作人為了能穩賺不賠，想盡法子要朱夜給他們寫劇本，可是朱夜和台視訂有合約，有所顧慮，一直不敢答應，最後拗不過他們的邀約，另外取用兩個筆名，分別給華視和中視寫劇本，經常八點檔的節目，都是朱夜寫的劇本，也就是說自己的戲打自己的，但仍然都保有很好的收視率，製作人是穩賺不賠。

朱夜長期過度勞累，他有頭痛和失眠症。我們家的電視經常關著，他一聽到電視聲音，就大叫他頭痛得似乎要爆裂了，兩個孩子不敢看電視，整天安安靜靜地讀書。家裡非常安靜，連小孩的笑聲都聽不到。

算命的曾經告訴過朱夜，說他命中招嫉，但他不向命運低頭，平日努力不懈，除了寫作就是讀書，他的成就是靠他努力的結果。這時我們的收入穩定了，可說是名利雙收，但是一個與人無爭，閉門奮鬥的人，卻無故地禍從天降。一天，我接到恐嚇電話，問對方大名，對方不回答，叫我轉告朱夜，讓他小心點，他要殺他。

台灣那時治安良好，人心純樸、善良，朱夜沒得罪過人，更沒和人有糾紛，他實在忍無可忍，只好報警。警方經過調查、了解之後，告訴我們大概是電視圈裡有人利益受到威脅，不甘心而恐嚇一下，要我們小心，別赴陌生人的約，要防備小人。

朱夜沒被恐嚇電話嚇到，倒是非常氣憤，他說他靠自己的努力，沒有侵犯誰，為何被人恐嚇？一個人刻苦努力，難道有罪？好多天他的心情才平靜下來。

朱夜的頭痛症和失眠症日趨嚴重，於是我把他舅舅找來幫我們看家，陪大兒子幾天，我安排和朱夜帶小兒子到澎湖去散心。我們去程坐船，船離開港口不遠，馬上遭遇大風浪，我是最會暈船的，一路上暈得嘔吐不止，痛苦不堪，連船上服務員都哭喪著臉，似乎很難受，唯獨小兒子睡得香甜，沒有暈船的痛苦。朱夜是個有耐心的人，他叫我把肚子抱緊，會感覺好受些。船上一片呻吟聲，還有嘈雜聲，你一句他一句，說這一趟澎湖之行，該是這一季最後一班船，這麼大的海浪是不能再行船了。我們就難受地忍耐著，終於船到了澎湖。大家下了船不急著玩，急急忙忙奔向復興航空的辦公室，那兒擠滿了旅客，都是要買飛台北的機票。船公司在我們下船的時候，已經表示，風浪這麼大，這一季的船期要結束了。這一宣布，引起所有旅客都來搶購回台北的機票。

朱夜擠在旅客群中，排隊排了老半天，終於回到我同孩子面前，他告訴我，三天內的機票全售完，要我們第二天再去看看。既然買不到票，就先找個飯店吃飯再說吧！

吃過飯我們找到一家旅社放下行李，然後不管回程的事，就到海邊公園和沙灘上玩。公園裡的風大，像有人吹哨子似的一陣陣吹著，當海風迎面吹過來的時候，令人覺得臉頰刺痛，似是沙粒撞擊到臉頰，雖然此時已是初春時節，然而海濱公園的樹木一片乾枯，令人感到景色淒涼，毫無春天的氣息。

小兒子獨個兒跑到沙灘，那兒有許多小貝殼，他開始撿拾喜歡的貝殼，一邊在淺灘上玩水，直到太陽沉到水面下，他還不肯離開沙灘。我硬拉住小兒子走到不遠的街道，然後走進一家餐館，用過晚餐，感到非常疲憊。

隔天，東方剛露出魚肚白，小兒子就醒了，他吵著要到海邊撿貝殼。我問他撿那麼多貝殼做什麼？他說要送給同學。朱夜有時候孩子氣很重，他一口答應孩子去，轉了幾條街，做生意的大都還沒開始營業，於是我們走向海邊，那兒停了許多漁船，漁民正忙著下漁貨，嘈雜聲劃破了寂靜的清晨，他們紛紛把辛勤的收穫運到附近的漁市場。漁村的景象是難得一見的，我們好奇地倚立半晌。

迎著徐徐吹來的海風，我們徜徉在沙灘上。鄰兒一看到他的寶貝，就彎下身子撿拾，他不忘準備了塑膠袋，把海灘上喜歡的貝殼都裝在袋子裡，後來我發現他連小螃蟹也抓進袋中，鄰兒還懂得鬆開袋口，不讓螃蟹悶死。

朱夜此刻最關心的，是回程的事，於是離開海灘，走向復興航空的辦公室，那兒依然站著許多人，我們還沒來得及走到櫃台，有人告訴我們早沒票了，聽說如果季風轉弱，第三天可能有船開回高雄，不過將是春季的最後一班船。我想既來之則安之，還是到處看看玩玩吧。

說真的，到澎湖如果不是去享受當地的海產，真沒有什麼好吃的東西，薌兒害怕吃魚，我和朱夜不顧那麼多，也帶孩子一塊去享受當地美食。氣候不是很好，我們不敢遠遊，只在本島閒逛，買了些特產。那時不時興觀光事業，我們的澎湖之旅，範圍有限，花樣不多，可是對我們這些很少到海邊的人，已經感到很新鮮很滿足。

第三天吃過早餐，我們直奔船公司，那兒已經有許多人在排隊，船公司決定中午開船回高雄，根據氣象預測，強大的季風季節即將開始，所以這艘船到了高雄就會送去維修保養，希望大家把握最後這班船。朱夜一個人擠去排隊買票，半個多小時之後，手上揚著三張船票走到我面前，我們中午就要上船了，他帶我和薌兒在澎湖做最後巡禮，然後回旅館收拾行李。

我們準時到達碼頭，旅客已經排隊準備上船。人群紛紛交談，這一趟將是危險的航行，大家要特別注意安全。第一個上船的旅客，是抱著觀世音菩薩上去的，大夥順序上船，輪到我上船坐定之後，發現在座位的正前面，所有的旅客恰好面對著觀世音菩薩，我很納悶，這趟危險的航程，難道是船公司特意安排，讓菩薩到船上保護旅客？或者正好有旅客要把菩薩請回高雄？無論是有意安排或巧合，都讓旅客心安許多。

船開始航行，就感覺到海浪凶猛，船身上下震動厲害，並且伴隨著海浪拍打船身的隆隆聲響，令人感到懼怕。我是最不耐舟車搖動的人，很快地感覺暈眩和嘔吐。朱夜又告訴我抱緊肚子會好受點，他似乎若無其事地端坐在座位上，小兒子被座椅的安全帶綑得緊緊地睡著了。船上的工作人員搖搖晃晃著身子在巡視旅客，後來竟然躺在地板上，滾冬瓜似地滾來滾去。

我不停地吐，感覺全身冒冷汗，心臟似乎要停止跳動，痛苦萬分。隆隆的海浪拍打船板聲音更加強烈，真是恐怖極了，我終於失去知覺。不知過了多久，朱夜拍拍我，告訴我高雄快到了，我感覺船平穩了，前後左右都有人交談著，船將要靠岸了。我睜眼望向窗外，碼頭附近的建築已呈現在眼簾。小兒子醒過來了，他東張西望一會兒站起身子，直叫：「我好餓！」船行中的恐怖景象，他似乎一點感受都沒有，令人羨慕。

旅客開始下船了，許久我還是感到暈眩，頭是沉重的，身子感到站不穩，朱夜扶著我，慢慢走出船艙，呼吸陸上的空氣之後，才感到好些。一路上把肚子裡的東西吐得一乾二淨，此時感到飢餓同虛弱。朱夜告訴我，高雄的鱔魚麵非常好吃，要帶我們去吃。碼頭兩邊全是餐館，下船的乘客大概都和我們一樣，首先要填飽肚子。我們很快找到一家鱔魚麵館，朱夜嫌店面太小不好，於是一直走下去，走到飲食街的盡頭，已經找不到第二家鱔魚麵館，朱夜和小兒子先走進一家餃子館，他說先吃過餃子，再帶我回去吃鱔魚麵。多年來住在台北，我連作夢都想吃南部特有的美食鱔魚麵，餃子在台北隨處可吃到，對我而言不稀罕，我要留肚子吃鱔魚麵。我坐一邊等朱夜同孩子吃完餃子，回頭找鱔魚麵，結果老闆告訴我全賣光了，要我們吃別的，我此刻飢餓難耐，非常生氣，找來找去，整個碼頭的飲食街，就找不到第二家鱔魚麵，我罵朱夜自私。我不肯吃其他的東西來替代鱔魚麵，就這樣我一個人餓著肚子回台北，到台北已經是第二天的凌晨了。

我勸朱夜短時間不要再接新的劇本了，好好休息一段時間，我們該調整一下生活，實在忙碌太久了，不能不考慮健康問題。

也許我們天生的勞碌命，劇本不寫了，老天卻有別的問題給我們，讓人不得安寧。我們接到警備總部的信，要朱夜帶著兩部單元劇和連續劇《向日葵》的劇本，到警備總部去面談。電視、電影這些大眾傳播節目，當時歸警備總部監督，凡是有礙國家政治問題、社會風氣、倫理、道德、教育等節目，一概禁止，尤其是違反國家主權的內容，都嚴格管制，違反者將受法律制裁。

朱夜從小在戰亂中長大，他的生活經驗養成他小心翼翼的性格，面對警總的信函，他找出自己寫的劇本仔細檢查，沒有發現問題，翻閱《向日葵》的劇本，也沒找到問題。《向日葵》是部連續劇，根據女作家繁露的原著改編，由一個編劇小組合寫，每個編劇編寫七到十集左右。朱夜先查看他寫的部分，沒發現問題，再看原著，他心裡有數了。他依約到警備總部，從他出門之後，我心中開始忐忑不安，直等到中午他才回來。他告訴我警總人員對他很客氣，負責人一再地解釋，他們多年來對朱夜的作品有深刻的了解，他們相信朱夜不會有問題。這次主要是有人密告，警總不得不查證，幾天之後，會給我們交代真相。

幾天之後，朱夜告訴我，密告者沒有確定劇本是否有問題，他是根據原著有問題的一段對白，認為編劇採用了它就去告密。朱夜說，當初他編寫劇本的時候，知道會有麻煩，所以刪除了那段。這段惱人的風波終於落幕，我們總算又度過了一個難關，但時時警惕自己，今後將有更大的陷阱出現在面前。

朱夜已經辭謝了一些製作人的邀約，他計畫把多年的積蓄投資房地產，以後靠收房租生活，不再寫劇本，要寫就寫一些有價值的書流傳下來。寫電視劇是為了生活，沒有留存的價值。他不再同電視公司的製作人接觸，開始到處看房子，很少待在家裡，朱夜不找人了，別人卻找他，家裡的電話不接，他們親自來。想逃避訪客，還是被撞上了，那天中視節目部編審蔣子安來找朱夜，正好遇見大兒子放學回來，蔣編審留話，要朱夜盡快到中視一趟。朱夜不想再去電視公司，又不想得罪蔣子安，幾經思考，還是給他打了個電話，他告訴朱夜，無論如何要參加這部戲的編劇工作。

中視為慶祝中華民國建國六十周年，製作了一部特別節目，定好劇名為《青天白日》。該劇內容，主要介紹參加武昌起義的先烈們事蹟。朱夜很無奈，憑他和蔣子安的交情，沒理由推辭。

第二天，朱夜依約到了中視，帶回了被分派好的資料，他分到的是革命先烈黃興傳的部分，兩天之後他要到黃興女兒家去訪問。蔣子安給了朱夜黃女士在台北的詳細地址（作者寫這部回憶錄時，已經是事隔四十五年之後，約半世紀旅居海外，對台北地區沒有什麼印象了），黃女士當時的身分是立法委員，名叫黃振華，已經七十多歲。

朱夜事先同黃女士聯絡，她很親切，表示歡迎。朱夜在電影公司，或者在電視公司工作，一向不喜歡我參與，尤其出去開會或聚會，絕對不讓我同他一起出面。這次訪問黃委員，他意外地堅持我陪他去，我實在不了解，為什麼要我參與。

那天出了家門，叫了一部車子，按地址找到黃委員的家，她親自出來開門，並把我們引進客廳，她自我介紹之後，也介紹了她的先生。黃委員氣質高貴，有年長者的威嚴，更有學者的風範。她家布置簡潔高雅，坐定之後她沏來了兩杯茶，於是我們打開了話題，黃委員先開口說：

「今天國民黨，作《青天白日》這個節目，黃興傳交給你寫，是在為難你，首先我要提醒你，打從你們走出家門，國民黨就派人跟蹤你們，一直跟到我家門口。我這個家到處都被安裝監聽器……我不怕他們安裝什麼，該說的話我還是要說，說實話不怕人聽的……」

聽了黃委員的開場白，我突然感到心慌，我們是不是又走到布滿荊棘的懸崖了？我們還沒有開口，黃委員又說：

「我父親為了他的理想，為了國家復興，為了打倒腐敗的清朝，終年在外，打從我們懂事起，很少見到父親的面，連母親也經常不知父親在哪裡，家計全是母親一個人挑起來，一直到後來，我們的家待不住了，我們到處躲躲藏藏。後來母親帶著我們住在鄉下，靠鄉村裡的老百姓隱藏我們的身分。有一次清兵得到密告，到鄉下來搜查，母親同我們躲在一堆草堆裡，差點被清兵發現，那次清兵如果發現，我們一定會全被殺死的……多年來，母親帶著我們過著流離失所、膽顫心驚的日子，小孩子無法安心讀書，生活拮据不得溫飽，那種日子不是親身體驗，是無法了解的。持續多年艱苦的煎熬，好不容易革命成功了，我渴望一家人能團聚，過安定的正常生活。父親曾說拚命的事他去，但成功了他不同他們爭皇位，讓後來不費力的人，掌大權當總統了……」

說到這裡，黃委員非常激動，她不停地流著淚，我不知道如何安慰她，默默地低下頭，屋內一片沉靜，許久，她終於又開口：

「我和父親、全家人的團圓夢破碎了，父親把我送出國留學，國外沒有人如道我的身分，是最理想的環境，我很快就適應了國外的生活。不料有一天，一個青天霹靂降臨我家，我接到家人的電報，說父親突然去世，聽說他參加了一個酒會，喝酒過多……」黃委員說著泣不成聲，沉默半晌，一邊擦著淚，繼續說：「我父親身體健壯、孔武有力，說他雙手能舉起一匹馬一點也不誇張，怎麼會在酒會之後突然過世了？我不相信事情這麼單純。幾經同家人聯絡，家人告訴我父親死後全身發黑，全身發黑是中毒的現象。怎麼中毒的會查不出來嗎？後來我就交待家人，把父親遺體保存好安葬，等反攻大陸我回去，一定把父親的墳墓挖開，我要查個水落石出。我在國外的學業也改學醫，我一定要查清楚父親的死因……」

很遺憾，我也很疑惑，一個偉大的革命烈士，沒在敵人面前犧牲，卻在自己夥伴前，莫名其妙地失去生命，這讓親人如何接受？

最後黃委員告訴我們，大陸蓋了一個很大的黃興紀念館，那邊非常重視黃興的偉績，她為父親感到驕傲。談著談著，夜深了，黃委員同他先生歲數已大，早該休息了，我們的訪問應該結束了。告辭出來，我和朱夜感到心情沉重，這個劇本怎麼寫呢？一路上我們沉默著，這趟訪問，讓我們疑惑又驚懼。

第二天，朱夜起得特別早，他把我叫到書桌前，表情非常嚴肅，他示意我坐在他面前，半晌才說：

「這個劇本我不能寫，整整考慮一個晚上……」

「你又失眠了？」我說：「不急，先休息幾天，三思之後再寫。」

「我的意思是不適合寫黃興傳。」

「那你推辭不就得了？」

「在這個節骨眼上，已經沒理由推辭，所以我想出一個法子。」

「什麼法子？」

「黃興傳由你代寫，這樣可以避免可能發生的危險。」朱夜很慎重地對我說：「我寫的劇本人人虎視眈眈，都想找麻煩，我們必須警惕預防。」

「你太敏感了，不會那麼嚴重的。」

「你仔細想想再決定，不是我逼你，我今天要不是外省人，我不會擔心那麼多，你考慮過再說好嗎？」

朱夜很少那麼慎重地對我說話，說完話他一個人走出大門，也不理會兩個兒子，他似乎有很重的心事。

兩個孩子在一邊玩積木，有說有笑，而朱夜的神情那麼沉重，他一向出門都帶著兒子一起的，今天他無心帶孩子。我一個人關起房門沉思，理出一些問題關鍵，等晚上孩子睡著了，我問朱夜：

「你是不是擔心寫黃興傳，會出什麼問題？」

「有可能，因為我是外省人，也許我現在鋒芒太露，加上我命中招嫉，很容易被陷害。」

「你說的是像柏楊那樣？」

「可不是嗎？我要是被誰密告有政治上的思想問題，免不了有牢獄之災，在台灣誰會幫我洗刷冤情？再說自古便是：欲加之罪，何患無詞！」

「你認為我寫，就不會有問題嗎？」

「當然，你是台灣人，兩個哥哥都是重要軍官，不可能被懷疑，黃興傳太敏感，故事本身太離奇，結局令人疑惑。」

「我明白了，我寫，寫好了我親自送到編審那兒。」

朱夜露出了笑容，拍拍我說：

「我從沒告訴你，我是孫立人將軍的表弟。我不會害你的，你寫絕對沒問題的。」

劇本很快寫好，我親自交給蔣編審，我們如釋重負，準備從此專心於房產的投資。我們買下一間七十多坪的房子，四層樓的一樓，四房兩廳，有前後兩院，前院是花園，後院有將近八坪空地，我們把它蓋好簡單的屋頂，作車庫用。正面是十三公尺大馬路，側面約八公尺寬的小街，因為房子座落在十字路口，邊間可以當作辦公室，或者做生意，可隔成獨立的店面出租。因為正遇石油危機和越南、高棉戰亂，台灣房地產不景氣，加上銀行凍結貸款，很少人買得起房子，我們以很便宜的價格買到這間房子。

民國六十年，台灣的房子不時興裝潢，家家都是買些床、櫃之類的傢俱，搬進新房子就住進去了，一點都不麻煩。可是朱夜堅持把房子裝潢一下，他自己畫設計圖，非常講究，請專家到家裡來做，屋頂是立體的裝潢，地面全部鋪地毯，傢俱依照房子的格局，做好固定隔間，區分為客廳、餐廳、廚房。那時凡是來作客的人，都誇讚我們的房子是松山區最漂亮的一間。放到四十多年後的今天來看，那正是現在買新房子的人，少不了要做的裝潢，回想起來，朱夜那時就有這麼先進的構想，我真的很佩服。

新房子的坪數比舊居大一倍，住起來很舒適，不過清潔工作就比較吃力，地面是地毯，不需要人工拖抹，全靠吸塵器來清潔，全部躬身自理。

新房子住定後，把舊居出租了，房租可以維持生活，朱夜說不靠稿費生活，就沒有壓力，他希望從此寫一些自己喜歡的書。

這時大兒子夢麟，已經就讀初中二年級，小兒子夢薌也已讀小學五年級了，他們很懂事，除了努力讀書之外，有空也會幫忙做家事，我們不需要操心太多。在生活上和經濟情況都改善之後，我們的日子應該更安定才對，但是時局問題，卻困擾著我們。東南亞的局勢動盪，越南內部紛爭不斷，以致數度政變，在美軍協助下，和北越的戰局每下愈況；另外高棉一直在戰亂中，後來也淪陷在共黨手中。海峽對岸經常對台灣叫囂，要收回台灣這塊土地，不惜血洗台灣，謠言到處傳播，造成人心惶惶日夜不安。再加上石油危機帶來的經濟蕭條，大部分的人生活艱困，物價暴漲，房地產無人問津，大家日子過得很憂心和不安，於是朱夜告訴我他逃難到台灣的經過。

第九章　朱夜輾轉到台灣

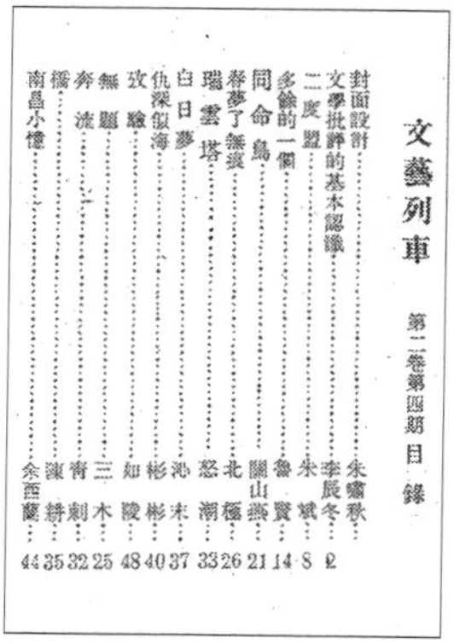

文藝列車　第二卷第四期目錄

封面設計……朱嘯秋
文學批評的基本認識……李辰冬 2
二度盟……朱斌 8
多餘的一個……魯賢 14
同命鳥……關山燕 21
春夢了無痕……北極 26
瑞雲塔……怒潮 33
白日夢……沁末 37
仇深似海……彬彬 40
攻險……如陵 48
無題……三木 25
奔流……青刺 32
播……陳耕 35
南昌小憶……余西蘭 44

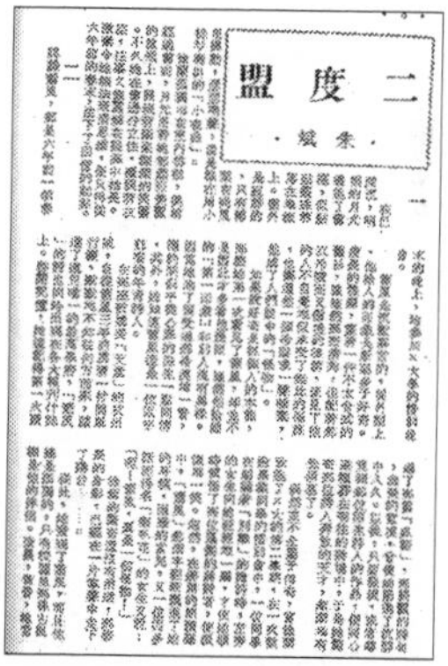

二度盟

・朱斌・

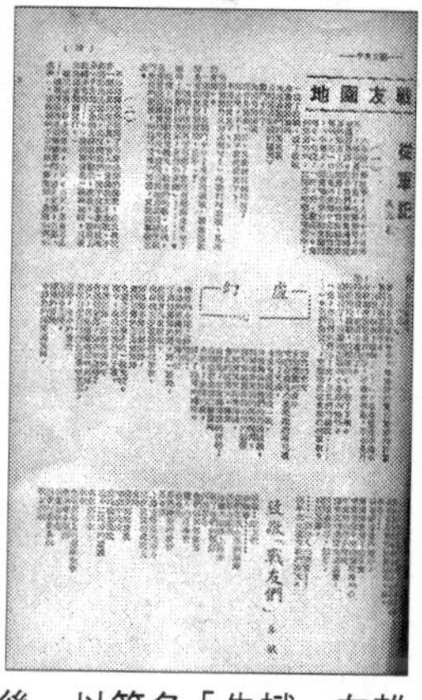

朱夜於民國38年輾轉到台灣後，以筆名「朱斌」在雜誌及報紙發表作品。

朱夜十幾歲離家到外地求學，從此失去了家。家鄉淪陷之後，他起先跟著學校組織的流亡學校，一邊逃難一邊讀書，後來經費不繼，有家歸不得，學校解散了，學生無處可去。偶然的機遇，這群學生絕路逢生，紛紛投入軍中。十幾歲的少年，從沒受過正規的軍事訓練，卻很快就投入槍林彈雨中，終日和共軍作戰，一天行軍百里，連走路都在瞌睡，夜裡在深山中行軍，常常有同學跌落懸崖，犧牲性命。大部分同學腳底起了水泡還是要走，不走後面有共軍追殺，沒多久同學就犧牲了一大半，朱夜說他日夜祈求神明，保佑他不要死在戰場上，只要活著，下輩子要他做什麼都行，他每看到少一位同學，心如刀割，難過萬分也很害怕。

朱夜曾被共軍擄去三次，都成功地逃回來，幾個和他一起逃亡的戰友，被抓到時當場槍斃了。朱夜說因為他年紀小，共軍好言相勸，希望他留下來為共軍效力。幾個被槍斃的戰友，因為年紀比較大，共軍怪罪他們策畫逃亡，這是共軍處決他們的主因。朱夜經常嘆息軍旅生涯，生命朝不保夕，他投入軍中不久，每天不是和共軍作戰，就是日夜行軍，所謂行軍其實是在逃難。有一天到了一個小城，十幾歲的大孩子難耐兩、三天的飢餓，經過一家燒雞店，他們一擁而上搶食老百姓的燒雞，那一次這一群小兵，差一點就被部隊長槍斃了。要不是一位闊太太，他們早就沒命了。

有一件事，朱夜至今不能明白。那時軍隊的伙食是最無法接受的，不但伙食不好，每一頓飯裡還摻了小沙石，叫人吃不下。有人傳說是主管為了貪汙，勾結上級報告頓頓剩飯，然後上級就把多餘的米賣掉。

朱夜三次被共軍擄去的時候，共軍給俘虜吃白饅頭加紅燒肉，而共軍他們自己卻吃黑麥窩窩頭和鹹菜，因此不少俘虜都投入共軍不回來。那他為什麼冒生命危險逃回來呢？只因為不想當共產黨。

有一次連夜行軍，大夥兒疲累不堪，走在山路上，朦朧中好像看到一塊長長的木頭擺在眼前，戰友們建議坐下來休息。大夥兒坐下後，感到木頭在移動，仔細一看，發現是一隻大蟒蛇。幾位老廣紛紛要求排長把牠打死，到前面有燈光的小村莊煮給大夥兒充飢。連長准許在前面休息，於是大家合力打死蟒蛇，把蟒蛇抬到村裡。幾位老廣說他們處理蛇肉有經驗，絕對安全。蛇肉煮好了，老廣身上帶了一瓶酒，幾個南方的老廣喝酒吃蛇肉，好不開心。北方的戰友不敢吃蛇肉，吃完蛇肉的人紛紛在疲累中睡著了。

次日大早，集合號響，準備繼續行軍，朱夜聽到吹哨聲，慌忙跑出列隊集合，半晌連長發現沒有全員到齊，派人去查看，小兵慌張地報告說，昨夜喝酒吃蛇肉的那些戰友全死了，而且全身發黑。這消息讓大家非常驚訝，連長要戰友合力把那幾個夥伴埋葬。大夥兒難過地離開小村，心中不解為什麼吃蛇肉的人會死，蟒蛇不是無毒的嗎？

朱夜五年多的軍旅生涯，在十五歲那年，被編入張靈甫將軍領導的七十四師，他被張將軍選作侍從官。張將軍在東北一連串的剿匪戰爭中節節勝利，挾著勝利的餘威，打到孟良崮。

孟良崮位於山東省，位處險惡陡峭的山頂上，歷史記載，孟良崮是一處難守的險地，曾有著名的戰役失守的記載。由於它位處陡峭的山頂，張靈甫將軍的部隊打到孟良崮的時候，共軍部隊已在山下層層地把七十四師包圍起來，並阻斷了七十四師糧食和軍械的補給。兩軍經過七天七夜的劇烈交戰，七十四師最終彈盡援絕之後，共軍方面派遣代表上山規勸張靈甫將軍，希望他能投入共軍，同時授予更高軍階，經過多次交談，張將軍不肯接受。之後，張將軍親手交給朱夜一封給張夫人的遺書，然後要走了手槍，拍拍朱夜肩膀說：「你還年輕，好好地活著就有希望。」隨著他把朱夜推出洞口。

朱夜望著張將軍走進洞中，才一瞬間，從洞中傳來了槍聲，朱夜匆忙跑進洞裡，見到張靈甫將軍已舉槍自盡。不久共軍把殘餘的國軍擄到山下，七天七夜國共交戰，國軍早已飢渴難耐，下了山，朱夜看到共軍忙著把戰死的馬肉割下來用大鍋烹煮，馬肉很酸，朱夜說不好吃，但大夥兒餓得發慌，顧不了那麼多，一大塊一大塊地抓起來啃，吃飽了就地躺下休息。

午夜醒來，看共軍都疲累地睡著了，趁著共軍不注意，他又偷偷地同年長的老戰友逃跑，離開共軍的營地，找到國軍駐防的地方，向國軍報告整個孟良崮交戰經過。朱夜回想他七天七夜未進飲食的感受，他說沒吃東西還可以忍受，但沒喝水是最難耐的。他的傳令兵，為了幫他找水喝，被打死在一條小溪邊。那一條小溪躺滿了取水時，被共軍擊斃的小兵，整條小溪流的全是血而不是水，真的慘不忍睹，這場戰爭正是聞名中外的「孟良崮之役」。

最英勇的七十四師被共軍消滅之後，國軍節節敗退。朱夜跟隨國軍向南撤退，最後經過廣東、福建，到了平潭島。那時的時局已經亂得不能收拾，到處都有逃難的人潮，朱夜到了平潭島海邊，見到一艘船靠在岸邊，上面擠滿了人。這時還有人拚命地往船上爬，聽說這是國軍撤退到台灣的最後一艘船，已經超載了，但是人們仍搶著上船，朱夜才搶上船，船身就開始移動了，要再上船的人已經不可能了，岸邊嘈雜的叫喊聲此起彼落，船慢慢駛離岸邊，叫喊聲隨著船身的遠離漸漸遠去。

朱夜坐在船舷邊，遙望平潭島，整個島嶼荒涼一片，人煙稀少，此時留下了一群無法上船的難民，朱夜心中無限感慨。想到那群難民的處境堪憂，不知他們未來的命運如何，尤其在那人煙稀少的荒島上，怎麼生存？滿載的船，速度很慢，一路上暈船的人的呻吟聲，小孩的哭鬧聲，夾雜著民眾的交談喧嘩，令人無法忍受，尤其風浪太大，船身上下搖擺劇烈，許多人都暈死過去。

突然響起一陣陣歡呼聲，朱夜朦朧中醒過來，發現船正慢慢駛入港灣，他看見基隆港字樣，知道目的地到了，心忖今後這兒是他落腳的地力，他慶幸終於來到一個沒有戰爭困擾的地方了。

隨著人群走下船，朱夜記得必須到鳳山的新兵訓練基地報到，但他這時東西南北分不清楚，更不知道怎麼去到鳳山，他想路就在嘴邊，應該可以問出來的，不料一連問了碼頭外幾個做生意的攤販，他們都睜著眼睛看看他，然後搖搖頭。他想，難道那些人聽不懂他的話？正在納悶的時候，來了一位老先生，他找來了一位太太，她說可以幫朱夜翻譯。

民國三十八年，台灣人很少聽得懂國語，更少人會說國語，眼前這位太太半年前從福建逃難到台灣，憑著會說閩南話，很快地在碼頭做起小生意，她很熱心，她說同是天涯淪落人，任何事她都可以幫忙。她平日在碼頭賣粽子維持生活，其實她最希望的是，幫助語言不通的外地人，和台灣人溝通，解決逃難者所遭遇到的困難。朱夜這時很高興，也很慶幸，在戰亂裡經過九死一生，如今來到這個遠離戰爭的地方，能遇到不曾相識的人協助，感到很開心，一顆漂泊異鄉懷著恐懼的心，終於穩定下來。

朱夜到台灣前，已在軍中兩年，因天天作戰，部隊傷亡極大，升遷較快，此時他已是上尉軍官。抵台部隊接受改編，軍官被安置屏東和尚坡待命。不久孫立人將軍蒞臨點閱，舉行學術考試。朱夜被錄取，分發到鳳山儲訓班接受新軍的嚴格訓練。儲訓班為儲備反攻復國的幹部而設立。第一期畢業時奉調為第二期區隊長，之後奉命為陸軍訓練司令部參謀。

朱夜回憶剛進儲訓班時，每天天亮穿著紅短褲、戴斗笠，要跑一萬公尺之後才吃早餐，他們只有一個饅頭，加一碗稀飯，鹹菜、醬菜都沒有。飯後一連串的出操，南部炎熱，上身赤膊，曬得皮膚層層脫皮，許多人都受不了操練。軍隊伙食太差，造成每天都有小兵暈倒，朱夜開始還勉強撐著，漸漸地他發現自己天天定時發燒，夜裡常出冷汗，咳嗽頻頻。他從小忍耐力強，雖然全身感到無力，還可支撐，後來戰友問他是不是生病了，要他到醫務室看看。那時的台灣經濟困難，新兵訓練基地的醫務室非常簡陋，醫療水準低，只有一位軍醫。一天夜裡朱夜咳嗽不停，吐出帶血的痰，軍醫認為他是受到風寒，氣管發炎，吃藥會好。

朱夜吃了兩天藥後，病情沒有好轉，高燒未退，痰血增加，經過小戰友一再到醫務室報告病情，請求醫生設法把他送進醫院。軍方很快把朱夜送到嘉義水上療養院，那裡是軍方的肺結核防治醫院。也許朱夜病得太重，聽說一路上已經陷入昏迷狀態，經過旅途顛簸，才下車的時候，他突然大量吐血，幾乎吐了將近一臉盆的鮮血，然後他又昏迷過去。不知過了多久，朱夜迷迷糊糊地聽到醫生說的話，醫生問：

「他有沒有家屬？」

「不太清楚，好像一個人來台灣沒多久。」

「那部隊就準備處理他的後事吧！」

朱夜說他又昏迷過去，聽說他昏迷了七天七夜，這是他的病友告訴他的。

朱夜醒來後，發現自己躺在一間大病房裡，有醫生也有看護兵，手臂上插著針藥管，是一陣陣咳嗽把他咳醒的。他看看身邊的病友，似乎同他一樣有氣無力，一個人都不認識，只好閉目睡覺。迷迷糊糊的不知又睡了多久。

「媽，不要走！媽，您不要走！」

朱夜在自己的喊叫聲中醒來，看到一位病友坐在病床邊，他默然流淚，後來竟然泣不成聲。病友拍拍他：

「你終於醒了，知道你又沉睡了兩天嗎？昨天我來過。」

許久，朱夜才開口向病友道謝。

「還想睡嗎？」病友問。

「如果能一直在睡夢裡是多麼幸福，」朱夜若有所思地說：「我看到我母親，她提了一鍋老母雞湯來，放下雞湯就走了……」

朱夜才十九歲，要不是身在戰亂裡，該還在雙親身邊被呵護著。這時病友安慰朱夜說：

「我們這兒的病友都有共同的遭遇，醫生說大夥兒都是因為營養太差，又在戰場上受盡折磨，在惡劣環境中才得了這種富貴病，如果每個病友經常有雞湯補補身子，也不至於每天都走掉那麼多條生命。」

那時政府剛撤退到台灣，一切還沒穩定，經濟極端困難，所有的百姓也都生活在艱困中，能保命活下來挺不容易的。兩位病友互相安慰，慢慢情緒都平靜下來。朱夜這時若有所悟地說：

「還沒請教老兄，哪裡人？」

「安徽！」病友說。

朱夜睜大眼睛，握住病友的手說：

「我是廬江，老鄉你呢？」

「太巧了，我是潁上，叫我丁潁。」

朱夜和丁潁兩個人彷彿撿到黃金，高興地握緊雙手。

「原來咱們是老鄉。」朱夜高興地說：「是老天安排我們認識的。」

從此朱夜和丁潁幾乎經常在一起，他們互相鼓勵和安慰。

民國三十八年台灣的醫療不發達，唯獨用鏈黴素來治療肺結核是最有效的。但當時鏈黴素價格昂貴，軍醫們用藥受軍方限制，不容易准許用它來醫治病人，大都使用手術割去肺部病灶部位，軍醫要朱夜接受割除肺葉手術。朱夜目睹手術治療的效果不佳，眼見一個病友動過手術之後，忍不住疼痛，慘叫嚎哭幾天之後，人瘦得不像人，很快就走了。他年紀小，天資聰穎，看多了病友的悲慘下場，不肯接受手術。他計畫等那麼一天，如果有了錢就買鏈黴素來治病，也許還可以保住性命。

自從有了丁潁這位老鄉陪伴，朱夜的心情比較樂觀也平靜許多。平日病房裡的病友，每天賭錢、吵架，甚至還有打架的，朱夜暗想，這樣的日子，沒被病魔折磨死，一輩子也別想有出頭的日子。他想起在撤退路上，在荒野深山行軍時，遇見一部搬運黃金的軍用卡車，滑出山路無法動彈，軍車被丟棄在山坡附近，隱約還殘留破碎的金子，戰友們紛紛撿起來縫在棉襖裡，朱夜也跟著撿了一點，那時是在逃命，大夥兒不太看重那些金子，只隨便撿一兩塊。這時朱夜找到那件破棉襖，還好沒被丟棄，他拿出那一點撿來的金子，把它賣了，買了一些鏈黴素，開始治療，病是好轉了些，不過沒有足夠的錢繼續治療。

病情好轉之後，朱夜常同丁潁到嘉義逛書店，偶爾也去看電影。逛書店讓朱夜回憶起，十六歲剛投入軍中時，一手持槍、一手執筆的生活，他曾經在蘇魯戰區發表了〈戰場日記〉，還寫了一部長篇《青紗帳裡》，《青》書出版之後，戰事吃緊，整日逃難作戰，中斷了寫作。到了台灣總算安定下來了，卻偏偏得重病，身體好些了，他又想起不能像那些病友浪費生命，自毀前程。他開始執筆寫作，自我鼓勵，要活得有價值。病友常常嘲笑他，想當文豪，這時朱夜把別人的嘲弄，作為鞭策和鼓勵。

在嘉義文友們辦的刊物《文藝列車》，常常可看到朱夜的作品，後來在《聯合報》、《徵信新聞》的副刊，陸續有朱夜的稿子發表，由於他的文章有獨特的風格，一時深受文藝界好評。朱夜因為努力寫作，不時有稿子在報刊上發表，漸漸地認識的文藝界朋友多起來。此段期間特別的文友是郭良蕙女士，她在諸羅城是很有名氣的女作家，平日除了寫作，也是當地雜誌《文藝列車》的主編，她不嫌棄這群無家可歸的文友，經常邀請他們到她家包餃子吃飯，她熱心照顧這群年輕人，關心他們的健康，鼓勵他們努力讀書寫作。她就像大姊姊照顧弟弟，讓他們精神有寄託，減輕了思鄉之苦。郭女士已經是兩個孩子的媽媽，先生是名優秀的飛行軍官，她持家帶孩子、寫作編雜誌樣樣都能勝任。離開嘉義多年，朱夜還念念不忘這位大姊姊，感激她的照顧和鼓勵。

那時朱夜的身體時好時壞，但是他不忘勤於寫作，努力不懈，作品越來越多。

嘉義療養院的病人爆滿，於是軍方做了很大的調動，把病情好轉的病人調離水上療養院，遷移到新市火車站邊，一棟鐵路局的大倉庫裡。它離新市國校醫院總部較近。

這個大倉庫一夜之間進駐了一、兩百個病患，新市鄉突然湧進了這麼一大批穿軍裝的外省人，驚動了整個新市鄉民，他們都是戰場上撤退回來的病患。

以上經過是朱夜告訴我的，在認識我以前，他來台灣的一段往事。

第十章　盼了四十年的家書

約民國64年，朱夜全家福，攝於赴巴拉圭前。

民國62年，朱夜（左二）、高信疆（右二）、段彩華（右一）代表教育部訪問漁村。

民國62年，為了與朱夜在中國大陸的雙親通信而攝。

經過多年的努力，我們經濟上穩定許多，相對的也受到不少打擊和困擾，使我們感到心灰意冷。我們閉門奮鬥，與世無爭也遭受傷害，實在無法接受。我們準備休息一段時間，出國散散心，可是戒嚴時期，就是去香港，也要有香港親人或公司行號的邀請函，沒有這種文件，是無法申請出國的。

我的父母在親朋面前，不提有外省女婿和大女兒的存在。近年來，電視劇風迷了整個台灣，拜電視節目的盛行，母親常向鄰居和親戚炫耀，告訴他們哪一部戲是她女婿寫的劇本，從此親朋好友常向母親要我們的電話和地址。有一天家裡突然來了一位訪客，大門一開，這位訪客開口叫我表姊。我一時弄不清楚，從哪兒來了位山東口音的親戚？他看我發愣，馬上告訴我，他是我大舅舅的二女婿。他叫王杰，我想起來啦，多年前到北門外祖父家，聽說過二表妹嫁給外省人，他們夫妻倆在北門鄉黨部工作。

王杰來訪以前，朱夜突然不明原因地腹部劇痛，沒能出來見客。王杰見到我非常高興，閒聊中，他把家裡的事都告訴我，說到他還把大陸二老近日寄來的照片掛在客廳牆上，告訴我，他兩個小孩很小，可是常常指著牆上的照片叫爺爺奶奶。我突然好奇地問他：

「你怎麼會有大陸二老的近照？」

「是黨部幫我們轉來的。」

「那怎麼可能？」第一次聽到他同大陸雙親通信，我感到非常吃驚。

「表姊，」王杰說：「如果表姊夫想同父母親通信，我可以幫姊夫申請。」

「那太好了，我想知道需要什麼資料？」

王杰隨即要了朱夜詳細姓名，老家地址，他父母親大名，接過我寫好的資料，不久就告辭了。王杰臨走告訴我，他專程來台北的黨部開會，至於申請朱夜和大陸雙親通信的事，他會盡快辦好。

「如果表姊夫的個人資料沒有問題，很快會收到黨部的信函。」王杰臨走補充說。

客人走後，我連忙把同大陸雙親通信的事告訴朱夜。他很高興，但遺憾不能見王杰一面。我抱怨他為什麼躲在房裡，他說突然肚子痛得不能走路。

「王杰一走就不痛了？」我奇怪地問。

「是真的不痛了。」朱夜說：「我也感到很奇怪，王杰可能會帶給我一件不尋常的事。」

「相信他是給你帶來好事，」我說：「親戚們公認，王杰是個老好人。」

幾天之後，我們接到中央黨部的信，黨部批准朱夜同大陸的父母親通信、匯錢，甚至寄衣物或藥品。朱夜看完了信欣喜若狂。他看完通信應注意事項，馬上寫家書。首先他表示自己是船員身分，居無定所，回信有香港的聯絡地址。我們寫好了信，要先寄到台北的中央黨部，黨部再把我們的信轉寄到香港規定的地址，然後再由香港黨部的工作人員把朱夜的家書轉寄到大陸老家住處。回信一樣要從大陸寄到香港，然後再由香港的黨部工作人員轉寄到台灣，最後中央黨部再把大陸親人的回信寄給我們。

給父母親的家書寄出後，朱夜天天對著日曆算日子，大約一個半月左右，我們收到黨部轉寄過來的家書，那是公公的親筆信，工整的毛筆字，朱夜說，他認得父親的筆跡，他反覆地看著家書，欣喜若狂。

老人家四十年來，望眼欲穿，想念著十六歲時離家的兒子，信中說，他接到兒子的家書，還有我們的全家福照片，如夢初醒，不敢相信這是事實。公公說他幾度獲上級通知兒子的惡耗，婆婆曾經以淚洗面，終致雙眼失明。如今老人家都已七十四高齡了，一家人靠著一個月五十元人民幣的工資過活，生活艱困，二老因長期營養不良，都患有嚴重的胃病，他們希望兒子能寄藥給他們，老人需要叫作「胃仙」的藥品，朱夜立刻同中央黨部聯絡，黨部同意代買代寄此藥。我們依照規定，寄去一筆限定的款項，請黨部轉寄。

二十天左右，又收到公公的來信。第一次寄去的信，由於是四十年前的地址，大陸官方費了很長日子，才找到公公現在的住處。這一次朱夜寫家書的地址是老人信中寫來的現在住處，因此來往節省了不少時間。公公在信中說，他收到了兩瓶「胃仙」，還收到二百元人民幣。公公感傷地告訴朱夜，他的二兒子廿六歲那年，因受到風寒引發心臟病而去世。這封家書整整寫滿兩張信紙，除了告訴我們全家人的近況之外，也感慨目前生活艱困。老人並感嘆自己已七十四歲高齡，人生七十古來稀，至今未能購置棺木，擔心風燭殘年的他們，萬一突然去世，恐怕沒有棺木。朱夜告訴我，他們家鄉有個風俗，家家老人到了六十歲，都備好棺木擺在家中，每年搬出來油漆，以備隨時可用。公公一直說沒有能力買棺木，是他們二老最擔心的事。做兒子的朱夜看到兩老為棺木的事傷感，感到羞愧，經過商量，朱夜馬上寫信交待弟弟去打聽兩老的棺木需要多少錢。那時我們的收入還不錯，所以很快地寄了錢去，要弟弟盡快去給雙親買棺木。不過照黨部的規定，我們每個月只能匯一次款，最高是兩百元人民幣，據說兩個棺木要三百多元，我們只好分兩個月匯去這些錢。

兩個月後朱夜弟弟買好了雙親的棺木，但是這期間公公又重病，昏迷一段日子，後來病情好轉了，老人家又給朱夜寫信，字裡行間告訴我們，他在世的日子不多，要我們多珍重，老人家表示，如今棺木有了，他再沒有什麼可掛念的，叮嚀我們注意健康，好好教養孩子。收到這封信後，朱夜再也沒有接到他父親給我們的家書，連婆婆的情況，我們也是一無所知。此後兩個月，朱夜才又接到弟弟來信，告訴我們父親去世了，母親也病重。我和朱夜好生納悶，四十年沒有聯繫到雙親，為什麼剛有雙親的音訊，還不到半年光景，他們就離開了我們？

公公過世一個月不到，婆婆也相繼離開人世，朱夜弟弟只來信簡單地告訴我們這個消息，未說明詳情。朱夜準備去信問個究竟，卻收到兩封署名鄰居的來信。兩封信是不同的人寫來的，第一封信指責朱夜弟弟沒收了我們寄給他父親的錢，還告訴我們，每次老人收到我們寄去的錢，他弟弟就把錢拿走，然後去買他要的東西。第二封信告訴我們，朱夜母親病重的時候，他弟弟把母親鎖在一間房子裡，不給東西吃，也不給水喝，更別說給藥吃了，所以他母親經不起折磨，很快去世了。

這兩封信真叫我們懷疑，寫信的人是何用意？如果他們說的是事實，我們很難容忍這樣的弟弟。兩位長輩在短短的日子相繼離去，心裡的痛苦難以接受，朱夜不相信鄰居說的話，他相信弟弟不會不孝順雙親，當他又接到弟弟要錢的信，立刻要寄錢給弟弟，我要他等些日子，我們應該先了解弟弟的情況，這幾個月我們寄去不少錢了。再說我們貸款買的房子，每個月要付錢，一年多來朱夜沒寫劇本，也得控制一下家中經濟，正猶豫時，弟弟又來信催錢，我不高興地抱怨說：

「你弟弟要錢要得過分了。如果我們沒有通信，這麼多錢，他向誰要？這段日子大約半年，每個月都寄出最高規定的兩百元，他還要怎樣！」

「弟弟窮得可憐，他不像你們台灣人那麼愛錢。」

「台灣人愛錢，」我氣憤地說：「我家可沒有拿過你一文錢。」

「沒有拿，」朱夜馬上回答：「可是你家就是愛錢，看我沒錢，就不理我。」

「不理你是你的問題……」我話還沒說完，只見他倒了一杯熱水瓶裡的熱開水，大罵一聲，往我臉上潑過來，「你這個混帳東西！」

臉上被熱開水一燙，我慌忙奔進浴室用涼水沖臉，忍著痛，沒來得及換衣服，從永吉路直奔中山北路姑婆家，姑婆看我的衣服是濕的，臉上又紅腫，問我原因，我把事情經過告訴了姑婆，她罵說：「朱夜太過分了，也太目中無人，你的父母不管你，我可管定了。」

八十多歲的姑婆，拿衣服給我換上，又拿藥膏替我擦臉，還好沒傷到眼睛，雖然雙眼發紅，還看得見。姑婆一邊擦藥，我不停地流淚，她說：

「臉都腫起來了，所幸沒起水泡，幸虧沒傷到眼睛，否則很慘的，外省人都這麼暴力，看多了，所以你父母才不同意你同外省人在一起。」

那時候有一些外省人娶了台灣人，確實出過殘暴的新聞。姑婆幫我擦過藥後，要我好好待在她那兒，她說：

「你不能回去，除非朱夜親自來道歉。我要好好教訓他，以後他再欺負你，我絕不原諒他。」

就這樣我在姑婆家住下來，實在氣不過朱夜對我的傷害。他沒有想到我會跑到姑婆家，第二天表弟妹秀滿打電話來問姑婆，想知道我在哪裡，姑婆向表弟妹罵了一頓朱夜，然後說不知道。表弟妹很聰明，已經猜到一半了。後來表妹也來電問姑婆，反正所有住在台北的親戚不約而同地來電詢問，姑婆告訴親戚們要朱夜親自來道歉，不然不讓我回去。後來表弟妹帶著夢麟來到姑婆家，求姑婆讓我回去，她說：

「表姊夫是個名人，他不好意思來，叫大兒子來接媽媽，他已經認錯，他告訴兒子，以後不會再對媽媽粗暴。」

姑婆不再堅持了，她對我說：「既然朱夜認錯了，你回不回去自己決定，記住台北有姑婆在，我不會允許他再欺負你。我雖然不放心讓你回去，可是兩個兒子還小，需要媽媽照顧，回去看看，有事再來姑婆這裡。」

於是我同表弟妹和大兒子一起回家。見到朱夜，我還在氣頭上，他卻笑嘻嘻地逗我：

「你有靠山，我很怕，以後再也不敢惹你了，我很怕你，什麼時候學會離家出走的？」

我白了朱夜一眼，沒理他。晚上我也不煮飯，兩個兒子吵著肚子餓，他倒乾脆地說：

「兒子，晚飯我帶你們上館子。」

兒子高興地叫喊：「爸爸萬歲！」

我一個人鎖進房裡不理他們。大兒子一直要說服我一起出去吃飯，等了很久，見我不理會他們，父子三人終於出門吃飯去了。我一個人鎖在房間一個晚上，第二天一大早，起來洗衣拖地。小孩也起床很早，家對面有間麵包店，孩子已經懂得張羅早點，吃過早點，大兒子上永吉路的新雅國中，小兒子上永春國小，兩個兒子很少讓我操心，他們很用功也很乖，是朋友都誇獎的好孩子。為了兒子，有時受委屈，我也都忍下來了。

朱夜不再說要寄錢給他弟弟了，因為他又接到父親鄰居的來信，說他父親早在兩個多月前就過世了，兩周之後母親也走了。弟弟原先決定隱瞞這惡耗，目的是不讓哥哥知道雙親的死訊，讓這位孝順的哥哥繼續寄錢回去。原先朱夜寄回去的錢，曾被弟弟偷偷拿走，為此和父親發生很大的爭執，父母親突然過世，弟弟也許在內心掙扎許久，最後擔心有人向哥哥揭穿底細，才向哥哥宣布雙親的死訊。不過鄰人告訴我們，這件事也隱瞞我們一個多月。

此刻朱夜收到這封信，非常傷心，他告訴我，他有兩個弟弟，大弟弟叫存華，父親寄來的第一封家書曾經提過，他用功、聰明又漂亮，二十六歲那年受到風寒引發心臟病過世，他的英年早逝讓老人家痛心不已。至於老二存順，從小奸詐，長得又醜，朱夜從小就討厭他。這時他已經想像出家裡發生變故的主因了，想到父母雙雙離去，如今已挽回不了雙親，我們感到非常無奈。我不知道他弟弟做這些不仁不義不孝的事，是否心安？朱夜每當翻閱那些家書，我看得出他多麼傷心。

朱夜也許想通了，他不再沉浸於失去父母的憂傷中，他開始關心時局，也許已經感受到面臨危急的處境。兩年來東南亞戰亂不斷，民不聊生，高棉不久前淪陷，越戰節節失利、岌岌可危，台灣人心惶惶。電視上每天播報著戰爭帶來的悲慘畫面，人們過著恐懼的生活。海峽對岸也傳來了將血洗台灣的消息，百姓人人不安。朱夜生逢戰亂，十六歲當流亡學生，不久投入軍旅，掙扎在槍林彈雨中，無助時常祈求神明保佑他能活下去，張靈甫將軍曾留給他的遺言，「活著就有希望」。就為了這句話，他活到今天，有了兩個兒子，眼看大兒子快到兵役管制的年齡，朱夜擔心兒子重蹈他的覆轍。

在一個朋友的聚會中，朱夜認識了一位住巴西的企業家，朋友說這位在巴西經商的蘇連鈞先生，正要擴展國外的事業，這次回台灣是要聘請工作人員，朱夜當時沒把這事放在心上。有一天朋友邀朱夜一起到香港玩，朱夜說：

「別開玩笑，出國門可不是容易的事，我不能去。」

「出國不難，有了親友的邀請函，就能申請。」

「哪兒來的邀請函？我從沒想過出國去玩。」

「看你很聰明，沒想到腦筋那麼簡單。」

「你……」朱夜睜大眼，一時說不出話來。

「我說的是實話，一點沒有不禮貌的意思。」

「我還是不懂，你老兄的意思是……」

「去找蘇連鈞開張聘書。」

「這……」朱夜支吾著：「我又不到巴西做事。」

「你真是死腦筋，有了聘書不就可以辦出國手續，到香港或到哪裡玩都好。」

「這樣不太好，明明去香港玩，怎麼可以拿應聘函申請，那不是騙政府嗎？」

「不就是這麼回事。」

「我寧願不出去玩，也不願做一個騙子。」

這天晚飯後，習慣地坐在電視機前看新聞報導，越戰似乎快接近尾聲，難民紛紛逃離，在海上漂流，不知何去何從，難民海難頻頻，逃難的漁船翻覆，罹難者不計其數，慘不忍睹。兩天之後，傳出越南淪陷，沒有逃離的越南官員被北越軍人屠殺，那種殘忍畫面，顯示人間不幸的悲劇，不敢想像戰爭帶給人們的絕望，真擔心有一天災難會降臨我們身上。

這時南美洲巴拉圭的史多斯納爾總統訪問台灣，全國各大報競相報導有關巴拉圭的新聞，那時巴拉圭人口只有三百多萬，土地面積是台灣的十一倍，巴國和台灣都是反共國家，兩國之間邦交關係良好。這位德裔總統統治巴拉圭已經三十四年，他治國有道，巴國社會安定，治安良好。他來訪的目的是歡迎台灣人民移民巴國，將給予多項優惠，其中包括免稅在內，三年內的投資免稅。

朱夜有很長時間不寫劇本了，他厭倦靠編劇維生，只希望能寫幾本有價值的好書，流傳後世。一天晚上，他突然問我：

「我們出國到巴拉圭好嗎？」

他問得太突然，我一時不知如何回答。沉默半晌，我告訴他，我們必須有周詳的計畫。我不敢斷然下決定，因為我們要到一個風俗習慣完全陌生的國家，語言又不通，如何適應都是必須考慮的事。

一天母親告訴我，父親七十歲生日快到了，她要我帶兩個孩子回去給父親拜壽。十多年了，家人對我們非常冷漠，令人感到尷尬，要不是母親開口要我同朱夜帶孩子回去，我真不想回那個家。這時我想到如果我們到南美去，從此想再同家人相聚，是很困難的，考慮再三，決定還是回家給父親拜個壽。

朱夜張羅了一些禮物，我們一家人從台北坐火車回到新市，進門時母親忙著張羅祝壽用品，兩個嫂嫂也忙進忙出。兩個孩子很快地同表弟、表妹們玩在一起，我也到廚房幫嫂嫂忙。不久父親回來了，朱夜馬上站起來向父親打招呼，父親沒回應，把臉轉向一邊，走到後屋厲聲責問母親：

「你又做了什麼事？」

母親說：「兒媳婦和女婿一家，回來給你做生日。」

「你又要害我是不是。」父親板著臉大聲叫起來。

我看母親為難的樣子，走向客廳看看朱夜，他一臉委屈，一向受人尊敬的朱夜，從沒受過這種冷漠的對待，頓時臉色發青，我感受到朱家將會有一場大風暴來臨。我慌忙上樓收拾行李，提著行李下樓，催促兩個孩子，把剛才脫下的衣服和鞋子穿好，準備馬上回台北。孩子愣了半晌，乖乖地穿好鞋子，表弟、表妹和他們玩得正高興，突然傻在一邊。這時我發現父親又出去了。我牽著小兒子的手，一手提著箱子，還沒走到大門口，兩個嫂嫂追過來，抓住我手上的皮箱，大嫂說：

「梅黛，你別走，爸爸的脾氣你很了解，你這一走，我們倆（指她和二嫂）會遭殃的。我們會被母親罵慘。」

說著，大嫂的眼淚流下來。的確我一走，兩位嫂子就會被當作出氣筒挨罵，望一眼朱夜，他示意我留下來。朱夜一向體諒別人，他常說大半生嚐盡了苦難，凡事能忍則忍，忍一時海闊天空。他走過來拿走了我手中的皮箱，交給大兒子，要他放到樓上房間。

本來是一頓祝壽的晚餐，弄得大家心情都不好。正好來了一位父親的老朋友，父親尾隨他回來聊得正高興，母親催著孫子們先吃飯，大嫂和二嫂也催著朱夜一起先用晚餐，我想等父親一起用餐氣氛會很僵，於是和孩子們一起用餐，一大群人有說有笑，減輕了心中的不愉快。這晚我們早早地上床休息，講好明天一大早就回台北。

第二天兩個孩子才起床，我們就叫了一部計程車去搭北上的火車，母親很捨不得我們，父親一大早出去了，免去了見面的尷尬。一路上兩個孩子念著他們的表弟、表妹們，怪我們不多住幾天，小兒子還沉浸在玩興中，他說：

「阿嬤家有一隻好奇怪的雙頭貓。」

「怎麼樣的雙頭貓？」我問小兒子：「你看到了？」

「媽，別聽弟弟胡扯。」大兒子說：「明明是兩隻貓睡在龍眼樹上。」

「哥哥騙人，明明我看到的是一隻雙頭貓。」

回到台北，我打電話問他們一起玩的表弟、表妹們，他們告訴我是兩隻貓睡在一起，只有小薌一個人，硬說是一隻雙頭貓。經過多日觀察，我帶小兒子去看眼科醫生。經過醫生檢查，證實小兒子有嚴重的近視。醫生分析說小貓睡在樹上，兩隻相同顏色的貓睡在一起，小孩只看到兩個擺動的貓頭，誤以為是一隻雙頭貓了。小兒子還不到十一歲，配戴一副近視眼鏡，看起來怪怪的。

回到台北半個月了，兩個孩子還念念不忘這趟南部之行，因為那兒有五、六個表弟和表妹，不像在台北只有兄弟兩個人，沒有玩伴。雖然只有一天的停留，給孩子留下無限懷念。可是帶給我和朱夜的是莫名的傷感，是一次令人難堪的回憶。

此後朱夜經常出門，參加一些準備出國的朋友的聚會，像香港美江大學校長來台時，同學們的聚會他都不放過，幾乎很少在家，對目前的局勢非常擔憂。看到新聞播報蔣總統去世的消息，更感到哀傷不已，電視上每天報導故總統對國家的偉大功績，國人憑弔故總統的哀傷畫面，處處令人感傷悲痛，我們對一代偉人的逝世，感到惋惜和不捨；然而我們發現另一群台灣人，有相反的態度，他們像中了獎似地笑鬧跳躍，看到外省鄰居就會大叫：

「老頭子死了，你們沒有靠山了。」

發現人們有這種兩極對立的現象，聯想到今後的時局是否安定？真的令人憂心。

兩個月後，一天夜裡朱夜又嚴肅地問我：

「如果我想移民到巴拉圭，你同意嗎？」

「你想到哪兒，我當然也會去，嫁雞隨雞嘛，不過要有周全的計畫。」

「船到橋頭自然直，現在台灣有很多人出國，還擔心什麼？就憑中國人的美德，怕什麼？」

「凡事你都覺得很容易，首先該考慮語言不通，如何謀生？」

「語言不通加緊學習，聽說國外生活很容易解決。」朱夜認真地說：「台灣土地面積小，環境狹窄，人的心胸也受到影響。加上時局緊張，你難道沒有感受到？如果發生戰亂，逃都沒地方逃。」

「可是我們一家人，到一個陌生環境，如何生存下去？」

「聽蘇連鈞說不難，剛去的華僑，一邊跑提包，一邊學語言，不但可以解決生活，而且很快有餘錢買房子。」

「天方夜譚，什麼提包生意？」

「別先潑我冷水，我說的全是真的，有大學教授，有國大代表，出國後都做提包生意。」

「什麼提包生意，先了解清楚，免得一家人到了國外餓死他鄉。」

「這些日子我打聽很多人，幾乎都一樣的說法，我同他們又沒有仇，騙我幹什麼？再說那些人騙我，對他們一點好處都沒有。」

朱夜說著，從口袋裡掏出一些假首飾，有耳環、戒指、項鍊、手鍊等，擺到桌上。我看著那些手工精細、媲美真品的假首飾，一時愣住了，我真是井底之蛙，從沒有看過台灣有這麼漂亮的假首飾。

「南美人懶散、愛美，」朱夜說：「大部分人都窮，他們過著今朝有酒今朝醉的生活，待人友善，對我們勤儉的中國人來說，是最好的奮鬥環境。把這些小東西裝在提袋裡，帶到大街小巷，一家家去兜售，就這樣解決了生活問題。」

「這就是你說的提包生意？」

「正是，只要不是很大很重的東西，都可以帶出去賣，南美人一看到漂亮的東西，就會忍不住掏錢買，不管第二天有沒有錢吃飯，他們的生活方式，沒聽說過哪一家餓死人。」

「你說的真美，我嚮往到那個地方，不過他們要是有一天排外的話，我們豈不是死路一條？」

「不會的，目前台灣的處境才危險呢，一旦戰爭，我們兩個兒子，又要重蹈我的覆轍。」

「應該不會吧？」

「誰能保證？對岸的共產黨常對我們叫囂，要血洗台灣，到那時，我們兩個兒子的命運會很悲慘的。」朱夜又說：「巴拉圭總統不久前來過，他歡迎台灣人移民到那裡，享有免稅優惠。巴國民風純樸，治安良好，是安居最好的地方，你考慮好再決定吧！」

我沉思再三，我和朱夜命中沒有親緣，住台灣和國外沒兩樣，尤其是來自我家人的傷害，常常是引起夫妻吵架的導火線，也許住在國外，可以擺脫這些無謂的困擾，我們離得遠遠的，再沒有人干涉我們的生活，也不會再讓朱夜遭受無謂的怨氣。在台灣我有這麼優秀、又爭氣、又有名氣、又努力的丈夫，住在被稱為松山區最漂亮的房子，又有好收入，把這些都放棄，也許很不智，可是這時我們真的決定要放棄它，到國外從頭奮鬥。

就這樣朱夜開始了解、辦理出國手續，我也忙著賣房子。我開始寫「吉屋出售」的紅紙到處張貼，選擇行人最多的電線桿或圍牆貼上。貼了一星期，無人問津，是局勢不好的關係，像我們這樣沒有貸款的房子，在一九七五年，很少人能買得起一次付款，因此初步的售屋工作，給我很大的挫折感。房子要賣出去，才會有錢出國，到國外才有資本做生意，才能解決生活問題。我一時感到憂心，出國問題不順利。朱夜卻沉得住氣，他說凡事慢慢來，房子總會賣出去的，再等一段日子吧。

電視、報紙紛紛報導淪陷後的高棉和越南，難民悲慘的遭遇，令人心酸，看到這些新聞，心中更加著急，恨不得馬上能出國。這一天，正好一對夫妻來看房子，他們對房子非常滿意，希望我們能降價賣。我們這間房子將近七十坪，因為要出國的關係，只開價一百四十八萬元，他們要還價，我告訴他們這價格已經很便宜，不能降價，我希望他們多看看別家，比較一下房價再來。

第二天他們又來了，表示很喜歡房子，只是錢不太夠，可不可以欠二十萬，先過戶，三個月後再付這二十萬，朱夜沒有答應。就這樣拖了兩個月，也沒有其他人來看房子。

這時我們另外一棟國泰新村的房子出了麻煩，因為我們同房客簽租約時，合約簽了一年，原先我只願意簽半年租約，那時沒有確定要出國，房客一再說好話，要求簽一年約，說好半年之後，如果我們要收回房子都好說，他們絕對沒有問題，一定無條件退還房子。如今房客翻臉，不讓我們賣房子，還威脅我們。聽朋友說房客有個當警察局長的男朋友。我一直抱怨朱夜，當初不接受我的決定，硬要同房客訂一年合約，白紙黑字寫的是一年，我們半年就要收回房子，當然違約，房客要求退回三個月房租，不然不讓人進屋，不讓我們賣房子。朱夜啞巴吃黃蓮，不認也得認，就這樣不到幾天，房客拿著錢搬走了，不過也耽誤了不少時間。

類似這樣的問題，我和朱夜在一起生活的日子裡，不知道發生多少次，本來這問題事先可以防備的，然而朱夜凡事不肯事先預防，事後再來賠償，常吃虧也永遠不知自我警惕。

房客搬走後，很快有人來看房子，那是一個老實忠厚的台灣人，他看過房子，馬上決定第二天就來繳訂金，並約好到代書那兒辦手續。這棟房子原想保留下來，以備將來回台，有個落腳的地方，我拜託大哥代為照顧，但他不願意，後來想到大哥將搬來台北定居，可是他在台北沒有房子，朱夜想把這棟房子送給大哥，只要我們回國時借住一個房間就行，可是大哥不肯接受，最後才想到賣掉，結果這麼快就順利賣出。

兩個禮拜之後，那對姓郭的夫妻又來了，他們決定馬上付兩萬元訂金，並要求由他們的代書辦理過戶手續。我們答應了。兩天後一起到買主的代書那兒，當要簽定買賣合約時，代書說：

「辦過戶手續前買主先付一半房款，賣方要交出印鑑證明，等買主拿到房屋所有權狀後，買主再付另一半的房屋餘款。」

我聽完代書說的話，問他：

「你幫別人辦理房屋過戶手續，都是這樣辦的嗎？」

「這……」代書支吾著：「是郭先生要求這麼辦。」

「他要你這麼辦，你就違背常規去辦，你的手續合法嗎？」

「可是你們要出國了，如果手續還沒辦好，你們走了，那郭先生怎麼辦？」

「你過戶手續辦好了，郭先生拿到房屋權狀，房子已經在郭先生名下，如果郭先生不付餘款，我還有理由要郭先生付錢嗎？你這是幫人辦房屋過戶手續呢？或者幫人騙錢，你這個代書豈不是騙子？」

「不要罵人好嗎？」

「罵你還算客氣哩！」我冷笑說：「房子我不賣了。」

「不賣可以，郭先生付了兩萬元訂金給你，依照買賣合約規定，你要退四萬給郭先生。」

「你明擺著要敲詐，我不會付分文的。到底誰不照規定辦事，大家心裡明白，買賣房子不是第一次，不要以為我不懂法律，你看著辦，了不起不出國，同你們耗下去。」

說完，我收起了帶去的文件，頭也不回地離開了代書那兒。回到家，我告訴朱夜事情經過，朱夜沉默許久，後來他同文友后希鎧通電話。買主第一次看過房子，就找到他們的朋友國大代表后先生向朱夜還價。因為這麼一小段插曲，朱夜才在這時找后先生。朱夜安慰我，說后先生會處理，叫我不要生氣，也不要擔心，房子不賣給姓郭的，也不會賣不出去，說不定我們會賣更好的價錢。

我又重寫了「吉屋出售」的紅紙條，貼到附近路口，鄰居問我房子不是賣掉了嗎？我把過戶的情形告訴他們，大家聽了都搖頭，還笑說：天下之大無奇不有。

房子既然不賣給姓郭的，訂金是要退還的，我通知代書退錢，代書卻說不急，他們不急我可急，我一催再催，姓郭的這次讓朱夜的朋友后希鎧傳話，房子他還是要，但過戶方式希望能商量，我們堅持按照規定辦理。結果又拖了兩個星期才傳話，通知兩天之後，一起到代書那兒辦理過戶手續。

朱夜為了防備發生意外，親自陪我到代書那兒，訂好了買賣合約，訂好確定的付尾款日期和交屋日期，這樣我們才能決定出國時間。

朱夜這晚回來，帶回巴西一家公司的聘書，他告訴我辦理出國手續已經有文件了，他問我會不會後悔出國？我斬釘截鐵地說，我不會改變，不後悔。

一天早上有人按家中電鈴，朱夜開門，看到門口站著一位老先生，他抓住一個十五、六歲大的男孩的手，老先生氣憤地說：

「頭家，」我認出他是買我們另外一棟房子的老先生，他說：「你說門鎖鑰匙都交給我了，可是剛才我來打掃房子，開門的時候，看到這個人在房子裡。」

「他是誰？」

「他說……」老先生回答：「他說他是你的房客。」

「是有點面熟，」朱夜打量男孩一會，說：「你是房客的弟弟是吧？我認出你了，你翻牆進去的？」

男孩沒說話，老先生向朱夜揚揚手上的鑰匙說：「他拿這個開門進去的。」

「你姊姊說鑰匙全交還我們了，結果你們還扣著這把在手裡？」朱夜厲聲說：「你們搬走一個多月了，房子我也賣掉了，你還進去做什麼？」

男孩低著頭不說話。

「以後再偷偷進房子，新房東怎麼處置我管不了，知道嗎？」朱夜說：「告訴你姊姊，手上還有鑰匙的話，要全部交還老先生。」

在朱夜說情後，老先生不追究了，向朱夜道謝後離去。這件事令我們感到難堪，對這位老實的新房東感到不安。

暗想這個房客會不會對新房東做出困擾的事？男孩慌忙要走，朱夜喊住他：

「別忘了轉告你姊姊，我剛才說的話，以後再發生同樣的事，我不會原諒你們！」

第十一章　出國了

民國64年10月27日，攝於松山機場，準備搭飛機赴巴拉圭。
左起：朱夢麟、朱夜、朱夢薌、呂梅黛。

朱夜帶著全家人的證件，到警備總部申請出國手續，他回來告訴我，戒嚴時期全家人出國很困難，辦移民更難。那時沒有出國旅遊這種法規，警備總部說我們大兒子快十五歲了，已經到了兵役管制年齡，很難通過出國手續，要研究一下再說，讓我們心裡上有準備。

朱夜很失望，房子都賣掉了，如果出國手續沒辦好怎麼辦？我們感到不知所措。這段時間朱夜天天出門，打聽一些正在辦出國手續的朋友，也去了解近幾個月來，已經移民出去的朋友，那時移民出國的家庭不少，各種不同的案例都有，但像我們有十五歲男孩的個案，很少被允許移民出國的。朱夜越打聽，越是擔心出不了國。他和一些想出國的朋友經常聚在一起研究，正在絕望的時候，接到警備總部的通知，要朱夜去面談。

朱夜依約前往，那又是另外一位承辦人，他非常親切地把朱夜請進一間辦公室，開口說：

「你申請移民出國的案子，你自己大概也有了解，是很難被核准的，你是家喻戶曉的名作家，我們調查過你的安全資料，經過我們部裡商量研究，不該拒絕你的申請，不過有一個條件，你必須簽一份切結書，註明你從出國那天起五年之內不回台灣，你簽好了文件，我們就批准你的移民申請。」

朱夜思索一會，他說：「我願意簽這個文件。」

「那很好，我們曾考慮到如果你真的希望移民國外，我們應該批准你的申請，像你這麼優秀又有好品格，在台灣有高收入的人，批准你移民也許很可惜，但另一方面讓你在國外，有機會做國民外交，也很不錯。請你簽這份文件，是證明你真的要移民，不是為兒子逃避服兵役，把孩子帶出去之後馬上回來。誰願意放棄在台灣的高收入呢？」朱夜很快在文件上簽名蓋章，同時接過警備總部批准的文件，到出入境管理處辦理護照和出國事宜。

兩個多禮拜之後，我們一家人的出國手續辦好了，然後又辦了巴拉圭的簽證，幾天之後買好了巴西航空飛巴拉圭的機票。那時巴西航空規定每個人只能托運二十公斤的行李，這二十公斤，只能帶個人最普通的衣物。自己寫的書、喜歡的書、照片等其他心愛的東西都帶不走，尤其是有些具紀念性的物品，都無法帶出去。

有一位朱夜的朋友，介紹了一位即將移民巴西的年輕人，他有出口的托運公司，幫我們空運了四件行李，除了身邊常用的東西之外，朋友也介紹我們帶一些可以賣錢的小首飾到巴拉圭賣。就這樣我們決定在一九七五年十月廿七日下午搭乘巴西航空飛往南美的班機。妹妹和妹婿還有父親的好友孫江淮，親自到松山機場送行。

在辦理登機手續時，機場的安檢人員故意刁難我們，以安檢為由扣留我們四件行李，一直翻來翻去地檢查，直到飛機飛走，送行的親友見狀非常生氣，有世叔張佛千和國大代表、名作家等多位，質問海關人員，要海關提出我們不能準時登機的理由。朱夜也對海關人員大吼，要海關人員交待清楚刁難我們的原因，如果交待不出來，將提出控告。海關人員這時非常慌張，一直道歉，保證重新安排好我們的航班。

一九七五年十月三十日，是海關人員給我們安排重新搭機的日子。當我們到達機場時，海關人員列隊站在檢查行李的櫃台邊，看都不敢看我們的行李，當然更不敢說要檢查了。這時海關主管親自出來道歉，還送了禮物給我們。世叔張佛千把朱夜叫到一邊，告訴朱夜前天因為有人向海關密告，說我們帶了違禁品上飛機，海關人員不敢馬虎，一直檢查，後來沒查出東西，飛機飛走了，他們才發現上當了，文友后代表已經查出，是買我們房子那個姓郭的告密的，他認為房子買賣吃虧了，就報復我們，他找上在海關工作的親戚刁難我們。朱夜聽了很生氣，但是想到即將遠離國門，不想追究，他說交給老天來處罰吧！誰是誰非自然會有報應。

全家人第一次坐飛機，感到非常興奮。三個半小時像一眨眼功夫，很快就到日本東京羽田機場。因為配合轉機時間，巴西航空招待我們在東京住一個晚上。我們一下飛機就到航空公司的櫃台，工作人員帶我們坐上安排好的車子，直接駛往銀座的第一大飯店。到了飯店，我們很快辦好住宿手續。等把行李放妥當後，一家人去逛街，兩個孩子吵著肚子餓，由於環境不熟，不敢跑太遠。還好，小時候的日語沒全忘，這時派上用場。有個日本太太告訴我附近有一家壽司店，用料新鮮又好吃，價錢便宜，她介紹我們去那兒晚餐。依照那位太太的指點，我們找到了那家店，店面很小，進門橫擺長方形似吧台的高桌，有幾張高腳椅。吧台也是老闆的工作台，親切的老闆馬上請我們上座，指著菜單，告訴我們哪一道壽司好吃，菜單都是中文，我們點好幾樣，老闆隨即把食材拿出來，當我們面捲起壽司，他的手很俐落，一會兒就做好擺在我們面前。我們才吃第一口，就感覺非常好吃，生平第一次吃到這麼好吃的壽司，這樣的場地，不只好吃，還覺得有一種食安的保證。我們每一個人又各點了一份，老闆最後問我們是不是很滿意，我們給他滿分的誇讚。和老闆聊了一會兒，因為進來了幾位客人，我們匆忙告辭出來。

準備回飯店時，發現壽司店旁邊是高架橋，橋下有好多小攤販，我們好奇地走向橋下，朱夜說時間還早，就到處走走看看，才不虛此行。

走在高架橋下，另一邊是一條熱鬧的街道，十月三十日的東京，已經感覺到很深的寒意。街上行人不多，大都是做小生意的，有幾家拉麵店規模不大，生意不是很好，我想大概是天冷的關係吧！兩個孩子吵著回飯店，大概這些小商店沒有吸引小孩子的東西，也好，今晚早點休息，明天一大早要去東京鐵塔玩。我們走回第一飯店時，又經過高架橋下，這時我發現有個小攤子賣糖炒栗子，攤子上掛著「天津糖炒栗子」的牌子，朱夜喜歡家鄉的零食，他走過去比手畫腳地買了兩包，提著兩包糖炒栗子我們走回第一飯店。第二天天才亮，我就跑到十九樓兩個孩子的房間叫醒他們。不知道為什麼，我們一家四口住飯店時，櫃台人員把我和朱夜安排在十樓的房間，兩個孩子卻安排在十九樓，我不喜歡飯店的安排，要他們改在同一層樓，他們以客滿為藉口，不願更改。朱夜說反正只有一晚，不再要求，我們整晚不放心，幾次上樓探望孩子。

第二天一早吃過早餐，我們按照壽司店老闆的指示，叫了一部計程車向東京鐵塔駛去。大約半個多小時的車程，遠遠地就望見那高聳的鐵塔。當我二十歲的時候，夢想有一天能到東京鐵塔遊覽。如今因為移民到南美路經東京，真正實現了年輕時的夢想，此時我是多麼的高興。當車子駛到鐵塔大門前，抬頭一望，多麼龐大的建築物呀！這時鐵塔大門內外擠滿了人，看上去大部分都是學生，有小學生，也有中學生。

鐵塔的建築非常壯觀，有不同的展覽館，如果全部都參觀，我們的時間實在不夠，只能挑選一部分進去。事隔四十年後寫東京鐵塔的參觀過程，記憶已經模糊，但對蠟像館，給我的印象仍然深刻。它陳列的世界領袖、名人等的蠟像，做得維妙維肖，讓我分辨不出是真人或假人。

整個展覽館走馬看花似地逛完之後，就坐電梯到最上面的觀景台，站在塔頂俯瞰附近的景象，的確非常壯觀，兩個孩子也看得不忍離去。

下了塔頂，我們又找了一部計程車，趕回銀座的第一飯店，下了車孩子說要再去那家壽司店。雖然午餐時間已過，壽司店還開著，我們每個人點了一盤壽司，我告訴老闆：我們是來自台灣的中國人，今晚我們將乘坐飛機飛往南美。他感到很驚訝！說我們從台灣飛到南美這麼遠的地方，能在日本過境時到他的店吃壽司，他感到很榮幸，他說了許多祝福我們的話，知道孩子喜歡銅幣，找了不同的銅幣送給孩子。我們匆匆告別壽司店老闆，回到第一飯店，帶著行李奔向機場。到機場不久就開始辦理登機手續。

第二次感受到飛機起飛時的興奮，尤其是兩個孩子特別高興，起飛不久，空中小姐送來了熱毛巾，緊接著送來了晚餐。小兒子吃得很開心，向空中小姐說沒有吃飽，可不可以再送一份給他，結果小兒子吃了兩份晚餐。飯後他把玩著空中小姐送給他的模型飛機，一個十一歲的孩子能夠體會到許多的第一次經驗，在七〇年代可說是少之又少，不久他疲憊地睡著了。

飛機飛了十一個小時，我心裡記掛著此去到一個語言不通的國度，不知如何克服，心裡亂極了，雖然非常疲憊，卻無法闔眼。飛機降落了，聽廣播報告洛杉磯到了，我們將在此轉機，兩小時之後，繼續飛秘魯，在秘魯過境休息兩小時之後再飛巴西聖保羅。這時想到台北巴西航空的小姐一再叮嚀，在秘魯過境的時後，千萬不要離開過境室，那裡的八路軍正鬧事，非常危險。在秘魯虛驚一場，直到飛機離去飛向聖保羅，心中的恐懼才減輕許多。我和朱夜放心地假寐片刻，聽到廣播，才醒轉過來。孩子急切地問：

「我們到巴拉圭了嗎？」

「還沒有，」朱夜告訴孩子：「我們現在才到巴西的聖保羅，我們要再轉飛機到巴拉圭的亞松森。」

孩子乖乖地提著手上的小背袋，跟著我們下了飛機。巴西航空派了一個工作人員，把我們這一群前往巴拉圭的乘客帶到機場的轉機室，那位巴西航空的接待員說：

「請你們在這裡等一會，飛往巴拉圭的飛機有點問題，正在檢修，半小時後再請你們登機。」

我把這些話翻譯給朱夜，我們一家人找了座位坐下來，耐心地等了一個小時。先前帶我們過來的接待員又來了，他說，請大家跟我來。我細聲告訴朱夜，大概飛機修好了，我們要登機了。大夥兒跟在那位接待員後面走，走了一段路，繞了一間又一間辦公室之後，竟然把我們帶進一間大餐廳，他對大家說：

「飛機還沒修好，現在巴西航空招待你們先吃飯，然後再飛往你們的目的地。」

我望一眼大餐廳，那是一家自助餐廳，光擺食物的大桌子就有十幾公尺長、兩公尺寬，桌上大魚大肉和各式各樣的佳餚堆積如山，我算是開了眼界，看這樣的場面，它顯示巴西是一個富庶的國家。

我們找到幾個座位，朱夜帶孩子去取食物，我觀察那些外國人，他們的盤子大都裝滿了大塊烤肉，朱夜和孩子裝的菜捲和麵點類，都是外國人很少吃的東西。看起來外國人大都喜歡肉食，難怪取用最多的食物是烤肉。我的盤子裡選擇的是較多種類的菜餚。孩子吃完一盤又去取第二盤，這次他們拿了不少烤肉，他們父子三人，似乎很喜歡巴西食物，最後他們選擇甜點和冰淇淋。這一頓午餐太豐富了，大家吃好了，正在聊天，航空公司的人又來，告訴我們要登機了，他把我們這群飛巴拉圭的乘客，帶到登機門，我們紛紛走進機艙。

飛機起飛後，聽到廣播，大約一小時五十分鐘就抵達巴拉圭，這時我突然覺得擔心又緊張，我們一家馬上要面對一個完全陌生的環境，語言又不通，我們將如何應付即將面臨的難題呢？我萬分憂心。這一個多小時，似乎過得特別快。

飛機降落了，當我們走到機艙門口，發現飛機停在一片空地上，我們必須走下樓梯，機場沒有空橋，我們隨人群走向一棟平房，在那平房裡首先要辦入境手續，隨後就在一邊等行李。當我們看到行李時，機場人員不讓我們提行李，又沒看到來接機的大使館韓祕書，這時我們只好一邊打電話聯絡，一邊叫大兒子用英文問為什麼不能提行李，機場的工作人員說，要我們付二百美金，我問為什麼，他們說了一大堆我們聽不懂，眼看著他們把我們的行李拖進隔壁房間，我們不停地打電話，請韓祕書到機場來，總算聯絡上她，她告訴我們馬上來。

我們一家人坐在機場等了兩個多小時，韓祕書才到機場，經過她的交涉，行李總算讓我們提出來。韓祕書說她來巴國上任才兩個月，對環境還很陌生，坐車坐錯了，耽誤了不少時間。看到她來了，總算安心多了。帶著行李，她把我們帶到亞松森市中心一家很好的飯店「巴拉那」，然後她就離去。

我們放下行李就上街去找晚餐，很奇怪這裡百分之九十以上的店鋪都關門了，在中心區找不到賣吃的。一個首都的夜晚如此蕭條，我們感到奇怪。我們走著遇到一位懂英語的巴拉圭人，一問才明白，他們的商店只開到下午七點就休息了，難怪我們找不到吃飯的地方。幾天的旅程我們都很累了，於是早早地洗過澡就休息了。

翌日，我們起得很晚，倒是兩個孩子起得早，看他們站在窗邊望著窗外，我也走向窗口，發現街道上已有不少行人，路邊的人行道上有攤販開始做生意，大都是賣水果、草藥和小商品。商店大門也全開了，街景非常熱鬧，覺得另有一番風情，顯示一種不一樣的景象，它告訴我，我們已經遠離了自己的國家，從今天開始，將開始異國的生活。

想著我們得先把隨身帶來的家當拿出來整理一下，把能賣的東西集中一起，開始計畫今後的生計。當我同大兒子打開大皮箱的那一刻，我非常吃驚，再打開第二個箱子，然後第三個、第四個箱子全打開擺在房間的地板上，我不敢相信自己的眼睛，眼前我看到的箱子，大半箱塞著舊報紙，記憶中裝進箱子的衣物還不到一半。

我把舊報紙抓出來，剩下的只有小半箱，眼前所看到都是舊衣物，那些帶來要賣的假首飾全不見了，比較好的衣服也不見了，稍微值錢的紀念品全沒有了，我一時失望、驚慌地抱頭痛哭，怎麼可能？巴國總統訪問台灣時的諾言呢？說得很漂亮，一切貨品給予免稅，結果是重要的隨身行李被偷竊一空。明明我們的皮箱都是上了鎖的，兩個多小時連開帶偷地洗竊，這是多麼可怕的賊國？！這時我非常後悔出國，恨不得馬上回台灣。

在飯店裡傷心地哭了一天一夜，我不吃不喝，精神幾乎要崩潰了，想著在這賊國如何生活下去？眼前茫茫一片，朱夜同孩子也難過得整天不說話。到了晚上，韓祕書和她先生帶著晚餐來看我們，他們望著我們，除了安慰也沒什麼補救的辦法，我們不怪誰，事實上行程的更改，我們來不及通知韓祕書，四十年前的通訊不是很方便，遭遇海關人員偷竊，也只能自認倒楣了，這個國家憑權勢偷竊或順手牽羊是無法追究的。韓祕書夫妻的關懷和協助，我們還是無限感激。

第二天在僑胞的幫助之下，我們搬進了一家中國人開的簡單旅館，一家人住一個房間，還提供三頓飯，很便宜。原來住的大飯店，經過海關偷走了大部分值錢的家當，我們已經住不起了。

住進小旅館，又發生一件風波，老闆知道我們原來住「巴拉那」飯店，認為我們很有錢，在我們住進小旅館之後，向我們兜生意，要我們辦居留證。朱夜看著老闆帶副眼鏡，文質彬彬不像壞人，心想居留證遲早要辦，答應交給這位姓彭的老闆代辦。兩天之後，有位開餐廳的王老闆，聽說有一家新來的中國人，住在彭姓的旅館，他跑來自我介紹，如果我們有困難，他可以幫忙。他說他給總統的祕書長看病，也是祕書長的好朋友，和政府要員關係很好，經過交談，知道我們同他是安徽老鄉，對朱夜非常親切，常來旅館探望我們。閒聊中，朱夜同老鄉談起這家旅館太吵，臥房面臨馬路，整夜車聲嘈雜，無法安眠，加上小彭的工人全是巴拉圭人，只會煮巴拉圭餐，實在吃不慣，所以想租間房子，住旅館畢竟不是長久之計。

透過王老鄉的介紹，我們認識了一位俄國太太。她是廣東人，來巴拉圭四年了，懂西班牙文，就住在旅館附近，第二天她就帶我們出去找房子，很快我們就找到獨立街一千零八十二號二樓的房子，它是連傢俱一起出租的，我們就這樣決定搬入租屋。

當我們要搬離旅館的時候，我們向小彭老闆要求退還超收的費用，他拒絕退還，向他要居留證，他藉口沒辦好，也不給我們，這時老鄉王淨老闆就出面同小彭談判，照老鄉的說法是居留證的代辦費，都是一百美金一個人，小彭收了我們二百美金一個人，且不按時間交件，顯然是老華僑吃新華僑。由於老鄉出面，小彭總算把居留證交給我們，但多收了一倍的錢沒退給我們。小彭達到騙我們的目的，可是從此中國人再也不敢踏進他的旅館了。

一九七五年十一月時，巴拉圭的人口才三百萬，華僑不到二十個，大都是把巴拉圭當跳板，偷渡到巴西、阿根廷或美國，真正定居下來的很少。那時的台灣人只有巴拉圭這個國家可以拿到簽證，但是一般人都認為巴拉圭這個小國家沒什麼發展，只能拿到合法簽證，然後方便偷渡到鄰國，所以進出巴拉圭的人不在少數。朱夜不喜歡做偷渡客，他希望早日有個自己固定的家園，讓孩子安定地住下來讀書，所以根本不考慮偷渡。

住在旅館那段日子，每天同旅館的工人學西班牙語，我用錄音機把西班牙文的字母錄下來，每天靠這些字母的讀音苦學西班牙文。不過主要的日常生活是靠日語，那時亞松森大部分的雜貨店都是日本人開的，我們平常都在日本人開的雜貨店買到東方人吃的食品。至於有關文字上簽定合約，商談事情，那全靠大兒子的英文。我們出國時，台灣還沒有中西對照的書本，唯一買到的一本是一位外交官段茂瀾編寫的英西會話範本。大兒子出國前，讀完師大附中一年級，他的英文程度不錯，就靠他苦學西班牙文來應付。後來他和弟弟進了小學混讀西班牙文，很快就懂一些日常用語，要等證件辦好，兄弟倆才能正式入學。

我們搬進獨立街租來的房子，房東是猶太人，待我們很好。不久我們收到空運來的四件行李，我略為整理，同大兒子背著包包，走到每一條街的商店裡兜售，我們一邊做生意，一邊學西班牙文。這樣直接面對當地人，遇到聽不懂的話，用筆記下來，回家查字典，下次再聽到這個字，就明白什麼意思了，就這樣我們一家人的西班牙語都有很好的進步。

一家人的生活，就靠我和大兒子兜賣台灣的東西維持，收入還不錯，起碼不用吃老本。可是朱夜非常反對我們母子做這種生意，他一直計畫要開一間店，我堅決反對開店，因為兩個兒子的入學文件快辦好了，開店必須有人守住生意，買貨進貨也需要有人負責，像我們家，開店後我一個人要看店、進貨，還要處理家務，如果兒子正式入學了，根本幫不了忙。巴拉圭的商店早上七點必須開店門，中午十一點半關門休息，下午三點半又開門，七點關門，像這樣的營業時間，兩個兒子一旦入學是無法幫忙的，我一個人也不可能整天綁在店裡，所以一般中國人就把店交給兒女管，孩子就不讀書了。我絕對不可能讓孩子輟學，所以堅持反對開店，巴拉圭人喜歡偷，如果我把店交給巴拉圭店員管，那就等於開給他們的，會把所賣出的錢全塞到他們的口袋裡。

來巴拉圭將近兩個月了，聽巴拉圭的店老闆常常說起一個店老闆真的難為。我這樣做是為了孩子的學業，但朱夜沒有辦法了解，每天看我揹個包包進進出出，他就會氣得暴怒，經常罵我，說我們有能力開店做老闆，為什麼要做討飯似的小生意？我平常家事做完了，再出門做生意，然後把時間控制好，三餐飯也都不用他們動手，這樣讀書的可以讀他們的，寫作的人也可以安心寫，這樣有什麼不好？做大生意和小生意各有各的優缺點，為什麼要擺闊呢？我告訴朱夜，開店不累，但做小生意我很苦，只要我不嫌苦，你還有什麼意見？我們為開店的問題爭執多年，我那時抱怨他太愛面子，他認為我丟他的臉，我告訴他為了孩子能好好讀書，我挑起這個擔子，他應該感到安心才對。有一天他開口罵：

「你真賤，好好的老闆不做，丟我的臉。」

「我們開店是很有面子，」我忍氣說：「我們本來就沒什麼錢，開了店你有多少錢賠，想過沒有？如果開了店能賺錢我當然喜歡開，如果開店賺不到錢，只為了面子能開嗎？沒聽過巴拉圭人的習性是貪和偷嗎？」

「許多中國人都在開店，我們為什麼不能開？」

「因為別人家夫妻兩個人都能看守店面，也知道進什麼貨，」我指著他：「你能做到嗎？還有你兩個兒子讀不讀書？別人不讓孩子讀書，犧牲兒子去看店，我不能讓兒子休學，再說你願意看店嗎？」

朱夜啞口無言，可是一聽到外人批評，還是會向我發脾氣，我只有忍耐，不理會他。

就這樣我和大兒子每天出門做生意，生活不必貼老本，十二歲的小兒子同朱夜到處看土地，找建築師設計房子。看到喜歡的土地，朱夜會約我帶著兩個兒子，一家人同仲介去看，全家一起參與。直到每個人表示喜歡，我們才決定購買。買好土地後，小兒子帶著爸爸找巴拉圭的建築師，開始房子的設計工作。我和大兒子在不妨礙上課的時間，照常做生意。每天晚上是一家人討論蓋房子的時間，朱夜要每個人提出意見，大概忙了兩個月就開工，我們預定三個月後搬入新房子。孩子還在住屋附近小學做夜間部旁聽生，因為入學文件不齊，託人在台灣補辦。等台灣外交部公證好了，就可以在巴國申請入學，正好這時有較多的時間監督建屋工作，朱夜和我們無形中學了不少當地的土話——瓜拉尼語。

巴拉圭人喜歡騙、偷，尤其是順手牽羊不犯法，政府官員貪汙是世界第一位，而法律上不但不追究，也受人羡慕。有人建議我們，如果向銀行貸款蓋房子，銀行會協助監督，這樣建築師不敢吃錢不蓋房子。本來我們是不需要貸款的，為了預防萬一，向銀行辦了十萬美金貸款，萬萬沒想到我們付款超出工程進度，才蓋到一樓頂的樓板，那時我們已付了九成的工程款，當我們警覺不對的時候，建築師留下模板不拆，停工不再出現了。

朱夜和兒子聯絡多日，建築師的辦公室沒人應門，朱夜父子每天到那兒，後來整日守在那兒，依然無人出現在辦公室，電話也沒人接聽。後來找到他家，家裡只有傭人應門，我們覺得不妙，分兩批人在他家和辦公室等。兩天後在辦公室遇見了建築師的哥哥，站在門內不開門，大兒子學過跆拳道，那時他才十五歲，沒有耐性，聽說建築師旅行去了找不到人，大兒子忍不住了，一腳踢開大門，他一進門就把建築師的工作桌翻倒，把建築師的哥哥嚇到了，他沒有想到一個十五歲的孩子有這一招，連忙向朱夜說好話，他說建築師氣喘病發了，躺在床上，所以沒去工地，他答應第二天去。我們告訴他，我們必須在合約訂定的日子搬進新屋，因為我們的租屋已有新房客要住進去，搬家日絕對不更改，如果房子沒完工，我們沒地方住，一定要他負責違約責任。

第二天，建築師沒來工地，他派了一個小工送來一包水泥就要走。小兒子還沒滿十二歲，他生氣地抓住那名小工，一拳朝他打過去，小工嚇得說不出話。小兒要小工傳話給建築師，明天一定要帶工人來復工，否則要殺他。

巴拉圭人喜歡騙，騙不了只好認了，兩天後建築師帶著一名身材高大的胖工人來，他低聲下氣地告訴朱夜，他病了，錢花在醫藥上，問朱夜借一點錢，有了錢可以馬上復工。我在一旁切麵包，正準備早餐，我大聲對他吼：

「錢你已經超收過進度了，不復工不可能付錢。」

建築師還是對我低聲下氣地要錢，這時我向他揮揮手，示意他：

「你過來，我們說清楚！」

我向他揚揚手中的麵包刀，他看看刀子，突然向門外跑去，我順勢追過去，心中沒有傷人的動機，看他繼續往門外的馬路奔跑，正好一部公車駛過來，他快速地攔住公車，跳上了公車。這下子附近的鄰居紛紛傳說，建築師因為騙中國人的錢，差一點被中國太太殺了。其實我連殺雞都不敢，哪來膽量傷人，那只是建築師心虛造成的誤會。可笑的是事後，建築師得意地向人說，因為他常踢足球，跑得快才沒被殺。

我們很無奈，去和銀行交涉，希望他們幫忙督促建築師不要停工。銀行告訴朱夜：幫不上這個忙。我們很失望，已經無計可施了，只好每天直接到建築師家門口，碰上了就準備同他談判。

等了兩天，沒見到人，第三天我們改了時間，下午去他家，傭人要我們進客廳坐，我們和大兒子三個人一起進客廳。半晌建築師出來了，他用一張笑臉問候我們，然後說：

「我借來了一些錢，明天工人會開始起二樓的牆，一個星期之後，開始做二樓的屋頂，你們放心，我會很快在你們房屋租期到前，讓你們可以搬進去住的。」

「好，就這麼說定了，如果又騙我們……」我做了個砍頭的手勢：「我只有這麼做了。」

「不，」他又裝出笑臉：「中國太太很厲害，我很怕！」

說完他笑得很不自在，我也對他笑笑：「你不相信的話，就等著試試吧！」

我們起身要告辭，傭人端出了咖啡，建築師熱情地留我們吃晚餐，我們還是告辭出來。

第二天早上七點還沒到，我和朱夜就到工地等候。一會兒建築師的小卡車出現在工地前，看見司機帶著兩名工人和材料來了。他們下了材料就開始工作。司機下完材料作勢要離開，我叫住他說：

「建築師待會兒一定要過來，他不來房子怎麼蓋？」

「好，我叫他中午來。」

「小心，別再騙了。」

司機跳上車，慌慌張張地開著車子走了。

晌午時分，建築師真的來了，還是一張笑臉迎著我們。他說：

「我很快會完成這個工程，請你們靜下心，不要緊張。」

「好，我相信你，」我說：「你今天寫一張進度表，每天的工程情況都要寫清楚，然後簽好名交給我。搬家日期不能耽擱。」

「可是如果我的錢不夠，你們是否可以付些錢給我？」

「不可能，」我說：「我們已經把這一部分的錢，都付給你了。」

建築師半天不說話，而後無趣地走去看他的工人砌牆。雖然每天只有兩個人，不過工程沒有再停工了。我和大兒子照常出去做生意，到黃昏就和朱夜去看房子的進度。晚上兩個孩子還在不遠的阿根廷學校做旁聽生，為的還是混混西班牙文，日子過得異常忙碌。這三個月的巴拉圭生活，我認識不少巴拉圭人，學會了日常生活簡單的西班牙語。大兒子很不習慣巴拉圭人對東方人的歧視，常常在學校打同學，因為同學一看到他就叫COLEA（韓國人），巴拉圭人不喜歡韓國人，主要是韓國人都很勤勞，商店營業是東方人營業的時間，給巴拉圭人很大的方便，很受當地人歡迎，當然也有巴拉圭人認為韓國人搶走了大部分的生意，很排斥東方人，所以一看到東方臉孔，無知的巴拉圭人就會大叫COLEA，讓我們聽了感到不快。

兩個孩子上晚間旁聽生的課。巴國中學分早、午、晚三個時段的班級，每天上課四個小時，只上正課，幾乎沒有體育、音樂的課程。兩個孩子上晚班的同學大部分是白天必須工作的工人，身分比較低，常常向大兒子挑戰，還欺負小兒子。那些人看小兒子又瘦又小，認為好欺負，做哥哥的忍不住向兩個同學踢過去，結果踢重了，兩個壞同學握住大兒子的手直叫「朋友」。大兒子厲聲地對他們說：「叫爺爺。」從此他們不敢再找麻煩了，好笑的是他們誤認為大兒子名叫「爺爺」。

房子的進度依舊很慢，我們認為建築師是想逼我們付錢，我們也擔心付了錢又停工了，朱夜只好說再觀察一段日子吧。想到在巴國蓋個房子或者做任何事，都會發生不同的意外，這是拉丁美洲人的習性，朱夜因此計畫寫一部有關拉丁美洲色彩濃厚的系列小說，我也贊成他寫，實在太久沒有動筆了。

大概有半個月沒到工地了，這天我們到工地巡視，結果意想不到的，二樓屋頂的板模快完成了，我傳話給工人，要建築師來家裡一趟。他來得很快，晚上就跑來了，我繳一筆錢給他。他接過錢，點一點向我們道謝，並且寫好收據就要走。我對他說：

「請等一會，今天付這筆錢，你必須答應我們的條件。第一，加緊把屋頂做好。第二，廚房、廁所要先完成。第三，要完成全部的地磚工作，最少要安裝好兩個房間的門和窗子。」

建築師思索片刻，問：「你們什麼時候要搬進去住？」

「決定一個月後。也是我們訂合約的那個日子。」

「好，我盡量完成你們的要求，我希望以後我們還是好朋友。」

「請你寫好字面上的承諾。」

他寫好交給朱夜，兩人握手，在互道晚安中送他出門。

兩個孩子都辦好了台灣的證件公證手續，就等著上正規的學校。經過打聽，最好的公立學校就是國家學校，不過進國家學校很難，大兒子要進五年級校方不接受，小兒子進一年級沒問題，他的入學手續很快辦好了。大兒子要進五年級，必須要有一到四年級的成績單，國家學校堅持要有這麼一張成績證明才接受。我們當初帶出來的證件，因行李被偷，已經找不到。後來經過巴拉圭朋友幫忙，終於獲准入學。

既然不到一個月就要搬入新居，我們找了另一批工人蓋圍牆，因為八百平方公尺的庭院，一家四口每周六、日兩天得去整理庭院，清除雜草、開闢菜園，也開築花圃，三個星期的時間，總算圍牆也完工，我們覺得有安全感。

建築師果真為我們的房子趕工，他告訴我們的朋友，他怕我拿刀子殺他，他喜歡同朱夜做朋友，所以他要好好把我們的房子完工。難得巴拉圭人最後有這樣的想法，也算我們運氣好。我們就在附近傢俱店訂做了三張床，還有衣櫃等傢俱，陸續做好的傢俱都搬進新房子，三月三十日那天就把租屋裡的衣物打包，鍋碗用紙箱裝好，建築師就用他的小卡車幫我們運到新房子。

新房子還沒有通電，雖然不方便，但是住自己的房子是多麼興奮和滿足，來巴拉圭不到半年，我們已經擁有一棟八百平方公尺土地的房子，實在難得。凡是來巴拉圭的華僑，幾乎都沒有自己的房子，大多數中國人都在觀望，不想定居在這個國家。

除了出去做生意，平日兒子去上學之外，我們很少出門，一有空都在整理家園，種菜、種花，還買些果樹和觀賞樹回來種，整個院子煥然一新。

有幾位中國朋友來看我們的房子，順便也送來一些菜的種子，他們還沒有土地，擔心種子過期了不長芽，送來給我種。我不知道怎麼種，大使館的韓祕書幫我介紹台灣駐巴國的劉團長，他派農耕隊的兩位先生，帶來幾叢韭菜進行指導，從此家裡經常有韭菜吃。至於酸菜更容易，種了芥菜自己醃就有得吃。慢慢地菜種子越來越多，我也用竹竿搭棚子，種絲瓜、苦瓜之類的，平常家裡不愁沒有中國人常吃的菜了。想起剛到巴拉圭，好想吃韭菜炒麵，我就得坐公車到十公里遠的日本雜貨店買，而且不是每一次去都能買得到。現在院子裡種了許多我們喜歡的菜，隨時都可以採收，太方便了。

朱夜也開始寫「拉丁美洲散記」，都是我們到巴拉圭後所發生的真實故事，人物也是在我們身邊的人。他把拉丁美洲人的民族性，刻劃得真實又幽默，其實常會給人們感受到多麼的無奈。

兩個兒子在國內的生活養尊處優，到了巴拉圭同我們一起為生活、前景奮鬥，這是在台灣的年輕人，無法感受到的生活方式。他們雖然以讀書為主，然而就光是讀書也要比台灣的小孩付出更大的努力。最大的問題在語言和文字，不像母語的中文那麼容易應付。還有環境的差異，需要他們動手，不只要幫忙庭院的工作，煮飯、洗碗，他們兄弟倆都要做，生活是多方面的磨練，他們從不抱怨，凡事都很自動自發。尤其是我出門做生意，經常等公車回來要等上一兩個小時，有時候等不到車回家，會抱怨朱夜不肯買車給我。遇到從下午七點等到九點等不到車，我會哭著回來，實在累得忍不住，又想到一家人餓肚子等我，當走到大門那一刻，我慌忙擦乾眼淚，才走進屋子裡。見到桌上有一盤洋蔥炒蛋，我知道是朱夜做的菜，兒子高興地叫我吃飯，飯菜是他們父子三人做的，我突然心中很溫暖，因為朱夜只會做洋蔥炒蛋，但是從沒有人嫌棄這一道菜，大家吃得很滿足。

那一段日子整理新房子時，兒子也經常要搬一包五十公斤重的水泥，他們沒抱怨搬不動而不搬，做不動而不做，或者不會做而不做。當時遇到油漆工威脅不做了，我就毅然自己做，高達三公尺半的屋頂也爬上去把它漆完。另外一次，地磚工要我等兩個月才做，我不能等，就同兩個兒子鋪地磚，他們利用課餘時間，我是做生意空閒後，費一個月時間把一百五十平方公尺的地磚完工。我們的手工不比專業工人差，不管油漆工作或地磚工作，都是第一次自己動手，平常都是站一旁監工而已。早期來巴拉圭的家是我們一家人合作建設的，所以我們一直很珍惜這個家園。也許有人懷疑，為什麼不找別的工人？主要是我們是外國人，找工人也困難，而且好工人也難找，亂七八糟的工人很多，做壞了更麻煩，他們把外國人當白癡，我們難以接受。

兩個兒子正式入學後，全天都有課，一般公立中學每天只上半天課，國家學校是首都最好的公立中學，除了正課之外，有音樂、體育等副課，算是全天都要上課。

第十二章　大禍臨頭

朱夜在巴拉圭根據身邊所發生的真人真事，完成出國後第一部作品《拉丁美洲散記》。

一個周末，朋友帶我們到總統府祕書長家作客，他的司機開車帶我們參觀祕書長的別墅，只繞了一圈別墅就花了十分鐘時間。院子種奇花異草，也養一群鴕鳥、大嘴鳥、金剛鸚鵡，還有我不知名字的鳥，狗也有好幾隻，天鵝、牛、羊更不在話下，男女工人將近十個。房子很大，像一座城堡，我真是開了眼界。祕書長和朱夜交談間，也提了幾次我們的至聖先師孔子，他了解一點東方文化，感覺他頗有見識。他很好客，第一次見面，就告訴我們要常常去玩，希望我們把他家當自己的家。從這些地方，可以看出巴拉圭有錢人的心胸寬大。用過午餐，他還為我和朱夜安排午休的客房，招待之周到，讓我們感受像回到自己家一樣溫暖。

在巴拉圭，有權就有錢，有錢可使鬼推磨……他想要什麼就有什麼，就像生活在天堂。不過這樣的有錢人只占少數，大部分都是特權階級，或者商人。有錢人的房子大的有六、七十個房間，買汽車就像買玩具，一個家裡有十幾部汽車的大有人在。反觀巴拉圭的窮人，他們大部分住在低窪地區、路邊、河岸邊，他們用紙板或別人丟棄的木頭、木板，搭起小屋，一家人擠在一間破小屋，不得溫飽，還得遭受炎熱和寒冬的煎熬。貧富懸殊很大，而且大部分的巴拉圭人都在貧窮邊緣，有錢人的比例其實不多。

一九七六年，巴拉圭是總統史多斯納爾的統治時代，經濟、治安良好，許多歐洲人來巴國投資，甚至置產。外國人紛紛來巴國定居，一片繁榮。每到周末，或者節日，巴國中心區街道全擠滿了來自巴西、阿根廷和烏拉圭的觀光客，所有商店都不休息，那時候，亞松森大街上沒有一間空房子，想租個店面都租不到，滿滿的店鋪擠滿了觀光客，連假日也照常營業，除了固定的店面之外，後來連整條觀光街的人行道上，也擺滿了小攤位。

那時候到巴拉圭的中國人，大都沒帶什麼錢來，家中有十歲以上的孩子，都沒上學讀書，用三夾板釘個小木箱，吊掛一些假首飾，揹在胸前，在巴拿馬街或第四市場走來走去，就做起生意。別小看這麼寒酸的生意，有一個華僑下飛機時只剩一百塊錢，他讓兩個孩子擺了一年的攤子，就買了一棟新房子，所以從台灣來的中國人，幾乎都發了小財。

另外還有幾個台灣來的同胞，做起跑單幫的工作。有的人是為自己的商店補貨，有的是幫別人帶貨。每趟帶兩皮箱貨品，裝的都是小東西，像戒指、項鍊、耳環、手環之類的假首飾，跑一趟台灣，帶兩皮箱貨的酬勞是一千美金，機票由貨主支付。平均一個月跑三趟，淨賺三千美金的酬勞。

台灣的假首飾精美價廉，一時成了熱門貨，南美人以配戴台灣的假首飾為榮。一條鍊子或耳環，大約三或五塊台幣，帶到巴拉圭可以賣十塊美金，合台幣約三百多塊，可說是暴利。不只是巴拉圭需求多，鄰國的阿根廷、巴西和烏拉圭的單幫客，也大批大批來巴拉圭採購。主要原因是這些鄰國都有自己生產的假首飾，他們政府為了保護自己國家的產業，一直禁止進口這些首飾，問題是他們的產品手工粗糙，樣式呆板，不像台灣出產的做工精細，花樣可愛，人人都想擁有，所以才有鄰國的單幫客紛紛來巴拉圭帶貨回去，以應付顧客需求，一時台灣的假首飾風靡了南美的首飾市場。鄰國的觀光客也紛紛擁入巴拉圭，邊界地區每天遊覽車大批擁擠得無法通行，往往要等一個小時以上的時間才能通過海關。

一九七五年的時候，巴拉圭的華僑只有十幾個，台灣的假首飾漸漸帶動其他台灣的貨物，不只是生意好，利潤又高，住在巴國的華僑到一九八四年，已經增加到數千人。在巴拉圭，拿得出一兩千美金就可以開店，找不到店面去擺攤也一樣做老闆。有一位越南淪陷後逃出來的記者，太太在越南當中學教員，有兩個襁褓中的孩子，剛來巴拉圭連擺攤子都沒有錢買貨，我曾經幫助過他們。他們夫妻倆用三夾板釘了兩個木箱，在巴拿馬街擺兩個小攤子，家裡僱了兩個女傭照顧小孩，兩年後夫妻倆在邊界的東方市，開了兩家店，賺了不少錢。

東方市原是個默默無聞的城市，早期巴西人都來首都亞松森買貨，後來東方市的生意越來越好，華僑動腦筋動得快，大部分人就到東方市開店，沒想到同巴西一河之隔的東方市生意暴增，遊覽車一部一部帶來更多採購人潮，加上有條不成文的法規——凡是可以揹在身上，走過友誼橋的貨物，都不必繳納稅款；因此吸引更多人到東方市採購台灣貨物，幾乎整個市區都塞滿了人潮和車陣，動彈不得。巴西當局眼看免稅商品大量湧入，連續多年影響稅收，開始限制貨品大量帶入，起先限制每個觀光客只能帶入兩百美元的貨品，施行一段時間見效果不彰，乾脆直接開放進口台灣貨物，東方市遂逐漸沒落。

許多住在東方市的中國人，就那麼五、六年，每個人最少都賺了美金三、五百萬以上，那時把東方市當成發財聖地。聽那些在那兒開過店的人說，生意好到沒時間算錢，每收一筆錢就往閣樓上丟，差不多一個星期後，再拿大麻袋上去裝。錢賺夠了，有的人移民到加拿大，部分的人還留在東方市蓋起了大樓。東方市的大樓，就像雨後春筍般，一棟棟地鑽出來，不像以前都是破舊的矮房。

我們家在這段時間，沒有變化。我們重視兒子的教育，不主張到處搬遷，住進新居很長日子了，發現沒有自用車非常不方便，因為在這條路上只有一路公車，經常等公車要浪費一兩個小時，每天出門做生意，時常等車到晚上八點才能回家。後來朱夜發現，距離新居五百公尺的路口，有一片空地，那兒有四條線路的公車站，交通方便多了。於是朱夜就把那片空地買下來，然後再賣房子。

朱夜是擔心那塊地被人買去，他做這個決定時，我同孩子都反對，因為我們手邊只有三分之一的地價款，朱夜不顧我們反對，毅然拿這點錢和地主訂了買賣合約。買賣合約一旦訂好了，就要依約如期付款，這是一個冒險的決定，搞不好會被取消合約、沒收訂金。房子賣了一個月都沒有消息，我憂心極了，朱夜找到地主，要求他再等半個月，雖然地主同意延期付款，我還是很擔心，真的是寢食難安。房子若賣不出去，我們就付不出餘款，那先前付出去的錢全完了。也許老天爺同情我們，就在限期的前一天，房子順利地賣掉了。

房子的買主和我們訂約時付了一半房款，手續一辦好，就付清全部房款，不過最難得的是讓我們一個月後交屋。

我們付清新買土地的錢，很快就把新土地整理好，加緊蓋房子，花了一個月的時間，把一百平方公尺的平房完工遷入，這個工作時間有點神奇，也許有神明在一旁協助。尤其在這三千平方公尺的荒地上，從整地到蓋房子，遇到不少困難。當把建材運到土地上，守護建材是很重要的工作，隔鄰的土地就碰到建材被搬竊一空的倒楣事。從進建材那天開始，到了晚上就靠十六歲的大兒子帶著十二歲的弟弟守在工地，晚上一條狼狗陪著兩個小孩，地上沒有遮風雨的棚子，他們睡在露天底下。當黑夜來臨，我們很擔心兒子的安全，每晚我最少要走在這五百公尺沒有人家的路上，巡視兩趟工地，看看兩個孩子是否安全地睡著，然後才放心地走回家。從新居走到新土地，一片荒野，夜裡沒有其他路人，我要不是惦掛兩個兒子的安全，是鼓不起勇氣走的。

在我們趕工下，簡單的住房一個月就完工了。搬進新住房，心總算安定下來。新房子的地點方便很多，到車站只要走兩、三分鐘，就有四線公車，也就是有四條路線可以選擇，不必浪費時間等候，馬上有車可坐，兩個兒子也不用像以前，每天晚上放學，要等到午夜才能回到家。

在新土地上蓋房子，是我們來巴拉圭的第二棟房子。第一棟房子是全包給當地建築師蓋的，必須先交付大筆的建築費用，容易被騙。第二棟我們改由自己承建，自己買材料進行管理，只有工人交給包工承包。開始的時候很順利，水泥包工進度很快，到了需要水工、電工、油漆工的時候，我們發現有問題，水泥包工以大老闆姿態在工地發號施令，所有的工人都是他的朋友，一開始我們也樂意用他的朋友，後來發現每一個他帶來的油漆和水電包工都不遵守約定，不僅偷工，還要加錢，這位水泥包工不但不說公道話，還放任其他包工同我們鬧。我和朱夜隨時都得出門買材料，或者辦事，無法一直待在工地，工人隨時鬧罷工讓我們很困擾。

那一天，正逢周末，麟兒學校不上課，留他一個人看家。油漆工不照約定做工，卻到勞工部告我們。他帶著勞工部的檢查員進工地，幾個人走進來就開始大聲罵，說中國人無恥，找工人做工不給錢，越罵聲音越大，兒子阻止不了檢查員進入我們的土地。他耀武揚威，還向孩子挑戰。也許看我兒子瘦小，作勢要打，結果兒子先發制人給檢查員一個飛腿，沒想到這一腿踢落檢查員的手提箱，檢查員撿起手提箱，大喊救命：「跆拳道高手殺人！」他狼狽逃走。不久管區警察來了，了解案情之後，守在大門口，等到我和朱夜回來，警察告訴我們有人控告跆拳道高手殺人，所長派他來了解一下。

「他是個未成年的孩子，怎麼可能殺人。」朱夜說。

「因為他才十六歲，所以我在這兒等到你們大人回來，」警察說：「請家長到派出所一趟，所長說，中國人都是我們的朋友。」

朱夜帶著兒子到派出所，他看到勞工部督察在外面同兩個小警察聊天。警察把朱夜父子帶進所長辦公室，所長很客氣友善地和朱夜握手。這時督察也進來了，所長只瞄了他一眼，然後對朱夜笑笑說：

「這件事正好你們大人都不在，小孩未成年，我們也不好處理，現在你們都來了，就和解吧？」

「怎麼和解？」督察大吼：「我是為工人主持公道來的，他兒子把我踢成這樣，我要到醫院治療，我需要錢，我全身都痛，不能這樣算了。」

「人家大人都不在，」所長說：「你硬闖私人住所，和小孩子打什麼官司，回家洗把臉睡覺就全好了。」

「好？那就要一萬塊瓜拉尼。」（一九七六年時，美金同瓜拉尼的兌換是一比一百二十四元。）

「太多了，」所長說：「你自己有不對的地方，我建議你和解，看朱先生願不願意付你三千塊，我馬上打一份公文給你們雙方簽字，把事情做個結束。」

朱夜父子沒說話，督察看看所長只好說：

「今天看在所長的面子上，就這麼辦吧。」

所長令屬下打文件，朱夜很快付了錢並簽字，走出所長室，這時督察跟在一邊走出來，一直嘀咕說三千塊太少，朱夜對他說：

「那你再讓我兒子踢一腳，我再付你三千塊好不好？」

督察瞪大眼睛，大嚷：「我再被踢一腳，那不就——」他做了個割頸的手勢，苦笑著走了。

後來水泥工也發生同樣的事情，他要多收錢，否則不做了，電工也在同一個時間罷工，都以停工做威脅，他們知道我們急著要搬家。我們約定的交屋日期，水泥包工最清楚，我告訴朱夜，這一連串的問題，都是水泥包工導出來的，他表面上做好人，實際上他在背後導演，想從中獲利。朱夜起先不相信，後來一位巴拉圭鄰居告訴我們，那包工的妹妹在勞工部當清潔工，認識裡面的督察，所以……。

我回頭找買房子的那位先生，要求延後兩個星期交屋，他很乾脆，答應了我的要求。不急著搬家，就任由工人去耍了。我也發出最後通牒，工人三天之內不復工，取消工作合約。這一宣布，工人乖乖地復工了。

巴拉圭人的民族性，喜歡耍詐，自以為很聰明，能騙就騙一點，騙不到就說中國人頭很多。他們永遠改不了說謊和詐騙的習性，下階層的人，幾乎都有這毛病。

為了盡快有安定的住處，我們只蓋了一百平方公尺，搬入新居之後，馬上開工蓋第三棟房子，它地點好，土地大，有游泳池，房屋建坪將近兩百平方公尺，有五十平方公尺的大車庫，前後院有花園、草地。我們準備蓋起來賣。一家建材行給我們介紹一批工人，看上去這批工人還不錯。開工後，工人要我們介紹一家可以提供午餐的食堂，正好附近有一家，工人要我們向老闆保證，吃的和買的東西先記帳，每周六發工錢時再付帳，我們全答應了。

房子正式動工後的第三個禮拜，我發現不對，七、八個工人做工，以他們做的工程，如果論工計費，和論天計費差距很大。我們同工人約定是論工計費，剛開工的準備工作太多，不適合論工計費，工人要求第一、二周論天預付，等開始砌牆，再論工付錢。我發現，這些工人每天早餐、午餐、馬袋茶、冰塊、香煙都賒賬，他們三個星期做的工，還不夠付食堂的帳，這樣下去，我們豈不是受騙了？我告訴朱夜，他說我算錯了，說我想多了，這批工人很好。我告訴朱夜，這個周末，我將依照約定付工資。

星期六中午發工資的時候，我把工人三周來完成的工作量好尺寸，然後計算全部工資，果然如同我的預測，我在收據簿上寫明應該支付的工資，把錢和收據簿交給包工，要他簽字，結果他看看總數就翻臉了，不肯簽字，他說：

「錢太少了，我不要。」

「我是照我們的約定，量好你們這三星期所做的工來計算的，你們沒有做工，怎麼能要很多錢？」

包工不說話，收拾工具就要走，朱夜生氣地揮揮手說：

「讓他們走，豈有此理，整天喝茶聊天，還要很多錢，讓他們走！」

半個小時之後，警察通知我到派出所，我只好和朱夜一起去，順便把食堂的老闆娘帶去。我把事情經過告訴所長，所長說：

「我相信你說的話，這一次就按照口頭約定處理，下一次要和工人定合約，把所有的約定，細節都要寫在紙上，你們和工人都要簽字，然後各人保留一張，這就是合約憑據，在巴拉圭任何事都要訂合約。」

我恍然大悟，連連向所長道謝。所長一直用瓜拉尼語罵包工，然後叫他出去，臨走包工要拿走那些工資，我當即指著食堂老闆娘，向所長說：

「這位是我介紹給工人賒賬的老闆娘，這些錢請你處理一下，他們要先付清跟小店賒欠的錢。」

所長不停地罵工人，我急忙同朱夜回家，正好建材行送材料來，等著我們趕回去付錢。

經過了這麼一連串問題，我們該好好檢討，任何事事先要了解如何做，而且還要有周全的防備。近來發生的幾件事，幸虧有這位好心的所長，不但主持公道，還教我們正確地預防事件的發生。從此我們知道小心處事，再也沒有發生困擾的事了。

朱夜開始投資建築事業，我的生意也逐漸轉向批發，然而做批發沒有汽車很不方便。我們到巴拉圭五年了，朱夜堅持不買車，有一次客人急著要貨，我等公車耽誤兩個多小時，店老闆生氣，取消一批貨，讓我損失了一大筆生意。從此我下定決心要用自己賺的錢買車子，很快我就買了一部巴西出產的雪佛蘭休旅車。有了自用車，做生意方便多了。

住在一百平方公尺的新房子，我們同時在這塊三千平方公尺的土地上，劃出後面兩塊約七百二十平方公尺的土地，開始蓋房子賣。開工三星期，那批工人跑掉了，我們又重新找另外一批工人，一方面也開始做這塊三千平方公尺土地的圍牆，整天要應付兩批工人，相當忙碌。朱夜忙得很開心，他一有空，也不忘記寫作，《拉丁美洲散記》描述的都是他平日工作所接觸人物身上發生的真實故事，代表了拉丁美洲人的習性。

拉丁美洲人和中國人的文化、生活習慣，有很大差異，在我們平日的工作和生活中，經常會發生意想不到的故事。長久以來，我們察覺到拉丁美洲人，看上去很友善、浪漫和善良，但往往在善良背後，隱藏的是詭詐、貪婪、偽善。當他們騙不到你的時候，他一點也不覺得尷尬、失望、記恨，讓你覺得他們很灑脫。朱夜根據身邊所發生的真人真事，在好友、詩人瘂弦先生的殷殷催生下完成了《拉丁美洲散記》，前後花了兩年多的時間，這是他出國後完成的第一部作品。

此時比較著急的是建圍牆工作。巴拉圭的工人生性懶散，蓋了三個月還沒有完成，有一天工人跑來告訴我，在靠近後面圍牆邊，有人丟了四隻剛出生的小狗，還有狗媽媽也在一邊守著。當狗媽媽看到我們，不停地對我們搖尾巴，好像要求我們留下牠們。那一窩小狗很可愛，薌兒很喜歡，馬上拿來一些滷牛肉餵母狗，緊接著薌兒和工人，利用工地現場的磚塊，搭建出一間狗屋，也找來一大塊木板做屋頂，完工後工人把小狗放進狗屋，狗媽媽馬上鑽進去餵小狗吃奶，從此這一窩狗成了我們家的一部分，薌兒每天都會餵牠們。那隻母狗也許是流浪狗，住進我們的院子後很負責地看守著庭院，雖然圍牆不完整，但小母狗很盡責，外人進不了我們的院子，包括送建材來的大卡車，要等家裡的人出來，小母狗才會放下任務，退回去照顧牠的小狗。

時間過得很快，三個月後小狗長得人見人愛，朋友紛紛要求抱走，雖然我們已經有一隻大狼狗，薌兒還是留下一隻小狗，牠胖得像個皮球，跌跌撞撞的經常在地上滾來滾去，取名小皮球。我們家這時養了三隻狗，小皮球不吃奶了，母狗也許過慣了在外遊蕩的日子，每天晚上偷偷溜出去玩，小皮球常孤單地待在窩裡，偶爾會找大狼狗玩。大狼狗被薌兒寵壞了，習慣待在屋裡，睡在嫰兒床下。

一天夜裡，小皮球哭得很厲害，我們全家都被吵醒了，打開門，小皮球驚慌地衝進屋裡，庭院黑黝黝一片，只看到一個狗影子，大狼狗衝到外面似乎在咬那隻狗，我拿著木棍衝過去，一邊還不停地罵：

「小母狗，你整天在外面野，回來還咬自己的小狗，我今天要教訓你。」

我邊罵邊揮棍，沒打著，那黑影奔向牆邊欄杆外，這時麟兒叫著：

「媽，那不是小母狗，是外面的野狗。」

我們手持木棍追向野狗，轉眼不見牠的影子。回頭看小皮球，牠驚嚇過度，不停地哭叫，在燈光下看牠滿臉流血，大狼狗似乎心疼小皮球受傷，不停地舔小皮球的傷臉，我也忙著給小皮球消毒敷藥。忙了一陣子，我們進房裡休息。

天亮後我們到屋外檢視庭院，發現野狗留下許多雜亂的腳印，看得出來小皮球經過了一番掙扎。小母狗已經回來，和小皮球躺在窩裡，我打了牠一頓，還罵牠不盡母職。記不得過了幾天，我在庭院澆水時，小皮球看到我手中的塑膠水管就咬，小狗咬水管一向不見怪，奇怪的是我移動水管時，小皮球會發脾氣，同我搶水管。過兩天牠搶不到水管，就會狠咬水管，直到把水管咬破，牠凶猛的舉動，令我吃驚。當我抱牠的時候，牠對我狂叫，然後咬我，我的雙手和腳都被牠咬傷了，幾乎一家人都被牠咬過。我們從不疑有其他原因，經常抱牠，檢查牠被野狗咬傷的地方，同時為牠擦藥，兩個兒子也被牠咬得傷痕累累。而後，小皮球開始不吃東西，牠好像病得不輕，朱夜聽到牠慘叫的哭聲，要我盡快把小皮球送到獸醫那裡，獸醫說小狗感冒了，打針吃藥很快就會好。我問他是不是狂犬病？他回答我：

「巴拉圭沒有狂犬病，你們為什麼不相信我的診斷呢？」

「因為我先生小時候看到狂犬病發作的情形，聽過狂犬的哀嚎聲。」

獸醫不說話。打針吃藥後的第二天，小皮球已經奄奄一息，沒等天亮，才早上五點多，朱夜和我就帶著小皮球到獸醫院。我用一隻筷子示範給獸醫看，當我把筷子移到小皮球嘴邊，牠已經衰弱得只剩下一口氣，可是小皮球還是狠狠地咬竹筷，並且慘哭，我問獸醫是不是狂犬病，他又回答不是。朱夜不相信，問他巴拉圭有沒有檢驗狂犬病的地方，在我們一再要求下，他取出名片寫著：XX醫生，這隻小狗不是狂犬病，但主人一再要求送檢，麻煩你。然後寫了地址。

我們急忙按址找到那裡，遠遠地就看到一個大招牌寫著：狂犬病防治中心。我們早就懷疑得坐立不安，想找出心中的疑惑。這時醫生還沒上班，等到七點，醫生才來，他看小狗一眼，就把裝小狗的竹籃接過去，他說要等小狗死了才能解剖，如果檢查是陽性，我們一家人都得注射狂犬病預防針。他要我們填好病歷卡，先去打破傷風針，明天再來。

第二天，我帶著小皮球喜歡的火腿到醫院，醫生帶我們到關狗的鐵籠，只見小皮球軟綿綿地躺在地上，還在呼吸，醫生說大概快死了，牠死了就馬上解剖。又過了一夜，去醫院前，先打電話，醫生告訴我們正在解剖，等結果出來，會打電話告訴我們。

中午我們接到醫生的電話，告訴我們檢驗結果是陽性，「的確是狂犬病」。他要我們全家人下午三點鐘到醫院，我們一家人依約前往。主任醫師向我們說明狂犬病病因，傳染經過，最後談到如何防治。他知道我們全家人都被小皮球咬過，告訴我們，狂犬病毒已經在我們每個人的血液裡，在潛伏期順著血液循環流動，當它流到腦部時就會發病，一旦發病就沒法醫治了。醫生還說有一個女孩在結婚前被狂犬咬傷，她忙於籌辦婚事，兩個禮拜之後發病就沒有救了。現在我們必須開始注射抗狂犬病針，連續十天，一天也不能耽誤，如果十天打針期間病患有感冒發燒的現象，就不能再打針，他警告我們要非常小心，以免前功盡棄。

護士小姐開始給我們打針，她打在孩子的肚臍周圍，兒子大聲叫痛，護士小姐說繞著肚臍打可以減輕疼痛，這種藥如果打在手臂或臀部，會痛得難以忍受。輪到我打針的時候，也感覺非常痛，我忍耐著不敢叫出聲。在全家面臨死亡的時刻，我告訴自己要堅強。

從針藥打進身體那一刻起，我感到肚子上似乎被插進一把刀那麼痛，一家人打完針離開醫院時，醫生交待只能吃流質的東西，並且要多喝水，吩咐第二天同一時間必須再去打針。回到家疼痛加劇，開始發燒，口渴得厲害，只想喝水，晚餐只能喝一杯牛奶，實在無心也無力做飯，一家人躺在床上呻吟。

來巴拉圭兩年多，一家人忙於蓋房子，希望早日有安定的住處，很少出門。剛來時亞松森的華僑總計二十來個，流動性強，沒住幾天就去到別的國家。初來時認識的大使館韓祕書也被調走了，此時用舉目無親來形容我們一家人，真的是再恰當不過了。我們的處境很淒涼，每天在生死邊緣掙扎，除了流淚還是流淚，每個人都忍著肚子上插刀般的疼痛，怎麼去張羅三餐？

剛來巴國住在旅館時，朋友介紹一位俄國太太，幫我們找房子兼做翻譯，她後來成了我們在巴國唯一的朋友。每逢星期假日她也會來看望我們，一起歡度周日，一直到我們蓋好第二棟房子，她還常常帶女兒來，陪伴我們這家無親無故的人。大概在我們施打第三針狂犬病針後，正逢星期日，她來找我們，才知道我們一家人的遭遇。我們不只面臨一家三餐無法張羅的問題，還有要把大狼狗吉利和小母狗處死的難題。吉利原是我們家的狗，有按時打狂犬病針，可是牠在驅趕野狗時受了傷，醫生說，也許三個月後牠也會發病，為了安全起見，要殺掉牠。吉利兩個月大時我們就抱回來養，已經兩歲多了，在全家人心中對牠的感情已是根深蒂固，要殺死牠如何下得了手？給我們帶來死亡威脅的小母狗，雖然相處不久，但要殺牠一樣不忍心。好在開始打針前，我同一位送建材來的卡車司機說好，把牠送到十公里外的荒野丟棄。

我們住的地方離市場有七公里遠，附近還沒有超市，買菜不方便，那位俄國太太每次來，都會帶吃的。她同我談起大狼狗，認為不會有危險，建議在院子裡找個地方圍起欄杆，把牠關在裡面，這樣萬一牠發病，也不會傷到家人，可以觀察到過了危險期。

胡忻大使聽到我們被自家狂犬咬傷，親自帶著僑務祕書來看我們，讓我們感到很溫暖，對生命充滿了希望。

我們順利地打完十針抗狂犬病疫苗，吉利也安然地渡過三個月危險期。小母狗兩個月後，帶著大肚子回來，牠突然出現在我們院子的時候，我們全家驚恐萬分。幾天後牠在我們放建材的倉庫生了一窩小狗，死亡的威脅才解除，我們很難再收留小母狗。我幫小母狗打了一針狂犬病疫苗，要工人幫忙把狗母子送出圍牆，不到半天，小母狗又單獨回來，小狗也不管了，結果全部餓死在空地上。小母狗常偷偷溜回來，每次都被工人趕走，趕的次數多了，牠不敢再回來。有一天，我發現不遠一家餐館老闆，帶著小母狗在附近散步，小母狗認真地守在一邊，牠似乎被收留了。

大難不死，要開始好好做生意了，在這段掙扎於生死邊緣的日子，房屋建築進度因為換工人而停頓了，圍牆工作為了安全必須趕工完成。想起了我的批發生意，就回憶起買車那天的情形。當車行把車子送來時，兩個孩子高興萬分，剛好家裡來了一位朱夜的台灣朋友，我正忙著做午餐，朋友在院子裡教兩個孩子開車，等飯做好到院子找客人進來吃飯時，發現院子裡竟然空無一人，當我到花園問園丁時，他告訴我小兒子開著車子，同朱夜的朋友出去了。我一時緊張萬分，小兒子才十五歲，從沒開過車，怎麼能開車出去。那時還沒有手機聯絡，不知道他們到哪兒去了，孩子沒有駕照，怕他們遇到警察，又怕撞傷人，朱夜一直抱怨朋友。

一個小時後，孩子們終於開車回來，這才鬆了口氣，朋友直誇兩個孩子聰明，一教就會開車，而且一點都不害怕。從此我們總算是有車階級了，上學、買菜、做生意都方便，也節省不少時間。

後來才體會到孩子上學時間，和我做生意的時間不同，所以我照常坐公車出門，兩個孩子一大早就開車出門上課，到了下午孩子下課，我也做完生意，我們約定一個地方會合，然後一起開車回家。

大兒子出國前就讀師大附中，來巴後兩年多，一直努力配合正式入學，這時他卻得了麻疹，小時候他曾得過，卻在十七歲二次得麻疹，這一病延誤了正式入學時間，不過在他的努力下，中學畢業後，考進國立亞松森大學土木工程系，是以榜首考進大學的。他從小人緣好，成績都是名列前茅，沒有想到在巴拉圭讀大學時，屢受教授刁難，那位教幾何的教授找盡麟兒的麻煩，一年級結業時，幾何拿紅字，幾經補考也沒有通過。麟兒從小數理優秀，朱夜幾次問他不及格的原因，孩子總是不肯說，後來罰兒子跪地板反省，他才說：

「入學不久，幾何教授上課時，在黑板上寫的幾何題解析錯了，我站起來指正教授，從此這位教授就找我麻煩。」

「你這個孩子太不懂事，難怪他找你麻煩。」

「爸爸你不能這樣說，教授能用錯誤的解法教我們嗎？」

「孩子你說得對，不過教授就報復你了。」

孩子沉默不語。朱夜買了禮物向教授道歉，但是這位教授的幾何課還是不讓麟兒過關，孩子被留下一年，等二年級教授離職了才過關。可是這個打擊給麟兒的傷害太大，不久他得了甲狀腺機能亢進，健康受了很大的傷害，整天緊張，嚴重失眠，每天靠藥物控制。才兩個月，體重急降，藥物的副作用造成腹瀉、全身發癢，憂心的朱夜整天為兒子的健康發愁。

小兒子夢薌也考進了國立亞松森大學建築系，同哥哥一樣他也是建築系的榜首。他的個性比較外向，像爸爸天不怕地也不怕，他已經有駕照了，每天早上兄弟倆開車一起出門，下午比較早下課的人先搭公車回家，晚下課的接我一起回家。

一天，我做完生意在約定的地方等兒子，等了一個多小時沒有見到車影。八〇年代還沒有手機，無法知道兒子為什麼遲遲不來，後來我準備搭公車，突然見到遠處我的車子駛來，正奇怪為什麼速度很慢，等接近了我不敢相信這是我的車子：車頭近前輪撞歪了，側面被撞凹了，引擎蓋也翹起來。薌兒告訴我過十字路口時被公車撞了，所以耽誤不少時間，公車連停都沒停，飛快逃走了。

我的天，這下可真的要破財了！天快黑了，我上了車，回家路上，我們都沉默著，心裡實在難過，在這個無賴國度，吃虧受傷害是無處可申訴的。

晚飯後我很難過，不知道要花多少錢才能把車子修好，薌兒跟我說：

「媽，有沒有認識的修車廠老闆？車子要盡快送去修。」

「認識的車行是有，可是那麼大的車行，修理費不會便宜的，我們短期內沒有錢可修車。」

「那先把車子送去估價，再談詳細修理日期，車子不能開了，放在家裡不是辦法。」

我找到「沙拉爹」老闆的電話，他說第二天就帶工人來把車子開到車廠。第二天一大早，沙拉爹帶著兩個四、五歲的孩子，還有一個工人過來，他家就住在附近，每天到車行都會經過我們家，他這時準備送兩個小孩去幼稚園。他無意中看到我們家狼狗剛生的幾隻小狗，小狗很可愛，看到有人來牠們就跑出來，沙拉爹的兩個孩子很喜歡我家的小狗，他表示要買我們的小狗，沙拉爹的孩子各抱起一隻小狗，跑到他們的車旁。我要沙拉爹先把車子開進廠，過幾天小狗不吃奶了，我會送到他們家。小孩點點頭，沙拉爹看他的孩子高興，也樂壞了，叫工人把我的車子開走，臨走他說車子很快就修好，他會把車子開回來，順便抱走小狗。他們走後，我暗自沉思，車子修好了，我是不是付得出修車費？

一星期後沙拉爹打電話給我，告知車子修好了，我們可以去取車。他還問我什麼時候可以來抱小狗。我先問他修車費用，他說算便宜些，兩萬五千瓜拉尼（約兩百美金），還可以分期付款。我和薌兒去取車，告訴他修車費分三期付給他，他全答應了。他告訴我孩子天天吵著要小狗，他特地給小狗做了游泳池，讓小狗玩水。我當天把車子開回家，也告訴老闆回家路過時來抱小狗。在巴拉圭五年了，幾次遇到困難，像這次撞車，幸好碰到好心的巴拉圭人幫忙，順利度過難關。

這幾年我們以建設房子為主，管工地和監督工人，大都是朱夜挑起責任，而他以身邊的故事寫的二十四篇散記，最先在報紙上發表時就受到廣大讀者喜愛，結集初版沒多久，這時又再版，可見多麼受人歡迎。《拉丁美洲散記》再版後，我們第三棟房子接近完工，也有人來洽購，我不喜歡買主的付款方式，就把這棟大房子留下來作為住家。我們暫時沒有資金做建築工作，朱夜計畫專心寫一部長篇小說。這時，由藍燈文化公司出版了《朱夜選集》。又過了一年，他終於完成了一部長篇小說〈野獸、野獸〉。

不做建築工作之後，兩個孩子比較能夠專心學業。我照常做小生意，朱夜專心寫作，他又完成了長篇小說〈子夜歌〉。〈子夜歌〉不久在《台灣日報》發表，並由美國《世界日報》轉載。這時黎明文化公司出版了《朱夜自選集》。民國七十九年，朱夜完成了百萬字的文革小說《籲神錄》，這部書前後寫了五年。這幾年是朱夜一生中，完成最多作品的時期。後來又完成了長篇〈愛神死神〉和改寫另一部長篇《黑色太陽》，這兩部長篇不久相繼在美國和加拿大的《世界日報》轉載。

在異國奮鬥，總是會遇到不少麻煩，不只是事業方面，兒子求學過程也有挫折。一天小兒子放學後來接我，車上帶著兩位同學，我聽到薌兒和他同學交談，薌兒說：

「你回去跟你叔叔說，他沒有教的設計，我會做是花錢請人代做的，這種說法表示他是個白癡。」

「嘿嘿！」薌兒的同學傻笑著說：「朱，你不要生氣嘛！」

「最好請你叔叔來我家書房看看，他沒有教的東西，我都是從書本裡學到的，他不會想到我爸、我媽幫我從台灣買回來多少書！」

「朱，我會把你的話轉告我叔叔，放心，明天見。」

車子停下來，薌兒的同學下了車。

我體會到，現在薌兒遇到麻煩了，又是一個刁難東方學生的教授，他認為東方人應該像巴拉圭人一樣呆頭呆腦，只有教授教的才懂，沒有教的不應該會，懂得多的學生就要加罪並找他麻煩，這種教授令人寒心。

到巴國這些年，我和朱夜為了讓兩個孩子好好受教育，實在操心，看看其他同胞都不讓孩子讀書，每天要孩子看店做生意，大人輕鬆地當老闆。我為了全家人，一個人挑起一家生計，被外人誤會我們開不起店，其實那時來巴拉圭的中國人，我們算是帶著最多錢的，有能力開兩間甚至三間店。朱夜常抱怨我不會做大老闆，要揹個包包到處跑生意，讓多少不了解的人，譏笑我們，所以朱夜常罵我丟他的臉，我一直忍耐著。因此當孩子在學校受到委屈，最難過的是我。

過了一星期，我發現薌兒幾天都沉默不語，我想他有心事，大概又是設計課的問題。晚上薌兒告訴我：

「設計課的教授不讓我及格，我去同他辯論，結果和教授吵了一架。」

「你為什麼不好好同教授說？」

「他不讓我及格，硬說我的設計不是我自己做的。」

「你應該好好同教授溝通。」

「巴拉圭人好好說沒有用，再說設計課不及格，我會當掉一年，很嚴重的。」

「你同教授爭執，會吃虧的。」

「媽，您別擔心，我已經向系主任拿普報告了，他說他會處理。」

兒子的問題像漲潮的海浪，一波波地湧過來，人生的境遇本來就不很平順，大兒子因為遭受教授的壓力，健康已經出了問題，我們做父母的真夠操心哩！

第十三章　奔父喪後另找生計

民國74年，呂梅黛回台學習針灸時攝於台北。

算算時間，我們到巴拉圭已將近六年了，在巴拉圭的日子，為了生活、也為了創業，一家人過得又忙又累，從沒有注意過身體健康問題。這時候，朱夜感到做起事疲累不堪，幾經麟兒勸說，才上醫院做檢查，結果醫生說他有冠心病和高血壓，我們聽了很吃驚也很憂心，醫生說朱夜不能太勞累，更不能熬夜，必須長時間服藥靜養。如此一來，今後我們的生活會更加艱困。兩個兒子還有漫長的求學生涯，不知道我們如何渡過這個難關？

正在這個時候，我接到大哥從台灣打來的電報，父親遭遇車禍過世，要我回去奔喪。這突如其來的惡耗，讓我傷心欲絕，不知所措。要我回台奔喪，真叫我為難。不久前把積蓄全投在建築上，房子還沒賣出，近幾個月來，因為沒有貨源，生意上又沒有什麼收入，想買一張機票談何容易。

我考慮一夜後，告訴朱夜，無法回去奔喪，朱夜默然不語。第二天一大早，我叫大兒子送我到電信局打電話。接電話的是大哥，我一邊哭，一邊告訴大哥：

「我無法回去奔父喪，朱夜有冠心病和高血壓，正在醫治需要有人照顧，兩個兒子功課很重不能缺課。巴拉圭和台灣時差十二小時，來回最少費時一個月才能適應，這不是台南到台北，只要一兩天時間就夠了。現在一家經濟全靠我做生意，我不能離家太久。」

「需要回來那麼久嗎？」大哥問。

「沒有一個月時間，時差問題不能恢復。」我還是不停地哭著說：「我不能一個月不做生意，這是最嚴重的問題。再說我的同學蘇淑惠的父母親去世時，她住在美國，都沒有回去奔喪，江醫生是新市鄉的有錢人，他過世，他住在美國的兒子也沒有回去奔喪。我的處境這麼困難，說真的連買機票的錢都沒有，為什麼……」我哭得說不下去了，只好掛斷電話。

第二天，二嫂打電話來，她說：

「母親吩咐，不管什麼困難都要回來，一個月不能做生意，母親說會彌補你，機票錢也會給你，就是一定要回來奔父喪。」

我實在為難，怎麼能丟下病中的朱夜，還有兩個功課繁重的兒子？家中變成無人張羅三餐，在國外想吃熟食可不容易，而且非常貴，我的心情實在無法用筆墨形容。

又失眠一夜，早上忙完家事，還是照常出門做生意。幾天飲食不正常，加上沒有休息，我終於病倒了，兒子找來了一位朋友為我治病，她是我們剛來巴國時認識的俄國太太，她知道我父親過世的消息，表示要借錢給我買機票，家中生活費也願意借給我，勸我回去奔喪。

我終於如期回台，母親看到我很高興，張羅了不少藥為我治病補身。父親出殯後，我休養了兩個星期，身體慢慢好轉了，母親要我同她和二嫂到新市大街上石代書辦公室，石代書的太太是我小學同學，可是兩次到石代書那兒，除了在寫好的文件上蓋我的私章外，沒有交談。當我準備赴台北搭飛機回巴拉圭前一天，母親要我到石代書那兒。當我一個人到達那兒，石太太交給我一份「備忘書」，她要我看過內容後，如果沒意見，就把文件帶回家保存好，她告訴我：

「所有內容是照你母親和妹妹的意思。」

看完備忘書後，我帶著它離開代書辦公室。

晚上，母親讓二嫂交給我一個信封，她說：

「你父親存款簿裡的現金，我要你二嫂全領出來給你，是機票錢和補償你的工作損失，我想大概夠了。」

就這樣我回到巴拉圭，朱家沒有人抱怨，更沒有人在意遺產的處理方式，我又恢復往日一樣的生活、工作。

慶幸的是朱夜的病穩定下來了。

奔父喪回來半年了，從台灣帶回來的貨也賣光了。有台灣的文友來巴拉圭找朱夜，說有幾位有錢的朋友想來投資做生意，先來了解一下市場，他們說希望大家在一起發展事業。他們開始口氣很大，說可以湊到一兩百萬美金的資本。朱夜建議他們，如果真有那麼多錢，可以開銀行。他們說得天花亂墜，我們當真為他們深入去了解，並同有關部門接洽，搜集相關資料，忙了兩個多月，帶他們會見有關官員，到了可以著手籌備的時候，他們竟打退堂鼓，讓巴拉圭人譏笑我們是兒戲。我抱怨朱夜，從少年時期就和姓甫的相處二、三十年，還不了解他？當然我也怪我自己，做小生意維持家計，卻被無知小丑認為我們落魄到做提包生意。事實上姓甫的沒長眼睛，那時在巴拉圭的中國人，有幾個人有自己的房子？有幾家像我們擁有那麼多房地產？而且都座落在主要大道上，這兩棟家園一共有五千平方公尺大，試問落魄的人能住得起這麼豪華的房子嗎？

後來我告訴朱夜，還是做自己的小生意穩當，我把奔父喪時帶回來的貨物找了樣品出來，要朱夜在台灣照樣品買回來，那些貨都是商店等著要的，是最受歡迎的東西，我想有樣品，加上數量都寫好，又有批發工廠的地址，絕對不會出錯的，只不過是要朱夜照方抓藥而己。

朱夜沒照原訂時間回來，他告訴我工廠趕不出來，把機票延期兩周才回來。當我打開箱子，發現他沒照我要的東西買，自做主張買別的貨，而且只買兩種貨品，每種一百打。看了他買的貨，我氣到差點暈倒過去。我做小生意，要的貨品種類越多越好，朱夜沒做過生意，不但不懂，還大聲罵我不是做大生意的人，他沒有想過巴拉圭人口少，市場小，進貨如果受尺寸限制，根本就很少人合適，全變成鐵貨。這下我氣得不想跟他說話，他還大吹大擂說他買的東西馬上會賣掉，結果一直沒人要。更嚴重的是我失信於人，對商店無法交待，我沒有貨賣就做不成生意了。

後來朱夜不死心，又跑回台灣採購，他自吹這一次一定會買很好的貨，結果又帶回來四大箱、一百多公斤的鐵貨。像衣著類，一定要先知道它的尺寸是否適合巴拉圭人的身材，首飾類要看樣式過時了沒有？質料能否耐久？價格能否有利潤可賺？朱夜自信心強，認為他買的東西都很完美，任何東西買到了就可以賺錢，沒有考慮要能賣出去才買。台灣親戚那兒，他又給我留下一大筆債。朱夜怎麼也不承認自己不會做生意，他到現在還不了解，我為什麼不敢開店的原因。做生意要懂得進貨，要懂得顧客需求，開店不是把貨品擺在那裡給人看那麼單純。這十年來，他屢次抱怨我丟他的臉不肯開店，外人怎麼知道你這家的經該怎麼唸呢？單靠一個人，裡外兼顧，是不可能做到的。

提包生意做了十年，沒有好的貨源，向別人批來的貨只能零售，不能批發，不夠維持生計。我只好回台灣，想向親人借錢做別的事業。在台灣三個月，沒有人願意借錢給我，也沒人願意投資做生意，我只好整理行李，準備兩天後搭飛機回巴拉圭。這時，我突然看到報上一則廣告，針灸免費試聽。我想如果我會針灸，麟兒的甲狀腺問題大概可以治癒。我想能做好自家人保健也不錯，如果能靠針灸工作維持家計更好。打電話給母親，說明我想更改歸期，明天去上一堂針灸免費課，問母親的意見，她說如果機票方便改期，去聽聽課也不錯。才過一會，母親又打電話給我，鼓勵我去聽課，她告訴我，如果我有興趣想學習，二哥將給我付學費。

第二天，我上過試聽課後，馬上去更改回巴日期。透過朱夜一位在警備總部工作的朋友幫忙，再延長了我三個月停留時間。我想必須把這三個月的學習課程充實些，首先我進入中國醫藥協會初級班學習，開學一周後，又開了研究班，研究班可以和初級班一起學習。研究班在晚上，有實際治療病人的實習機會。我另外在課外的空閒時間，上私人教授的針灸美容班和減肥班學習，把時間排得滿滿的，尤其研究班，從下午七點開始，往往要忙到晚上十一點，病人看完了才下課回家。回到寄住的表弟家，還得背經絡穴道，每天忙到凌晨兩點才能睡覺。

人在忙碌中，日子過得特別快，轉眼三個月，我從對針灸一無所知的門外漢，成為一個專業的針灸師，在醫院實習期間，除了同學互相充當實習對象之外，許多病人也喜歡做我的實習病患。老師的醫院是一家西醫院，西藥治不好的病人就用針灸治療，療效很好。老師是三總的醫師，這家私人醫院，是老師和他的醫生朋友開的綜合醫院。老師教學和其他針灸班不同的是，他還教我們解剖學，但沒有實際的解剖，他也教我們神經學，這些課程讓我們更懂得治療病人和辯症的知識，增強了醫治病人的療效。

回到巴拉圭後，我計畫再回台灣工作，可是鄰居們和許多巴拉圭朋友都勸我在巴拉圭開診所，他們說他們的朋友和親戚都是我的病人，很快就有許多病人來。我終於放棄回台灣。於是朱夜開始幫我設計病歷卡、名片、訂做病床、購買消毒器具和一些桌椅，一切準備妥當，就正式開業了。

剛開始獨立看病人，我擔心出差錯，不像以前有老師就近監督，所以每天晚上，我一定把白天看過的病人，施針情形做個筆記，檢討一遍，就這樣病人都有很好的療效，大部分治療一個療程病人都能痊癒，我對自己開始有了信心。由於巴拉圭很難請到能做飯的傭人，我得兼顧看病人和主婦工作，因此看病人就排在午後一點開始。

我在做針灸醫師之前，針灸在巴拉圭早引起了一陣熱潮，到處都是針灸診所，隨便在大街上走一趟，就可以看到中國針灸診所的大招牌。電視上、報紙上處處可以看到能醫治百病的廣告，結果巴拉圭的醫生診所門可羅雀。從台灣蜂擁而來許多針灸醫生，他們一下飛機，租間房子，在電視和報紙上登廣告，很快就會有許多病人上門，等撈上一大筆錢，生意沒有了，拍拍屁股就走。巴拉圭人太相信廣告，只要放廣告的生意，很容易被接受。這一大群針灸醫生各有各的廣告宣傳手法，都賺到大筆大筆的錢。到後來我看到的廣告，實在太誇張，一位針灸師竟然拍下在游泳池接生的照片，他大肆宣傳，水中生產是最好的無痛分娩，報上的這個廣告讓中國人看了，都覺得心驚，雖然沒有產婦嘗試，可叫人捏把冷汗。

後來亞松森醫學院的師生向衛生部抗議，才禁止持外國證件的醫師在巴國行醫。那時衛生部的官員為了賺中國人執照錢，發出不少醫生執照，幾經多重壓力，衛生部正式停發執照，並且宣布新法令，取消持外國證件領取醫生執照，而且今後禁止刊登針灸商業廣告，包括不能掛招牌。結果電視上的廣告不見了，也沒有那些五花八門的針灸招牌了。

在我決定學習針灸前，從沒有注意到台灣的針灸師來巴國掏針灸財所引起的風波，更不知道它影響到我日後的生計。當我學成回到巴國，處處遭遇波折，看到街上拆除招牌的人群，心中更是充滿忐忑，心想我在這個時候成立診所，將是凶多吉少。想到兩個兒子學業沒有完成，今後如何維持他們的學業和生計？衛生部的新法令叫我如何發展診所業務？

古人說，天無絕人之路，這時曾經同我有生意來往的巴拉圭人，知道我是一個中醫之後，紛紛來看病。他們一向信任我，而且經過我施針的病人，很快地都解除了病痛，所以在很短的日子裡，病患快速增多，收入增加了，生活問題也不愁了。唯一煩惱的是我無照行醫，隨時擔心著會有人向衛生部告發，警察也可以來取締，心裡實在很不踏實，時刻在提心吊膽中。

不過朋友告訴我，巴拉圭的事不會那麼嚴重，總有一天會改善的。

那天來了一對巴拉圭夫妻，先生自我介紹是衛生部所屬的一所醫院的院長，我聽了頓時頭皮發麻，心想是找麻煩來的。後來他說是朱夜一位巴拉圭軍人朋友介紹他來的，他太太有頭痛症，每次發病，會痛得在床上打滾，非常痛苦，曾看了不少醫生，也吃了很多藥，始終沒有好轉。他希望我能治好她，不管要花多少錢。我告訴他要治療六次才會好，他接受了，我開始為他太太施針治療。第二天那位太太又來了，告訴我病情有好轉，第三次來說她更進步了。當第六次治完，我要她休息一周，一周後如果不再痛，表示病好了，不需要治療了。

一星期之後，她先生打電話給我，除了告訴我太太沒有再發病，並向我一再道謝，問我有什麼困難，他可以幫我。我坦白地告訴他目前我申請不到執照的事，他很乾脆，要我準備證件，還有照片等資料送到衛生部某部門，下午兒子就把文件送到衛生部。第二天早上，這位院長打電話給我，要我下午到衛生部領執照。

意外地我有醫生執照了，我的行醫生涯很快步入穩定，想想，這一路走來似乎有神明在一旁協助。想起在台灣學習的時候，我進初級班的同時也進入研究班，當時研究班裡的同學都已經在醫院實習一兩年了。每當病患挑選中醫療法時，老師會向他們介紹每一位中醫同學，最後他會向病人說：

「你們可以自己挑選，喜歡的針灸大夫。」

幾乎百分之八十的病患，會指定我為他們施針，這種情形才一星期，就引起軒然大波，同學紛紛抗議不公平。他們都已經有一兩年的學習時間，卻一個星期輪不到一個實習病人，所有的同學都提出抗議，說我是新人，才入學不久，卻占去了大部分實習機會。我感到很過意不去，只沉默地等待老師的決定，老師說：

「明天起，每個同學以號碼代替，病人來了，依照號碼輪流扎針，但是每個同學要先寫好處方箋，交給呂同學看過了才可以施針。」

同學們都同意了。也許我占了年齡較大的便宜，所以病人對我有信心吧！再加上我背著家庭重擔，做事和學習都比較用心，老師全都看在眼裡。譬如老師每教完一個經絡，都會宣布第二天要考試，題目是要背出這一條經絡的全部穴道。每次考試，都沒有其他人能背出全部穴道，只有我每次考試都能完完全全地背出，也許因為這樣，老師對我有信心，才會把病人都交給我施針吧！

我生平對做任何事都要求完美，學習也是一樣認真，深怕學習不周，將來出差錯。我時刻鞭策自己對生命要慎重，對每個人的健康要負責，絲毫不能馬虎，因此對每個來看診的病人，不只當場細心診治，工作完了，每到深夜，一定要檢討所有當天來看病的患者病歷，從施針、辯症，一直到療效是否有缺失。遇到病人沒有好轉，或者無法治癒的，我會坦白地請他們不要再來。我還會直截了當地告訴他們，不要浪費時間和金錢，要對方換一位醫生，這樣拖下去我很不安。

我的這種醫治病人的態度，也許讓許多人讚賞，來到我診所的病人，有許多都是當地醫生治不好的患者，他們就介紹給我醫治，常聽到病人告訴我，介紹來的醫生掛在嘴上的話：如果這位中國女醫生也治不好，那表示他的病沒有救了。每當病人告訴我，某某醫生對我的稱讚，我會更加努力，對病人負起更大的責任。

自從巴拉圭公布法令，嚴格禁止持外國證件的人行醫，也禁止刊登任何商業廣告，包括禁止醫院掛招牌，終於報紙上已經看不到有關針灸或中醫的新聞。就在這個時候，巴國最大的ABC報社，派記者來我的診所要求我接受他們的採訪，我沒出面，是大媳婦去應門的，當大媳婦告訴他們醫生不在，他們不相信，從門下送進一張名片。

雖然醫學院和衛生部的爭執已經結束，大街上也很難看到針灸診所的招牌，但誰也不喜歡去捅馬蜂窩，這時候就是花錢登廣告，也不可能有報社敢刊登針灸的商業廣告。我不了解ABC報社，為什麼要來採訪我？為了省事，還是拒絕好，佯稱醫生不在。

「真的不在？」記者說：「那我改天再來，請轉告醫生，我叫莎拉莎。」

記者說完就離去，媳婦告訴我，如果下次她下午來，那就逃不掉的，我擔心報社是來找麻煩的。由於病人多，我的瑣事也多，所以我的看診時間從午後一點開始，一直到病人都看完了，幾乎常常要工作到晚上十點才能結束。我想記者如果下午來，大門是敞開的，而且診所裡也有不少病人，怕事是沒用的。

過了幾天，記者又來了，她來之前，先給我打了電話。聽到門鈴聲，我知道記者莎拉莎來了，我走到門口把記者迎進來。

進來的記者很年輕也很漂亮，她一見到我，先熱烈地來個擁抱，她說：

「很冒昧來拜訪，因為聽了很多病患提起您，說了許多對您的讚美，說您有一雙『神明的手』，我一直就想見到您。」

我把記者引進診所，請她入座。她緊接著問：

「我很好奇，到底針灸是什麼？怎麼一根細細的針刺到身上，就能解除病痛，甚至我們西醫治不好的病都能治好？那根細針上是不是有什麼藥？……」

她的問題我一一回答，她又在診所拍了幾張照片，然後向我告辭，臨走我問她此行目的，她要我三天後看ＡＢＣ報紙的健康版。

巴拉圭衛生部不久前明文公告，中醫工作者不能在任何媒體登出商業性的文字，各報也不能報導有關針灸方面的新聞。我有點擔心此次接受記者的訪問，到底是凶是吉？

第三天一大早，我跑到家附近的路口買了一份ＡＢＣ報，打開一看健康版，整個版面都在介紹記者訪問我，有關針灸方面的文章，還登了一張我在診所的照片，我不解的是ＡＢＣ報在這個時候介紹我和針灸，是否違背了衛生部不久前公布的法令？

令人費解的是這段日子，耳聞在巴國的針灸醫生被衛生部取締，不知是不是我的運氣比較好，不但沒有人找我的麻煩，媒體還特別介紹我？此外，還有電視和廣播電台邀請我上節目，面對這樣的轉變，我想也許找中國人麻煩的事慢慢會消失。

第十四章　朱夜寫籲書態度嚴謹

民國74年，朱夜攝於國防部資料室。

兩年來我在巴拉圭診所的工作還算順利，從台灣回來，棄商從醫之後，每天工作非常忙碌，感覺日子過得特別快。這天我突然接到妹妹發來的電報，她告訴我母親生病了，要我馬上返台。我匆忙停下巴國的工作，搭機回台，到了台灣，才步出飛機走出空橋，就有地勤小姐舉名牌找我，把我帶到出口的服務台。一位先生告訴我，在聯合航空服務的姪女替我安排好了直接到台南的車子，隨即陪我走向那部轎車。

我納悶地上車，不了解為什麼安排這麼周到？我坐在車上不安地沉思著，默默地坐了三個多小時。司機直接把我送到台南縣新市鄉的老家，告訴我車資已經付過了，他道了聲再見後離去。

我走進老家大門，看見母親靠坐在躺椅上，她有氣無力地說：

「你總算回來了。」

「媽，你怎麼啦？」

「我病了很久，看醫生吃很多藥都沒有好轉，我以為見不到你了，所以一直催你妹妹，叫你回來。」

「每個人都會生病的，別胡思亂想。」

這時電話鈴響了，妹妹打來的電話，她告訴我母親病得不輕，醫生說情況很不好，所以急著讓我回來看母親最後一面。她給我準備的衣服放在樓上，那一堆素色的就是給我穿的。我這時心裡很難過。

放下電話我坐到母親身邊，她指指桌上說：

「那些都是我生病後的檢驗報告。」

我拿起來看，了解了母親的病況，她的腎臟下方輸尿管長了一個腫瘤，我不敢告訴母親詳情，聽母親在一旁說：

「你大哥告訴我，我是腎結石，那些老姊妹告訴我，腎結石很好治，用碎石機震碎就好了。這些天我很想自己到衛生所把結石震碎，我很希望早點好起來。」

我不知怎麼回答母親，要她早點休息，明天我會想辦法，母親聽了很高興，走進臥房休息。

第二天，我和大哥談到母親的病情，問他們為什麼不送母親去動手術，早點治療還有痊癒希望。大哥說：

「母親已經八十歲了，醫生說最好別讓母親受開刀之苦，而且不是絕對有效。」

哥哥、嫂嫂們的決定，我不便說什麼，下午一個人到台南，找到一家中醫材料行，買了針灸的器材回來。我問母親願不願意讓我用針灸為她治病，母親說很願意試試。第二天，我開始為母親扎針。記得母親很怕痛，可是當我為她施針時，她很能接受，母親說：

「扎針不痛，只要我的病能好轉，再大的痛，我都能接受。」

一般沒接受過針灸治療的人，都會非常怕針，很難得母親能接受。治療三天之後，母親精神好多了，而且胃口好轉。一個療程結束後，很明顯看得出她的疼痛減輕了。

平日兒孫遠在台北，母親一人獨居老家，但有不少老朋友來往，偶爾住在台南的二哥會回來看望。母親健談多了，有時母親需要什麼，這些老姊妹雖然都已七、八十高齡，也會替母親跑腿張羅。她們眼見母親的病好轉了，要求我也替她們醫治，一時整個家就像醫院，好不熱鬧。

我在台停留了兩個多月，母親的身體好轉了，心情好，看起來氣色也好起來了，看她已能自理生活起居，我向哥嫂們表示要準備回巴拉圭了，我默祝母親從此康復起來。

回到巴拉圭，我又開始過著忙碌的生活。同時朱夜也在構想寫一部大部頭的長篇，一直以來他為了生活，寫的大都是中、短篇作品，現在沒有生活壓力，他計畫寫部有價值的長篇。

碰巧一九八五年的雙十節，我們受邀參加巴拉圭大使官邸的國慶晚宴，結束後王昇大使特別留下朱夜，關心地問起他的寫作計畫，交談後，王大使鼓勵朱夜盡快寫他構想中的那部文革小說。後來當時的總政戰部許歷農主任，也來信承諾給予協助，答應作品完成後由《台灣日報》發表。王大使並答應出版後，找人譯成英文，再出版英文版，並進軍諾貝爾文學獎，這是朱夜夢寐以求的。朱夜毫不猶豫就請王大使安排。

王大使出任駐巴拉圭大使之後，很努力地建立兩國友好關係，幫助巴拉圭各項建設，發展農業，對巴國的經濟、生活水準的提升貢獻頗多，尤其中國人在巴國的地位很受人民的尊重，巴拉圭人知道你是中國人，他們會豎起大拇指，讓我們感受到身為中國人的驕傲。

當朱夜接受王大使的安排，決定寫文革小說，我和兒子非常反對，原因是我們認為文革小說的主題，不一定被廣大讀者接受；又考慮這麼大部頭的長篇小說，一般出版商不會願意出版，再者沒有商業價值的書，更是不受青睞。何況文革題材是很敏感的政治問題，當政局起了變化，價值觀也許會改變。另外，電視節目取代讀書風氣，閱讀率日漸衰退，出版事業已接近黃昏，如果總政戰部出了問題，可想這部書的命運了。

無論我和兒子如何反對，朱夜還是接受王昇大使的安排，帶著大兒子，回到台灣。朱夜父子被安排進國防部資料室，開始蒐集文革時期的資料。

這天我問大兒子有關他大學論文的事，我說不完成大學論文，沒有學歷證件如何繼續讀書或找工作？沒有工作，一大把年紀了難道要老媽一直操心？他這時冷靜下來，同我說出論文面臨的問題。

巴拉圭國立大學的教授喜歡整學生，他給學生一塊地，地號不知道，只告訴你地點大約在什麼地方，譬如在什麼建築物的前面或者後面。那時巴拉圭到處都是空地，面積、土地界線都不清楚，學生根本不知道怎麼做，這時就會有人來告訴你，他可以代做，但要你付錢，對外國學生索取的價格很高，這當然和教授的利益有關。兒子一直不肯花錢請人代做，已經拖了一年多，他要等教授給個明確的土地所在和題目，但始終沒有得到答覆，我要兒子入境隨俗，讓教授賺點錢。很明顯教授是利用代做論文的人撈錢。第一個代做論文的人，同兒子談好五百美金的費用，兩個月後交論文，結果拖了一年沒有消息，兒子多次找他，他不但不交論文還罵人，兒子無可奈何，又找了另外一個人，他開價六百美金。我要求分期付款，先交二百美金，論文完成後，一手交論文一手付餘款。這次我要兒子同他訂立簡單的合同，結果論文不到兩個月就完成送過來。論文交給教授之後，兒子很快就領到大學文憑。

巴拉圭的公教人員薪水低，只能維持基本生活，公立大學教授有的以刁難學生找外快，很容易被有錢的家長收買，以致很多拿到文憑的學生，不具專業常識的大有人在。

那天朱夜罵兒子，兒子頂撞爸爸，叫他不要管那麼多。我指責兒子不能這樣說爸爸，我說：

「你都三十歲了，還要讓父母操心。」

兒子啞口無言，我長久受到的委屈，恨不得一下子發洩出來，經過一番大吵大鬧，家裡慢慢平靜下來。後來一位巴拉圭病人帶了一位韓國人來看病，這家韓國病人有兩個女兒就讀大學，夫妻二人知道我們喜歡吃韓國泡菜，韓國太太常常來家中幫忙做，每次她都帶女兒來，不久她們知道我有兩個兒子，因為都喜歡音樂，一家人常來和我兩個兒子彈彈唱唱，好不熱鬧。有時這位韓國太太會做韓國烤肉、壽司和糯米點心帶來我家，同我們一起歡度假日，我們這個沉悶已久的家，充滿了歌聲與歡笑。後來韓國太太的母親病重，她回韓國探望，生意缺少人手，女兒就沒有時間再來我們家了，兩個兒子忙於創業，被其他女孩子包圍，慢慢疏遠了韓國女孩，主要也因為朱夜不太喜歡外向的韓國女孩，算沒有緣分吧？

小兒子夢薌大學畢業了，他以滿分畢業於國立亞松森大學建築系。朱夜希望兒子繼續深造，奈何歐美國家的學費太高，近年來到美國留學，已經無法靠打工維持了。小兒子找到了唯一公費的研究所，但是整個拉丁美洲只有十四個名額，資格必須是大學建築系或醫學院畢業。薌兒寄出資料後，不敢抱太大希望，因巴拉圭只分配到一個名額。沒有想到三個禮拜後，薌兒接到通知，他入選了，是阿根廷國立布宜諾斯艾利斯大學的通知，研究所就設在布大建築系。這是以環保為主的研究所，主修未來的醫院建築要以環保為重點，從硬體的建設和軟體的規畫，都要合乎環保，像這樣的研究所，全世界只有兩所，另一所在美國，完全公費，由聯合國提供費用。

朱夜很高興薌兒能到阿根廷深造。阿根廷是巴拉圭鄰國，從巴國首都亞松森到阿根廷首都布宜諾斯艾利斯，相距一千四百多公里，除了飛機，還有長途汽車前往。薌兒剛入學時，寄居在朱夜朋友李睿舟家，李家到布宜諾大學沒有直達公車，必須步行一公里左右，才有直達學校的公車，上學高峰時段經常等不到車，為此薌兒困擾不已。

開學第二天，一位教授得知薌兒來自巴拉圭，急須租房子，民國七十九年，正逢阿根廷經濟危機，幣制不穩，那位教授多買了一戶兩房兩廳的大樓住屋，空著沒人住，他不想出租只想賣，但一時也賣不出去，可是每個月的房屋稅、水、電、下水道等費用，對教授的收入來說也是負擔沉重，他告訴薌兒，那裡有直達大學的公車，如果喜歡，他不收房租，每個月只要薌兒付房屋稅和水、電、下水道等費用就可以了。薌兒運氣好，拿著鑰匙，當天就搬進教授的房子。那間屋宅座落在家樂福超市隔壁，交通方便，從此薌兒可以安心地讀書了。

每當周末或假日，薌兒會打電話回家，因為周末或例假日，電話費半價，薌兒利用優惠的日子，向我們報告一周來的學習和生活，好讓爸爸放心。薌兒在阿根廷的生活費，都是帶著美金去的。阿根廷的貨幣叫披索，多年來一直在貶值，多次改革無效，比如今天保存的披索，明天就會貶掉一些，一般人不願意留披索在手上，有時只一個晚上就會損失很多，所以今天收進來的披索，都會立刻換成美金。相對的拿美金去換披索，也不會一次換很多，因為第二天或許可以多換一點，誰都不想有損失。但是到交換所又遠又要排隊等候，浪費時間，所以中國人尤其是做生意的人，私下都會做換錢的交易。

在偶然的機會，薌兒認識了一個大陸來的女孩徐敏。徐敏的父母親曾經是大學教授，文革時期，她爸爸被紅衛兵鬥爭過，被關進牛棚一段時間，也被戴上高帽子遊街，各式各樣的鬥爭都遭遇過，如今生活窮困，時刻擔心惡夢重臨。徐敏學過中醫針灸和推拿，是個很好的中醫師，擁有優秀的專業技能，這在國外很受歡迎。徐敏向親友們借錢，買了一張機票隻身來到阿根廷，下了飛機沒錢租房子開診所，在貧民區租了一小間只能容身的臥房，買了一部腳踏車，到病患家醫治病人。這種到家服務的方式，病人不多，只有少數的中國病人。將近一年，她連飯都吃不飽，不過她很努力，只要有賺錢的機會，她絕不放棄，並省吃儉用，一有餘錢就買美金存起來，買賣美金也可以額外賺到差額，積少成多，慢慢認識的人多了，帶來的病人也多起來，薌兒透過同胞的介紹，經常向徐敏換錢。

薌兒和徐敏認識久了，同他爸爸提起了徐敏，朱夜一直想有機會去訪問曾經當過紅衛兵的人，這時聽到兒子認識這麼一個人，連忙準備行囊前往阿根廷。朱夜到了阿根廷就住下來。不久薌兒有兩個星期的假期，正好需要回巴拉圭申請文件，就留下爸爸一個人。薌兒把朱夜日常生活所需拜託徐敏幫忙，換錢的事是其中最重要的。

薌兒回巴拉圭兩星期，當結束假期後，又回阿根廷繼續他的學業。他才離家兩天，我意外跌倒，把手跌斷了，經過手術包紮石膏。那天中午從醫院回到家，雖然打了止痛針，卻止不住徹骨疼痛。下午我的診所，預約的病人準時到達，考慮一會，心想不能讓病人白跑一趟，忍著劇烈的疼痛為病人治療。但我骨折的左手，包紮著石膏吊在脖子上，完全不能做什麼，好在大兒子在一旁幫忙，才能看完病人。

晚上我的手更痛了，連晚飯都不能做，國外買熟食很不容易，我餓著肚子躺在床上，想到我不能工作，家中就沒有經濟來源，今後一家人不但要餓肚子，兩個兒子的學業恐將無法繼續，面臨的問題讓我無法入睡。第二天大兒子告訴我，他要做我的第二隻手，直到四十五天後拆下石膏，就這樣我忍著傷痛繼續醫治病人的工作。

幾天之後回醫院檢查，我總覺得石膏太緊，有時候緊到胸悶無法呼吸，醫生要我活動一下，或者做手臂上下運動。每天飲食不正常，工作疲累，沒力氣怎麼活動？劇烈的疼痛難以忍受，總盼望拆掉石膏的日子早點到來。這段日子不能好好煮東西給兒子吃，我告訴他等拆去石膏，我馬上到菜市場買食材回來煮給他吃。

時間過得很快，醫生通知我去拆石膏，我很高興，準備順便去市場買菜回來煮，好好地吃個夠。當石膏被鋸下來那一刻，我突然感到這一隻傷手，彷彿伸進了冰庫，頓然感到透心的冰冷，緊接著疼痛不堪，讓我無法忍受，我告訴兒子不去市場了，回家吧。回家路上，我看著自己那隻烏黑冰冷的手，心中不知所措。朋友介紹我去給一位治療跌打損傷的中國師傅看，他說我的手臂同肩膀都僵硬了，沒辦法醫治。

我想只有自救了，我用健康的手去按摩受傷的手，加上熱敷，覺得好轉些。這時是我最痛苦無助的時候，不料小兒子和朱夜突然一起回來，小兒子臉色不好看，朱夜更是一臉的不高興。我問他為什麼在經濟這麼困難的時候回來？他一句話不回答，只一味地發脾氣。我想到薌兒的學業快結束了，怎麼能回來？我罵兒子拿我的辛苦錢開玩笑，不體諒生活艱難……沒講幾句，朱夜站起來對我大吼：

「什麼家嘛！大人不像大人，兒子不像兒子，這個家老子不要了，我走！」

朱夜彎下腰提起剛帶回來的手提箱，作勢走向門外，這時小兒子急嚷著：

「媽，你不怕丟臉的話，就讓他走，人我是勸回來了，你不但不管還要放他走，這是你的事了。」

我不知所措，看看父子倆，發現有問題，小兒子又說：

「美其名說在阿根廷陪我、照顧我，事實上是在搗蛋。」薌兒一邊說一邊生氣地走向門外。

我瞬時明白了，我說：「我跌斷了手，家中幾乎要斷炊了……」

一陣口水戰後，我告訴朱夜：「我不攔阻，你可以馬上走。」

我轉身把鋸下來的石膏封套丟到朱夜面前，我們都沉默下來。朱夜口氣溫和了些，問發生什麼事，大兒子說：

「我們都為了讓你能安心地寫作，把媽媽跌斷手的意外瞞著。沒想到弟弟學業快結束了，你們突然回來。」

朱夜沉默下來，他把箱子提進臥房，對小兒子說：

「你快回布宜諾吧。」

鄉兒連夜趕回阿根廷。

自我做復健後，因為姿勢和力道不夠，幾天後依然疼痛僵硬，手還是烏黑冰冷。朱夜建議我到阿根廷讓徐敏醫治，我笑朱夜假公濟私，他說我不該把他想得那麼壞，不管怎麼樣，他對我永遠是真心的。既然他建議我去阿根廷治療，為了日後不受疼痛之苦，也為了今後有隻正常的手工作，毅然決定跑一趟阿根廷。不過朱夜自己說他要留在家。

大兒子開著自家車，載我到阿根廷的首都布宜諾，全程有一千四百多公里，費時十八小時。一半時間在黑夜裡行駛，雖然都在國際高速公路，可是沒有路燈，有時幾公里路不見人家，整條路黑暗一片，偶爾有車子會車過去，才能見到對方車子的燈光，最擔心的是遇到黑黝黝的叉路，很容易迷路。

午夜兩點，當經過一個小城市，我們迷路了。突然我發現我們的車子駛在一條較狹窄的公路上，心裡非常害怕，老遠見不到燈光、車影，就這樣開了十多公里，在緊張和不知所措的當兒，發現遠處有燈光，慢慢清晰地看見是個加油站，總算鬆了一口氣，暗想大概不遠處會有城市出現，正思索的時候，兒子已經把車子開進加油站。

加油站只有一個工人，他見到我們也很高興。我們休息了五分鐘，工人告訴我們當時氣溫只有一度，我們佩服他，怎麼能忍受午夜荒野的孤單同黑暗的恐懼？

當我們向他問路時，證實我們真的迷路了，不過他告訴我們前面不遠又可以走回原路，只要向左直走，就是通往布宜諾的方向。車子開了幾公里，依然一片荒涼，我們發現路面白茫茫一片，好奇地下了車，踩著白色的路面，立刻聽到清脆的聲音，原來草地表面像鋪滿一層碎冰，這時我們才感到溫度很低，難怪草地上會結一層冰。為了消除身上的寒氣，我們在草地上跳了一會兒，覺得暖和不少。看到路標，還要四百公里才能到達阿根廷首都，我們得繼續趕路，終於在早上七點到達薌兒的住處。

徐敏如約來到，她見到我很不自在，一直斜著眼掃視屋子。她很認真為我治療，等她工作結束，我留她共進午餐。她告訴我很久沒有吃家裡的飯了，她平常騎著腳踏車到處看病人，餓了就吃一個饅頭或包子充飢。徐敏工作很賣力，是個很爭氣的好女人，她看上去很年輕，一點也看不出她是一個九歲兒子的母親，她告訴我她要努力工作，希望能把丈夫和孩子接出來，父母親也要接到阿根廷來，說起來想賺這麼多機票錢有點困難，但是徐敏有信心。

我的手臂經過她推拿治療，覺得好轉了。第二天徐敏仍準時前來，推拿完後，我還是留她一起午餐，醫療費我是付美金給她的，另外向她換了些美金。錢她換給我，送給她的禮物她也收了，但是給她的治療費她不肯收，我堅持一定要付，如果她不肯收，我告訴她我不再醫治了，最後拗不過我，她終於收下了。

幾天的治療，手臂不再冰冷，也不再僵硬了，但離痊癒還有一段時間，看樣子我必須先回巴拉圭，安排好時間再來繼續治療。這趟住了五天，我同大兒子就回巴拉圭。回到巴拉圭，馬上又準備再到布宜諾，這次我做了周全的安排，要完全復原了再回來，首先取消了預約的病人，家裡請朋友來照顧，我和朱夜、大兒子三個人，開著自家車到達布宜諾。

這天徐敏早就在薌兒的住處等我們，見到我們徐敏突然滿臉通紅，神情尷尬，我笑著拉拉她的手說：

「這次帶叔叔來，特地再請教你，紅衛兵鬧到最後的情節。叔叔說沒了解，書寫不下去了，還要靠你幫忙，把書做個結束。」

「沒問題。」徐敏笑了：「我會把經歷過的事全部告訴叔叔。」

徐敏開始給我推拿，她的工作態度很用心，很能讓病人接受，也能獲得病人的信任，我想她在布宜諾將會達成她的心願。

我的手經過徐敏治療，總算痊癒了，一周後我和朱夜、大兒子回到巴拉圭，我開始能正常工作。三個月後接到徐敏的信，她遵照我的建議，租了間房子，開起了診所，她告訴我病人多了起來，最後她說我如果再到布宜諾，她可以請我上大飯店用餐，可見她的收入不錯。

第十五章　心力交瘁

民國82年，朱夜與兩兒合影。

呂梅黛與愛犬攝於巴拉圭住家庭園。

大兒子在中文報社工作；小兒子在阿根廷的學業告一段落，拿到了專業的碩士文憑，但我們在阿根廷沒有房子，他一個人不適合留在那兒工作，只好回到巴拉圭。剛回來時，我的朋友想介紹他到衛生部工作，因為巴國沒有這樣的專業人材，朱夜卻主張要自己創業，兩個兒子都尊重爸爸的建議，於是準備成立「朱門建設公司」，一家人開始忙著找房子作為辦公之用。

正好這時有兩個中國人，找小兒子為他們蓋房子，我們自己還沒有公司地址，大兒子的老闆提供他的辦公室給兒子們作為聯絡之用，於是兩個兒子就開始為建設工程忙碌起來。

朱夜也把最後在阿根廷蒐集回來的資料加速整理，這部書是取材於史無前例的「文化大革命」的《籲神錄》，它耗費了朱夜五年的時間，終於完成了。這是一部百萬字的長篇鉅作，描寫一名女紅衛兵的切身遭遇，它揭露人類一場真實浩劫的背景與真相，具文學性及歷史性。朱夜寫《籲》書是本諸人道主義的精神，為人類提控訴，為歷史留見證，他取材的尖銳和創作魄力為文壇僅見。

朱夜親自把這部文稿交給王昇大使。王大使告訴朱夜，馬上送到總政戰部，盡快轉送到報社連載。朱夜抱了很大的希望，盼著作品早日見報，譯成英文，出版英文版。文稿交給王大使一星期之後，我們收到總政戰部寄來的公文，註明X月X日收到《籲》書稿件，並寫明將立即把該稿件送到《台灣日報》連載。

大兒子工作的報社老闆，為了留他在報社繼續工作，不希望我們另外找房子當作辦公室，正好兩個工程急著開工，一時也就無暇另設辦公室，應客戶要求，開始動工。第一棟房子的主人是位中國商人，這是棟比較特殊的建築，屋主要求房子必須有隔音和隔熱功能，一般住家的房子，很少有人要求這種功能。隔熱是因為巴拉圭天氣炎熱，也是為節能和環保，隔音是因為屋主買了一套超強分貝的音響，他擔心聲音會妨礙鄰居，所以要在建築物做隔音設施。小兒子正好學以致用，滿足了客戶的需求。

這棟特殊建築，座落在阿根廷駐巴拉圭大使館附近，被稱作巴拉圭的白宮，近似歐式建築，白色的外觀豪華獨特，一時很受注目，深受好評。薌兒因此又接到五棟房子的承建工程。

朱夜自從把《籲》書送交給王昇大使之後，天天盼著《台灣日報》早日連載。但過了一個月、兩個月，甚至過了一年，還不見該書在報上發表。朱夜開始著急，寫信到總政戰部，一連寫了幾封信都沒有人答覆。王大使已被調回台灣，我們無從在巴拉圭就近詢問，而總政戰部的許歷農主任也離開了，我們面臨無人可交涉的窘境。信一封封寄出去，卻如石沉大海，朱夜沒接到任何人的回音，後來寫信給回到台灣的王大使，他來信告訴朱夜，總政戰部的人全換了，他會去了解。這部書朱夜嘔盡五年的心血才完成，交到總政戰部後卻杳無音信，令他痛苦萬分。此時他也只能耐心地等待王大使的回音了。

朱夜專心地協助兒子成立了「朱門建設公司」，大兒子夢麟辭去了報社工作，和爸爸、弟弟一起為建設公司的業務而忙碌。第一件事就是要有自己的辦公場所，正好看上了鬧區一棟房子，我把它買下來，他們父子三人找了工人把水、電等管路換新，牆面和地磚也全部裝潢換新。大街上的鬧區商店，幾乎都是數十年前的舊建築，裝修起來費工又費時，我們花了兩個月時間，才完成裝修，並啟用自己的房子作為公司辦公室。

白宮落成移交給它的主人，公司同時有五棟房子的承建工程，「朱門建設」增加到六組工人，兩個長工，三個女建築師協助畫圖和設計，外加兩個女助理，工作效率高，都能準時交屋。由於工作人員的開銷大，盈餘有限，一家人的生活費大部分還是由我負擔。

我的診所沒有請助手，也沒有工人的負擔，每周扣除一家四口的生活費用後，還可以存下六、七百元美金，在巴拉圭算是高收入。南美洲各國幣值不穩，每周我都要把當地的瓜拉尼幣，換成美金來保值。巴拉圭街上到處有交換所，匯率較低，中國商人需要美金進貨，私下給同胞買賣匯率以中間價計算，因而大兒子一直在他服務的報社替我換錢。成立「朱門建設」離開中國報社之後，大兒子每周還是到報社換錢，以前沒有「朱門建設」，去換多少錢都沒事，自從有了建設公司，和中國人有生意上的往來，問題馬上來了。

僑界紛紛傳說，「朱門建設」很賺錢，一個月存幾千美金。誠如古人所言，中國人見不得人好，更喜歡落井下石，從此客戶開始在工程上找麻煩，裝好的水電管路要求更改位置，甚至連牆壁都要遷移，不更改的就要求送工程或加送什麼設備，拒絕加送的結果是房子完工了不辦移交，也不付餘款，屋主把門鎖換掉，直接搬進新居，不讓我們再進工地。這樣還不夠，到巴西聖保羅找了黑幫殺手，來巴拉圭要槍殺我兩個兒子。

這兩個殺手到了巴拉圭，首先拜訪了他們認識的張太太。張太太在巴拉圭深受黑白兩道尊重，她警告槍手，盜亦有道，他們要是不辨是非，殺了朱家兩個兒子，別想活著離開巴拉圭。張太太的一番警告，朱家兩個兒子終於沒有冤死。這件事是後來朱夜從中國朋友那裡得知的，張太太行善不欲人知的精神，令人欽佩，我們衷心感激，永銘心中。後來紛紛有人傳說，看到的槍手長相、年齡，帶來了什麼樣的槍枝，住巴拉圭某某人家裡，描述得很清楚，可見是千真萬確的事實。

「朱門建設」成立兩年來，業務雖然蒸蒸日上，除了忙碌，我們也遭受極大的壓力。在不同的工地，我們共有六組工人，朱夜平日經常同兒子到工地監工，再利用深夜寫新的長篇《愛神死神》。偶爾他也會寫中、短篇小說在各報發表，如〈哭書〉、〈又見母親〉等。我可以想像朱夜想藉忙碌的生活，沖淡對《籲》書的掛念。他的近著《愛神死神》完成後，一直放在家裡沒有寄到報社。

朱夜一向很風趣，這些日子我發現他變了，變得很沉默而不苟言笑，他常常一個人坐在一邊沉思。

朱家在巴拉圭得罪了不少中國人，原因是兩個兒子。我們朱家沒有錢，但重視兒子的教育，兩個孩子的長相、學業、品行，都深受僑界人士的厚愛。大兒子是大學工程系畢業，曾獲國內頒發海外優秀青年獎，小兒子大學畢業後，又拿到阿根廷布大碩士學位。也許兒子比別人出色，遇到假日，經常有家長帶女兒來朱家共度假日。我們管教兒子極嚴，他們從小聽話，規規矩矩，不敢隨便交朋友，因此遭受許多人嫉視和誤會，正如俗話說的，吃不到葡萄說葡萄酸，就是這個原因，因此讓兒子受到無形的傷害。

我開始嚴禁兒子接中國客戶的工程。我自行醫開始，一直以外國病人為主，平日忙於家事和診所的工作，經常忙到連吃飯時間都沒有，很少同中國人來往，中國人也不了解我診所的業務，因此才被中國人誤會，認為我們換的美金是「朱門建設」賺的錢，為此差一點就送掉兩個兒子的性命。

民國八十三年五月中旬，兒子的建築生意遭遇到空前麻煩，有客戶在蓋好的房子完工時，拒付尾款。這時妹妹傳來母親病重的消息，要我急速回台為母親治病，我告訴家人，這個時候我不能離開巴拉圭，我必須待在巴拉圭幫忙解決兒子的問題。我的病人和巴拉圭朋友都是巴國上層社會有地位的人，對這些不守法的人，沒有社會關係是很難解決問題的，我一旦離開巴國回台，誰來幫我的兒子？呂家人不體諒朱家目前的處境，不停地責備我：

「你太沒人性，現在只有你能救母親，為什麼狠心到見死不救？」

緊接著什麼難聽話都罵，我告訴家人，兒子的問題一解決，我馬上回台灣，最遲六月初。很不幸的是母親於五月二十五日去世，一輩子和我過不去的妹妹找到機會，不停指責、抱怨，似乎母親的過世，我是最大罪人。然而台灣也有許多好醫生，他們曾為母親治病，都救不了母親，現在卻都怪到我頭上？難道母親去世我不難過？加罪給我能彌補什麼，失去母親的我有罪嗎？

記得民國八十一年底，我回台為母親治病後，她常常打電話到巴拉圭，問起我們為什麼跑到巴拉圭那麼遠的地方，她說想到我就不放心。她又回憶說我那麼小的時候丟下學業，同她一起到北門打拚維持家計，讓一家人不挨餓，讓兩個哥哥完成學業，現在她對遠在地球一端的我，特別不放心，常常說著我們都哭了。每次談到最後，母親會叮嚀我，有一天她走了，要我一定回去送她，她會留錢給我，也會留一塊土地給我，她說：

「你那麼小就知道幫忙家計，兩年前又回來救我，讓我活到今天，每次想起來就覺得太虧待你，千萬要記住，一定要回來送我。」

想到每趟回台灣，四十多個小時的飛機航程，非常疲累，可是我不能讓母親失望，更不能留下遺憾，於是我開始準備回去送母親。

回到台灣，就像上次回來送父親，精神幾乎崩潰了，我病倒了。妹婿經常回來同哥哥們商談出殯事宜，妹妹和妹婿一起回來，因為妹婿在旁，妹妹倒沒敢指責我什麼。我身體不好，沒理會她。

晚上大哥同我談到母親遺產的處理方式，他告訴我母親留下了多少塊土地，還有多少銀行存款，他要我寫好拋棄書交給他，另外要我交出印鑑，好讓他在規定的時間內去辦理土地的繼承手續。處理方式依照父親留下的舊模式，過戶到他和二哥名下。現金部分，母親曾留言給二叔，當他得知母親過世的消息，馬上傳話給我大哥，銀行現金部分要留給妹妹同我平分。可是直到辦完喪事，我回巴拉圭前，他們都沒有遵照母親的遺言處理。

我臨行曾請教石代書的太太，問及我母親的遺產怎麼處理？她說：

「民法規定，不管女兒或兒子，父母的遺產都有權平分繼承，除非你表示放棄不要，那就要交出拋棄書和印鑑，讓兄弟們如期辦理承繼手續。」

我告訴石太太我大哥對我說的話，她苦笑。我說：

「我爸爸留下的遺產，是你先生承辦的，那時你先生交給我一份備忘書，內容是把我父親留下的土地，過戶到兩個哥哥名下，如果我哥哥賣掉那些土地，要把五分之一的土地款給我，那一份備忘書有我母親和四兄妹共五個人蓋章，結果土地賣掉也沒分給我該得的錢。三十多年了，也沒有交待，尤其是沒有賣掉的土地，要怎麼處理？這些遺產難道要等到子子孫孫才處理？或者要不了了之？」

石太太欲言又止，苦笑不語。我說：

「我小時候，呂家的家境如何，新市鄉的人都知道，最困難的日子，是我輟學幫忙家計，讓家人沒餓死。後來家境好轉，就因為我嫁給外省人，剝奪了我所有的權利，我結婚生子什麼表示都沒有，父親留下的遺產也做不合法的處理，口口聲聲要我盡義務，沒有奉養父母不能承繼遺產。請問哪一家要女兒奉養父母？」我繼續說：「現在我母親去世，土地部分又要如法炮製，現金部分也閉口不提，我丈夫同兒子能接受嗎？總之我不是爭財產，我爭的是法律上的權利和公道。」

我說完作勢要走，石太太對我說：

「我實在不知道怎麼說好，這一切你有自主權。」

向石太太道了謝出來，回到家接到妹婿打來的電話。他很熱心，知道我回一趟台灣不容易，中午邀我們兄妹午餐，順便商討母親遺產的處理問題。中午呂家四兄妹和妹婿全到齊，他們也請來了代書。

一開始他們三人就要我放棄承繼遺產，理由是我沒有奉養父母，三票對一票，那氣勢就是要逼迫我放棄承繼。什麼時候法律規定女兒要奉養父母？小時候我為全家的犧牲，影響我的一生，為什麼隻字不提？這事母親同外祖父、姨媽都知道，如今這些親人都不在了，似乎他們占上風，沒人支持我。二哥這時凶惡地指責我，看到他理直氣壯的嘴臉，不免讓我想到多年前，他敗掉了呂家上億的巨款，同時敗掉了父親留下的遺產，包括我應得的部分也被他吃掉。和他們爭執一會，覺得無聊，我先行離去。沒有辭行，我就回巴拉圭了，我把家和診所的工作丟下一個多月，丈夫和兒子才是我不能放棄的。

這夜，我突然回想起往事：從七歲起我就挑起許多家事，父母親無力讓我受教育，我知道自己要努力，靠微薄的收入讀到高二。高三要註冊了，母親很明理，她要我拿父親的錢去貼補註冊費，父親知道我高二時，拿他八十塊錢去貼補註冊費，事後父親曾經責罵我，不准我再拿他的錢，這是妹妹對我說的，我思索再三，怎麼能再拿父親的錢？我很無奈，但我很傷心，父親如今病好了，這樣對待我？

既然我沒錢讀書，家也待不下去了，呂家沒人替我解圍，落井下石的妹妹，一再地在父母親面前挑撥，我肯定沒希望繼續讀書了。

每次在絕望的時候，我就想到朱夜，繼續在這個家待下去，除了每天被妹妹鬥爭，就是讓父母責備，人會變成沒有自尊。其實那時我真的把朱夜當大哥哥，雖然我已二十一歲，卻還不懂愛情，真是把他當哥哥那樣看待，當家人說我想和他結婚，我感到難堪和反感，也許我成熟得較晚。那天朱夜向我表示愛意，要我跟他走，我徬徨許久，沉思半晌，這才恍然。想到以後要同他生活一起，我感到憂心害怕，不知如何適應今後的日子，從此朱夜鼓勵我寫作，也叫我參加大學入學考試，我只能以同等學歷報考，我高中沒讀完，考不上好的大學，朱夜設法讓我讀書，可是私立大學學費高，我們沒有足夠的錢，我只好放棄讀書，從此兩人只有埋頭寫作……。一夜未眠，第二天北上，我整理好行李搭機回巴拉圭。回到家發現我赤手空拳奮鬥的家是多麼溫暖，一個人的成就同幸福要靠自己努力，雖然有風風雨雨的阻擾，總會成功的。

想想如今我在巴拉圭，是個很有名氣的中醫，報紙經常刊登我的訊息，電台也常常邀我上節目，在醫界深獲好名聲，兒子開建設公司，經濟情況也很不錯，家人對父母留下的遺產如此看重，其實我寧願做出放棄的決定。我最不能接受的是呂家人對外省人的歧視，我在心理上不能平衡。想當年剛成家，朱夜求職不成，靠一雙手努力寫作，獲獎無數，在寫作上有很好的成就，他也當選了十大優秀青年，但他的成就至今未獲呂家人公平對待，所以我決定，爭不到法律上的公道，我寧願讓那些土地給政府沒收，最好大家都得不到，決定之後，心中平靜多了。

不料兩個多月後，呂家人又來信要我回去，說不能把父母辛苦留下的遺產丟棄。正好這時我的健康情況不允許我長途旅行，我告訴朱夜和兒子，老天讓我生病，就是要那些不守法的人也都得不到好處。後來又是電話、信件不停，說我不能回去，就到大使館做一份委託書或授權書，朱家派一個人回台處理。想想也不忍心，就到大使館辦了一份授權書，讓小兒子回台處理。

當小兒子帶著我的授權書，才回到台灣親戚家，我的大嫂馬上打電話找到小兒子。大嫂對我小兒子說：

「小薌，你媽媽要我告訴你，把拋棄書和印鑑交給我，我什麼時候可以去拿？」

「大舅媽，」我小兒子回答：「我媽媽如果要我交那些文件給你，她一定直接交待我，不可能要你通知我。」

他們爭論一番之後，小兒子沒交出任何文件，也沒有再同呂家人聯絡，他處理了一些私事之後，很快回巴拉圭，呂家遺產的事又擱下來。母親過世快六個月了，遺產也快被政府沒收了，我處之泰然，長久以來，呂家一直用不平等待遇對待我，造成我在朱家抬不起頭。朱夜常罵我太沒有用，要不然就是不存好心。他說：

「你的家人留那些錢，是要你再嫁給別人嗎？」

每次聽了，我都啞口無言，覺得很無奈！

小兒子回到巴拉圭，算算我們為了這些遺產，台北、巴拉圭來回跑了三趟，機票錢平日看病人可以賺回來，然而時間不是用金錢可以彌補的。呂家人不守法，不尊重人權，讓我顏面全失，我下定決心，讓大家都得不到遺產，相信我朱家的兒子，靠我們自己的努力，有一天會有錢。

又過了一段日子，算算已經過了繼承的日期了，突然呂家人又來信說，現在還可以付罰款辦理，是最後一次機會，他們要我回去。這一次他們把處理方式告訴我：依照土地的公定價格分成四等份，採拈鬮方式，抽到價位高的人，要拿出現金貼補抽到價位低的。呂家人一再保證，一定照這個方式處理遺產，叫我不要拖延，趕快回台灣處理，沒有下一次機會了。我對呂家人不敢太相信，正猶豫要不要返台，表弟妹催我快回來，最好讓小兒子陪我一起回去，她說相信這次呂家人不會再失信了。

我又同小兒子一起回台灣，住在表妹翠美家，這次大嫂馬上來電話同我約定，第二天，兩個哥哥都會到台北表妹家。見面時他們先說明土地分成四份的地點和地號，然後開始拈鬮。我拈到了最小的一塊土地，還可以獲得拈到大塊土地的人給予現金的補償。

母親的遺產問題總算解決了，我也辦好了過戶手續，匆匆回到巴拉圭。至於母親遺留給我的現金，他們閉口不提，隨他們吧，看看以後誰有錢。

幾年來，我的診所收入，除了在鬧區買了一棟大房子作為「朱門建設」的辦公室和工作場所之外，還有一些積蓄，朱夜同兒子和我商量，漸漸放棄承包客戶的房子，準備買土地蓋好了房子再賣，這才是建設公司最穩定的利潤，給別人蓋房子賺不到錢，而且問題多。

朱夜和兩個兒子開始到處找土地，看了幾塊地，朱夜要我提供意見。我知道朱夜對這筆較大的投資小心翼翼，他也擔心做錯了決定資金會虧損。其實他心中惦記的還是他的《籲》書。

《籲神錄》完成後，算算送到總政戰部已經五年時間了，依然如石沉大海杳無音信，漫長的五年，朱夜日夜都在盼望中苦度，這件事我們感到不解，也為朱夜的健康擔憂。

那天，一位巴拉圭人來看病，他是家中常客，也是朱夜的朋友，他平常很關心我們，他問起朱夜《籲》書的事，當我告訴他沒有任何消息，他馬上說：

「讓你的媳婦回來，就會有結果。」

「你別亂說話，讓媳婦回來，已經是不可能的事。」我問他：「你能告訴我，為什麼會這樣說？」

「你兒子曾經告訴我，你媳婦回台灣前說，如果爸爸不允許他們一起回台灣，她會讓他寫的書永遠不能出版，也不會有人敢買。」

「這話是誰告訴你的？」

「你兒子告訴我的，說你們的媳婦，回台灣前對他講的。」

「都五年了，」我說：「為什麼不早點告訴我？」

「我早些告訴你，你也不會相信，我也想讓時間應證一下。」

「你不夠朋友，你知道我丈夫這五年多來，是多麼痛苦嗎？」

「我實在不相信，你們中國有這麼狠心的媳婦。」

「這就是為什麼我丈夫不要她當媳婦的原因。」

他搖搖頭，嘆息一聲。

當我把這件事告訴朱夜的時候，他沉默不語，這樣的結局，也許朱夜早就預料到了。朱夜平生不喜歡搞政治的人，他曾說搞政治的，什麼事都做得出來，他平日同政治人物來往，一向沒有興趣，卻同老謀深算的政治老手做親戚，結果掉下深坑，落得九死一生，他沒有想到會同兒子一起落下陷阱。

朱夜似乎藉忙碌的寫作，淡忘心中的痛苦，他在完成〈愛神死神〉之後，接著又寫了幾篇中、短篇小說，包括〈難得糊塗〉、〈如入幽蘭之室〉、〈孟良崮的黃昏〉等，這些作品在各大報發表之後，接到許多讀者來信，這也許讓朱夜暫時忘卻了對《籲》書的掛念。很快地他又開始改寫《黑色太陽》，這時不久前完成的〈愛神死神〉也在美國《世界日報》發表。

除了寫稿之外，朱夜每天同兒子一起為「朱門建設」的工作忙碌，為了協助兒子的建築事業，他住在辦公室，周末時才回家住一兩天，平常就只有偶爾回來吃頓午餐。朱夜在巴拉圭沒有什麼朋友，這裡的中國人，大都是做生意的，朱夜和他們可說是志不同道不合，二十年來他幾乎不接觸僑界的人，也沒同中國人來往。平常除了和兒子巡視工地之外，他大部分的時間都埋頭寫作。朱夜有個姪女住在陝西省西安市，他回大陸探親，也常到西安旅遊，西安曾經有十三個朝代在此建都，古蹟特別多，自從發現秦始皇陵墓中的兵馬俑之後，更受世人注目，到西安觀光的人與日俱增，朱夜也構想出，以西安為背景的一部長篇《兵俑之戀》。

《兵俑之戀》動筆之後，他幾乎很少回家，每天我總要打幾個電話給他，除了從電話中了解他的日常生活之外，只有從兒子那裡得知一些朱夜的生活細節。這時正遇世界金融海嘯，一般巴拉圭人的收入，只夠維持基本的生活開支，沒有餘錢投在建築上，建築業非常蕭條。每天我總要忙到晚上，才有時間打電話給朱夜，每次都會問他在做什麼，他總是回答我在寫稿，問他吃飯沒有？他回答吃過了，並且告訴我，附近加油站的販賣部，賣的麵包夾洋香腸，好吃又便宜，一個才一千塊瓜拉尼（不到一塊美金）就吃飽了。他告訴我幾乎每天都吃同樣的東西。我想到他沒吃蔬菜水果，長久下來有礙健康，要他回家吃飯，他總是說要趕稿子，不能耽誤寫作進度，我告訴他沒必要那麼趕，也沒人催著要，又不靠它生活。不管我怎麼說，他還是很少回來吃飯。

幾年前，我的左眼突然莫明地疼痛，我想起了在母親第一次病重，我回台灣照顧老人時，母親發現我的眼睛長白翳，影響視力和美觀，她要我去動手術。那時家人安排我回台灣見母親最後一面，結果我用中醫針灸給母親治病，母親的病情有起色，她開始關心身邊的親人，她要二哥安排我去看醫生，陪我動手術，手術很成功。三個月後母親健康好轉，生活起居都能自理，我才回巴拉圭。

我的眼睛在台灣手術後，回到巴拉圭有遵照醫生指示，定期檢查追蹤，每次巴拉圭醫生都說很正常，幾個月後開始感覺疼痛，痛到吃止痛藥都沒效用，晚上也不能睡覺，經過巴拉圭多位眼科醫生診治，我的疼痛依舊，沒有好轉。醫生說不出原因，堅持要手術，我們一向對巴拉圭醫生沒有信心，不敢貿然動手術，後來同在陝西某軍區醫院工作的姪女婿通過電話，他答應找陝西醫科大學，最好的教授幫我治療，要我盡快到陝西。

我到陝西做了一連串檢查，醫生建議兩個眼睛都要手術，先動左邊眼睛，等拆過線再動另外一邊，我在西安住了三個月，把眼疾徹底治好了。

朱夜那次也陪我一起住在西安，他長期伏案寫作，以致頸椎骨質增生，也就是所謂長骨刺，經常疼痛不堪，他順便在那裡的醫院做中醫治療。這種中醫的傳統療法，減輕了不少痛苦，朱夜做事積極，但對自己的健康總是拖拖拉拉，不肯好好醫治。他有高血壓和冠心病，加上嚴重的失眠，出國二十多年，從沒做過健康檢查，我希望姪女婿能說服朱夜做一次詳細的健檢。朱夜藉口機票的歸期已近，他要等五月份天氣暖了，再和大兒子同來動手術，他說要先回巴拉圭把《兵俑之戀》完成。朱夜正在規畫他未來的生活，他計畫在臨潼的華清池對面，驪山下買一棟溫泉別墅，那兒正開發建築一大片溫泉別墅，住在驪山下仙境般的別墅中寫作，是他這一生夢寐以求的。

我們準備回巴拉圭了，姪女帶我出去買一些手工藝品和土特產，姪女說總要帶點東西回去送朋友。算算大孫女快滿月了，西安有許多手工藝品非常可愛，我買了一件大紅小披肩，還買了一雙純手工的繡花布鞋、帽子等。我開始整理行李，這是每次旅行最煩人的事，朱夜最不喜歡整理行李，他坐在一邊說風涼話，突然跑過來，抓起一雙小童鞋和一件紅披肩，大聲對我吼叫：「你真無聊！」

朱夜打開大門，把手上的鞋子和紅披肩往屋外的雪地一扔，當著姪女婿的面對我說：「不准把這些東西帶回去！」

姪女同姪女婿瞪大眼睛互望一眼，我才不管他，開著門跑到積雪的馬路上，撿回被朱夜扔出去的東西，把雪花抖掉，又裝進大皮箱裡，我對朱夜說：

「你不覺得管太多了嗎？」

朱夜臉色一變，好像要把那些東西再抓出來，姪女婿這時拉住朱夜往外走，藉口要去找一個朋友。

我加緊把行李裝好，趁著朱夜不在，把給小孫女的衣物都裝在箱底。

回到巴拉圭，朱夜一直生我的氣，因為我要大兒子把媳婦接回來，他看到大媳婦和大孫女，抱怨為什麼讓她們母女倆進朱家的門，並威脅我若發生什麼事，要我負責。大媳婦端茶給他，朱夜理都不理，把臉轉向一邊。我把大孫女的搖籃車推到朱夜面前，他也馬上把臉轉向一邊。大孫女雖然才出生一個多月，一張臉長得像半歲大的嬰兒，表情特別多，見到我先笑，一種羞澀的笑臉，非常可愛。我每次把搖籃車拉到朱夜面前，他都表情冷淡，連看也不看一眼，頭轉向另一邊，口中一直罵我無聊，然後站起來，走向門外。

朱夜似乎鐵了心不接受孫女，我老挨罵，心中也感到無趣，我再也不帶孫女到朱夜面前了。沒想到幾天之後，我無意中發現朱夜老站在大兒子的房門口，偷偷地朝房裡望來望去，原來他在看大孫女，走近去看，大孫女正對著爺爺笑，很奇怪的是才一個多月的嬰兒，竟然會看著大人笑。

朱夜突然回頭看到我，有點不好意思地走開了。再過幾天，我看到的又是另外一個畫面，小孫女看到爺爺總是笑著，不要孫女的爺爺竟然走近搖籃車，抱起了大孫女，朱夜這次看到我，一點不覺得不好意思，抱起了大孫女到客廳看電視，大人坐下來後，小傢伙就乖乖地坐在爺爺懷裡，從此就經常可以看到客廳電視機前的爺孫倆。讓我不解的是小傢伙在爺爺懷裡，不管坐多久，從沒有哭鬧過。

時間過得很快，從西安回來，轉眼過了兩個多月，朱夜同姪女婿相約的五月西安之行，轉瞬已到，我提醒朱夜該去西安了。除了他本人得去做健檢之外，還得帶兒子去做鼻中膈彎曲手術。幾個月前兒子曾經去過一次西安，由於那時天氣太冷，大兒子得了重感冒，不適合手術，早就約定春暖時再去，也許兒子擔心他到大陸，他的太太和女兒的健康，所以在啟程赴大陸前反悔了，堅持不到西安做手術，朱夜無可奈何，只好暫時放棄西安之行。他想也好，先完成《兵俑之戀》，這樣沒有牽掛，可以住久些，等書寫成了再去西安。

大兒子告訴我，爸爸最近睡太多，早上到十一點才起床。朱夜生日那天我要他回家，他告訴我想吃烤肉，我說外面吃太貴了，在家裡自己做比較經濟，朱夜嫌自己做太麻煩，不想回來，我從小節省慣了，算一下出去外面吃一頓烤肉，每個人要二十塊美金，如果買回家做，二十塊美金一家人吃不完。現在添孫女了，負擔重了，處處都得考慮節省開支，不料我這樣的決定，留下讓我永遠無法彌補的遺憾，也留下兒子對我的抱怨。

想起了兒子說爸爸近日睡太多，我問朱夜為什麼每天都起床那麼晚，是不是身體不舒服？他說因為他天天熬夜，白天當然要睡，他還說不信的話到辦公室去看看，他寫了多少稿子。我很相信，沒有去看他寫了多少，只提醒他要回來吃晚飯，一家人商量一下蓋大樓賣的細節。

「聽兒子說，已經看好了兩塊土地，是真的嗎？」朱夜問。

「那當然，你先回來好好商量，他們要你回來做周全籌備，你晚上回來吧，中午大家都忙，吃午飯的時候匆匆忙忙的，很多事情很難做好計畫。」

「那我明天回去。」

朱夜放下寫作，第二天真的回來了，而且他告訴我們他要休息兩天不寫稿，全心為兒子的事業一起商量。

晚上兒子把看好的兩塊土地的位置向爸爸說明，並且把街道四周的重要建築物畫了兩張圖。朱夜花了很長的時間沉思，最後選了其中一張圖，告訴我們：

「就選這塊地。」

兩個兒子互看一眼說：

「爸爸，你選的這塊地比較好，可是蓋大樓成本高，資金也多。」

「如果光是資金問題，不算是大問題。」

「難道我們要貸款？」

「你們忘了，開工後我們先預售，那就解決了問題。」

我們一家人高興地笑了。

第十六章　朱夜去世，籲書找到

朱夜遺作《籲神錄》在他過世兩年後於民國86年出版。
朱夜是被這部書折磨死的。

一九九五年七月底，正是南美洲初春，一大早父子三人一起出門，中午回家吃飯，朱夜每次回來，吃過飯就在庭院散步，觀賞他親手種植的花草果樹，他也喜歡走進菜園看看我種的蔬菜。初春的蔬菜正值成熟期，已紛紛開花，必須收割醃製或曬乾。瓜類開始爬棚了，我向朱夜抱怨，菜大家都喜歡吃，可是年輕的兒子都不肯幫忙。朱夜聽了一聲不吭，開始在院子裡和倉庫尋找淘汰的建築材料，像金屬的自來水管、不合規格的木料，再加上鋼筋和鐵絲。他七拼八湊地在圍牆邊架起了一個十幾尺長的瓜棚，又在稀疏的鐵絲上，加上細竹子和木片，一個完美的瓜架完工了。想不到朱夜這麼手巧，和他生活了三十多年，總覺得他很懶，除了寫作，什麼都不會，今天總算開了眼界。我高興萬分，馬上種下苦瓜和絲瓜，一家人期待著有更多種類蔬菜可吃。

晚餐後，一家人坐在客廳，朱夜告訴我，幾天來常感覺腹痛，我問他有沒有拉肚子，他說沒有。我抱怨他不運動，也許是這幾天做粗重的工作，休息兩天就會好的。

朱夜為了能安靜寫作，喜歡住在辦公室，每天習慣和兒子出去巡視工地，然後一起回來吃午飯，偶爾也會一個人直接回來。午餐時間，是我最忙碌的時刻，病人如果提早來，我就沒空吃午飯了，得等到看完全部病人才吃飯，經常是午餐和晚餐做一次吃，所以很長一段時間，因為飲食不正常，遭受貧血的困擾。

八月六日這天，才十二點半，預約兩點鐘的病人提早來報到，我匆匆和朱夜吃過午飯，慌忙走向診所，才走出餐廳大門，朱夜把我叫回去，他要我進浴室看看，他指著馬桶，我一看，馬桶裡是鮮血般的排泄物，心裡萬分吃驚，馬上交待大兒子把朱夜送到有名的義大利醫院，並交待小兒子準備衣物和日用品，做好住院的準備。說完我走向診所，這時我突然感到風雨欲來的前兆，頓時全身無力，驚慌失措。回想幾天前，朱夜曾經要我看過相似的排泄物，那一天的顏色稍淡些，我雖然覺得很驚訝，後來想起前一天曾經吃了紅肉西瓜，心想也許是紅色的西瓜所致。那天我告訴朱夜，是吃西瓜的原因，不要緊張，朱夜用疑惑的眼神望著我，許久欲言又止。回想起來我懷疑自己的判斷錯誤，也許那天就已經有問題了，我心亂如麻，無心看病人，但病人都來了，我也不能不管，還得等病人都看完了，才能到醫院看朱夜。

黃昏時我才到醫院，我見到朱夜時，他躺在病床上，醫生正給他打點滴，他告訴我要經過一連串的檢查，才知道病因。不管將來的檢查是什麼結果，目前最重要的必須輸血。朱夜的血紅素已經降到十一，正常人的血紅素應該要有十三。目前血壓也明顯偏低，顯然朱夜身上還在出血，必須輸血才是最正確的急救方法。醫生一再地要我勸朱夜，盡快輸血，否則再失血下去將有生命危險。可是朱夜堅持不輸血，他怕輸血會感染疾病，我和兒子勸不動朱夜。他堅持到晚上，醫生正式宣布，針藥已經止不住失血問題，因為他的血壓繼續下降，醫生嚴肅地說，再拖延下去，將有生命危險，直到午夜，在朱夜答應下，醫生終於從血庫拿出血漿為他輸血。

在巴拉圭輸血，除了按照使用的血漿付款之外，還得病家自己找人來補回用掉的血液分量，另外負擔各項檢查費用，非常昂貴。我們原打算只用兩個兒子的血液，沒想到一些企業界的朋友，帶著手下巴拉圭人員工紛紛趕到醫院捐血，就這樣解決了缺乏血源的困難。

經過一夜的輸血，朱夜的血紅素已趨正常，血壓也上升了，失血情況也有改善，我待在醫院陪朱夜直到天亮才回家。巴拉圭的醫藥費非常昂貴，我如果不工作，醫藥費將沒著落，只好把兩個兒子留在醫院照顧爸爸，讓他們隨時打電話回家報告情況。那時巴拉圭剛剛開始有手機，為了我們能準時聯繫，小兒子花了六百塊美金買了兩個門號，隨時傳送朱夜的病情。

我的診所照常開著，家裡沒有傭人，把家事和看病人的工作忙完了，傍晚時刻，小兒子回家接我到醫院，晚上就我一個人在醫院裡陪朱夜。他失血情況改善了，但是經過一天的檢驗，還沒檢查出來病源，醫生懷疑問題在大腸部分，要等第二天做大腸鏡檢查才知道。這一夜過得很平靜，朱夜睡得很甜，夜裡我伏在朱夜病床邊。第二天一大早我們同時醒來，朱夜告訴我他好想回家，我要他好好地住院，把病因檢查出來再說，他勉強答應了。不久，兒子來接我回家，然後輪到他們留在醫院照顧爸爸。這家義大利醫院的老闆是我的病人，她長期遭受脊椎骨的疼痛，因為有嚴重的心臟病，不適合服藥，只適合中醫的治療，是我長期的病患，朱夜住院，她給了我醫院工作人員的優惠待遇，所以我放心地讓朱夜住下去。

到了晚上，兒子又把我送到醫院陪朱夜，他一見到我，就訴說這一天所做的檢查，他說血液檢查有很好的進步，最難受的大腸鏡也做了，醫生說大腸沒有問題，但是經過一天的檢查，還是找不出什麼地方在失血，院方希望朱夜繼續住院檢查，直到找出病源。就這樣我又陪朱夜住了一晚。這晚醫生見到我，建議我們為了安全起見，還是要開刀，但是朱夜卻堅持第二天要出院，他說出血已經停止，檢查過的地方也都沒問題，為什麼要開刀？而且不清楚哪兒出血，隨便開刀不是太荒唐了嗎？我告訴他胃鏡還沒有做，但他不肯做，堅持要回家。拗不過他的堅持，只好答應他第二天出院。

一大早，護士小姐依照慣例來病房做一些檢查，兒子來得特別早，他們想早點把爸爸接回家，一到醫院就到會計部結帳。辦好了出院手續，我們就走向停車場，上了車直接開回家。這時我們感到欣喜且非常輕鬆。不久朱夜的朋友紛紛來家裡祝賀，朱夜住了五天醫院，大家壓力很大，希望從此不要再和醫院打交道了。

朱夜回家，一家人高興了一天，第二天早上才起床，他就告訴我頭暈，並且感到全身很不舒服，我替朱夜量血壓，發現下降許多，心想難道朱夜又開始失血了？到了晚上，他告訴我肚子總是悶悶地痛，但是沒有拉肚子，我暗想情況不妙，開始擔心了。出院的第三天早上，朱夜上過廁所之後，又拉出很多血，我們非常緊張，又不敢把朱夜送到義大利醫院，因為他們堅持要開刀。在巴拉圭不管病情需不需要，醫生大都喜歡開刀，開刀是巴拉圭醫生賺錢的不二法門。他們遇到病人，只想賺錢，不考慮有沒有必要，往往就這樣奪走了病人的生命，巴拉圭醫生的素質不高，所以每當病人一聽到要開刀，直覺地就像被宣判死刑。這時我跑到鄰居一位將軍家，請他介紹轉到陸軍醫院，他很熱心，直接陪我們到陸軍醫院，並同院長交涉，然而院長不贊成我們進該院醫治，他說義大利醫院設備先進，住在那兒比較適合。後來我們在一位醫生的介紹下，住進另外一家私人醫院。住進去一天，覺得這家醫院比義大利醫院設備差很多，醫生的水準也不如義大利醫院。後來義大利醫院朱夜的主治醫師，親自來說服我們回去，在無可奈何的情形下，只好又住回那裡。

隔天住進去後，朱夜的血壓繼續下降，醫院又為朱夜輸血，經過一夜的輸血，依然沒有絲毫好轉，醫生開始說服朱夜動手術，朱夜對我說：

「巴拉圭的醫生我很清楚，所以我不想動手術，因為我捨不得離開你們。」

「你想不離開我們，就應該接受醫生的手術。如果不手術，你會因為失血過多而離開我們。」說著我心中一酸，眼淚也跟著流下來：「現在你的情況，輸血已經無法控制你的失血了。」

朱夜沉默許久，下午我和兩個兒子都陪在朱夜身邊，他終於答應接受手術。第二天早上朱夜被推進手術室，他答應接受手術的附帶條件是，小兒子夢薌必須陪伴在手術室裡。小兒子修碩士學位時，曾主修醫學相關科目的課程，所以朱夜要求院方讓小兒子陪伴在手術室裡。

我和大兒子等候在手術室門外，兩個多小時後，朱夜被推出手術室，我們立刻迎上去，朱夜一直沉睡著，麻醉後還沒醒來，醫生和護士告訴我們手術非常順利。小兒子告訴我，爸爸的小腸接近大腸的地方有個破洞，那個位置是所有做過的檢查都不容易看到的地方，醫生說破洞部分已經切除，很快就會復原。

手術後的第三天，我們發現朱夜的腹部很安靜，沒有蠕動的聲音，這意味著手術後的腸子應該開始排氣，卻沒有排氣，表示腸子沒有發揮它正常應有的功能。醫生要我們把耳朵伏在病人腹部，如果聽到像下水道排水的聲音，要告訴醫生，結果聽了兩天，始終聽不到聲音。到手術後的第五天晚上，朱夜開始發冷，身子抖得很厲害，我連忙按緊急電鈴，找值班醫生，結果沒有醫生前來，就這樣朱夜冷到天將亮，他開始發高燒，我和兒子心急如焚，好不容易等到九點鐘醫生才來，醫生決定緊急再做手術，這突如其來的決定，宛如晴天霹靂，我一時不知所措，也深感絕望，只求神明能協助我們救救朱夜，我們實在很無助，也沒有主張了，只好任由醫生把朱夜又推進手術室。

我們像熱鍋上的螞蟻，在手術室外整整等了三個多小時，開刀房門開了，朱夜被推出來，醫生直誇朱夜又撐過了第二次的全身麻醉。手術順利，只因為第一次手術傷口不能癒合，所以腸子的功能無法發揮。我在擔心之餘，突然想到一個問題，我問大夫：

「你手術過程是否清洗過腹腔？」

「有的，我們用生理食鹽水仔細地清洗過。」

「這——」我吃驚地說：「你們不是加入抗生素清洗腹腔嗎？」

「我們從不用抗生素清洗。」

「完啦！」我感到絕望，一陣劇烈的頭痛，我抱頭痛哭，很明顯，朱夜已經在手術過程中被感染了。

小兒子急忙與阿根廷一家藥廠聯絡，緊急購買干擾素，來解決感染問題，另外他想到把朱夜送到醫療先進的巴西，他聯絡好了私人包機，準備隨時起程，奈何朱夜此時必須靠呼吸器，氧氣筒的容量無法維持長時間的旅程，加上身上的針藥和營養品的插管，讓我們感受到移動病人的困難。

朱夜被轉進加護病房，他意識清楚，身上插了許多管子，所以不能說話，一切交流靠筆談。病房裡的護士態度惡劣，他全寫在紙上告訴我，加護病房有許多限制和規定，家屬會見時間也受限制，因為我從事和醫生同等的工作，我進出病房不受限制。朱夜每天發冷發燒，依然繼續失血，醫藥又無法控制，有一天下午我到醫院時，朱夜交給我一張紙條，上面寫著：「昨夜護士放火要燒死我，希望你今晚開始在醫院陪伴我。」

乍看紙條我很吃驚，朱夜的神智是否反常？不過我夜裡陪朱夜的要求，院方馬上答應，並且希望我能提供中醫急救方法。幾經和兒子商量，向在美國的同學求救，她希望立刻把朱夜送到美國醫治，我向她表示移動病人的種種困難，後來透過朋友交涉，美國舊金山醫院的十位醫生朋友表示，願意同巴國的醫生，一起為朱夜的感染問題努力會診。舊金山的醫生曾多次電話聯絡巴國醫生，巴國的醫生卻謊稱感染問題受到控制，已經沒有問題。就這樣我們決定轉院，在朋友的協助下，我們把朱夜轉進法國醫院，做最後的挽救。

法國醫院的醫生經過一連串的會診，唯一解決辦法只有立刻再做手術，於是當天下午就把朱夜送進手術室，一直到傍晚，費時四個多小時才結束。主持手術的兩位大夫，都是留學法國的醫生，他們告訴我這次手術幾乎切除光朱夜的大腸，只留一公尺左右，因為大部分的腸子都壞死了，我和兒子聽了感到驚恐和憂心。

這一次的麻醉，朱夜很久才醒來，當護士推著他出了手術房，我發覺朱夜更虛弱了，臉色也很蒼白。我明白我們是在做最後的努力，明知希望不大，也要孤注一擲，想到此，我感到非常無助。我和兩個兒子守在加護病房外，第二天一大早，我們一起走進病房，朱夜看到我們，無力地指著一邊的筆和白紙，示意要寫字，他在紙上潦草地寫著：

「林先生來看我，他人很好。」

「哪位林先生？」我問他。

「凌雲！」

看他寫出這兩個字，我突然吃了一驚，朱夜哪來的這位朋友？不過我曾在報章上看過這個名字，聽說凌雲是位通靈的奇人，他會在幾萬里外化解問題，挽回一個危急的生命，解除一個人遭遇到的厄運。這時朱夜怎麼突然提起他？到底他們之間有什麼關係？真的有接觸過嗎？我想著越發感到將會發生不祥的事。據我所知，在朱夜來往過的朋友中，從沒聽過凌雲這個人。

這天中午朱夜只醒過來片刻，然後又睡著了。醫生來巡房的時候，告訴我朱夜完全失去了腎功能，主治醫生的表情非常沉重，他也同別的醫生一樣問我中醫是否有其他的急救方法？我想此刻我該有心理準備了，一時心亂如麻，我將如何應付即將面臨的問題？

我在醫院待了一天，該回家收拾一下。才回到家，暴風大吹，接著下起雨，碗口大的冰雹從天而降，不久兒子打電話給我，告知收音機廣播有車子前面的擋風玻璃被冰雹打破，人也受傷的消息，要我好好待在家裡不要出門，緊接著聽到屋頂傳來巨大的響聲，走道上的石綿瓦被打破了好幾個洞，房子的普通屋瓦傳來了爆裂聲，許多地方開始漏水，我驚慌失措。外面雷雨冰雹交加，住在巴拉圭二十年，從沒遇到過這樣的天象，我害怕極了，再加上過度的疲憊，躲到被窩裡，竟然迷迷糊糊地睡著了。不知過了多久我醒過來，此刻外面非常平靜，暴風雨停了，冷靜地回想剛才作的夢，夢見朱夜要離家出走，他告訴我將帶著大兒子離開，接著他硬拉住兒子的手要走，我大聲叫喊阻止，就這樣醒了過來。不久兒子打電話來，醫生通知，爸爸在八點左右走了。我趕到醫院，抱住朱夜微冷的身軀大哭，不敢想像今後如何面對生活。

大兒子的精神幾乎要崩潰了，醫院通知要我們把朱夜的遺體領回家，他無法面對爸爸的遺體，就由小兒子出面去領，但因積欠醫院一萬美金的醫藥費，院方不給領回，大兒子出面簽了一張欠帳單，才允許小兒子把朱夜的遺體領回市區的辦公室。後來好友柯太太陪著小兒子，把朱夜送進一家葬儀社入殮，然後再把他帶回生前最喜愛的辦公室。告別式那天，許多巴拉圭朋友，還有我的病人，都到靈堂來祭拜，中華民國駐巴拉圭大使也親自來祭奠，唯獨不見我呂家親人，我的親哥哥和妹妹，連一個安慰的電話都沒有。剛離職回台的王昇大使和他的夫人都打了好幾次電話來安慰我和兒子，台灣的文友墨人和丁潁也相繼打電話給我們。

朱夜走了兩星期之後，生化檢驗才出爐，我們母子三人萬分傷心，綜合檢驗資料，證實朱夜過世的主因是「感染」，我們猜想朱夜接受手術時，是醫生沒有做好消毒，以致感染了細菌，傷口無法癒合，我們實在無法接受這個結果。有律師朋友願意協助我們向義大利醫院提出訴訟，也有朋友勸我不要做任何追究，他告訴我巴拉圭的法律是不公正的，尤其遇到醫療糾紛，更沒有人會伸出援手，幫忙獲得法院公正的判決。為此我們很長的日子心中無法平靜，也無心工作，每天天才亮，我們母子三人就直奔墓園，坐在朱夜墓前流淚，直到黃昏才回家。

幾天之後，小兒子告訴我，爸爸走的時候，雙眼睜得大大的沒有閉起來，他告訴爸爸我們會處理好他沒有完成的心願，要他放心地走，結果話說完不久，爸爸就把雙眼閉起來。

朱夜的身體一向很好，很少生病，萬萬沒有想到他會一病不起，尤其是從發病到他離開我們，短短的四十七天裡，我們想盡辦法，找最好的醫療挽救他，最終他還是遺憾地離開我們，想起了他常告訴我，他這一生的遭遇，將來寫回憶錄會很感人的，任何人看了都會流淚，可惜他遲遲沒有動筆，沒有想到這一場短暫的病痛，會被病魔奪走他的生命！

我們來到巴拉圭後，為了讓朱夜能完成他的心願，讓他能安心地寫他喜歡的作品，二十年來都各自忙自己的工作，我很少有時間陪他。他談得來的朋友不多，把一切都寄託在寫作上，所以他心靈是寂寞的。

朱夜的靈堂設在「朱門建設」的辦公室，出殯後也在那裡設了他的靈位，早晚誦經祭拜，我一直住在那兒，從守靈那天起，到出殯後，我一有空就把朱夜所寫的稿子翻出來看。首先發現朱夜最後一部書《兵俑之戀》尚未完成，根據過去朱夜的寫作進度，相差甚遠，他曾告訴我，他每天都寫很多很多稿子，我那時忽略了沒有去證實，回想起來朱夜的健康早就有問題了。

我翻閱他抽屜裡的來往信件，這才恍然大悟，他從《籲神錄》完成交給王昇大使後，就深深遭受心靈的煎熬。朱夜在絕望中掙扎，五年多後他的健康終於出了問題。他隱瞞家人只顧努力寫作，一個人忍受痛苦，直到撐不下去終於丟下我們。

我沒等到四十九天除靈，馬上回到台灣開始尋找《籲》書，首先找到王昇大使，豈知時隔五年，總政戰部不但沒有遵照承諾處理，竟然說《籲》書的文稿不見了。當我同王大使聯絡時，他告訴我總政戰部早已易人，但會盡力協尋。

王昇大使找了一個多月仍無著落，後來我再也找不到他，聽說他到香港去了，王大使家已經沒有人接電話，無計可施之下，有人告訴我許歷農主任有個辦公室，我找到他的祕書卓先生，他語氣誠懇，很健談，約我到他的辦公室。我見到卓祕書，談了很久，主要的話題談的是前親家右先生的事，當然我也告訴他，我大兒子和右先生的女兒結束婚姻的前因後果，最重要的是告訴卓祕書，當朱夜不准兒子隨右先生的女兒回台灣時，右先生的女兒對我兒子放下的狠話：「如果你爸爸不准你同我回台灣，我就會讓你爸爸永遠找不到他寫的《籲》

書，也會讓這本書永遠沒人敢出版，不讓它見讀者。」

卓祕書聽了冷笑一聲，他問我：

「你願意見右先生嗎？」

我搖搖頭。卓祕書接著說：

「右先生今天來了，就在樓下，我看這件事就交給右先生處理好嗎？」

我思索一下，站起來向卓祕書告辭，我這時什麼都明白了，我沒有流淚，卓祕書顯得很尷尬，把我送到電梯門口，連聲說：

「走路小心，注意安全，有事請儘管打電話給我。」

我走出門感到很失望，覺得人心狠毒，我抱怨朱夜眼睛沒睜亮，和這種人結親，俗話說搞政工的人殺人不見血，朱夜一生不喜歡搞政工的人，卻同這種人結親，結果連命都賠掉了。回想起來，說朱夜是被這部《籲》書折磨死的一點不過分，而右家結這門親，主要的目的是要騙走別人的兒子，朱家是依傳統風俗娶親，而不是讓兒子去招贅。

小兒子因為要趕在爸爸過世百日之內結婚，同時也回到台灣來，他是個建築師，也在巴拉圭首都市政府當護民官，職務相當於台灣的監察委員。他代表巴國到台灣，邀請監察院派代表訪問巴拉圭。小兒子十一歲就出國，住在國外二十年，台灣對他是陌生的，我只好陪他到監察院。我在會客室等兒子的時候，無意中見到了一本小冊子：「監察院能為您做什麼事？」我稍微翻閱，正是我目前遭遇的寫照，裡頭一開始就是當百姓遇到問題，如何向監察院申述。

當天晚上我開始寫申述狀，並且把總政戰部給朱夜的文件影本附上去。寄出才一周，接到監察院的信函，一位委員已接辦我的申述狀，我像一艘在茫茫大海中迷航的小船，突然見到了燈塔，心中充滿了希望。這也許是神明暗中在幫助我，讓我絕處逢生。監察院也把行文總政戰部的文件副本寄給我，內容是要總政戰部把《籲》書找出來，並且慎重處理。

小兒子在他爸爸健在時，就談論婚事，這時迫於風俗，匆匆在台南完婚，我無心參加他的婚禮，心裡只希望能把朱夜的遺作找回來，並出版，以了他的心願。

大約等了一個月左右，總政戰部一位軍官打電話來，告訴我找到了《籲》書，要我去拿回來。我一時驚喜得不知所措。那時台灣我所有的親戚朋友，都知道我回台灣的目的，是要找國防部總政戰部，把朱夜送出去的文革小說找回來，並要求總政戰部實踐他們的承諾。親戚們都反對我找回這部書，有的親戚害怕同我來往，連電話都不敢同我聯絡，更害怕我到他們家走動，他們擔心的是總政戰部若找不到《籲》書，會殺人滅口，因為媒體正炒作尹清楓被謀殺事件。大部分的親朋建議我放棄《籲》書，不要再向總政戰部要稿子；也有朋友建議我赴約時，一定要找人陪伴。我的情況是找不到人願意陪我赴約。拖延了幾天，總政戰部頻頻來電催促，要我早日取回文稿，他們急著「銷案」。這麼一催，我覺得非去赴約不可，因為總政戰部的人，無視他們的承諾，雖然當時的人已經不在位上，政府的承諾難道可以不履行？

正愁無人陪伴赴約時，表妹的管家鍾太太，一位虔誠的道親，毅然表示願意陪我赴總政戰部之約。當我和鍾太太到達總政戰部約定見面的辦公室，見到了代表總政戰部的四位校級軍官，介紹後得知他們都是留學美國、有碩士學位的學歷，相形之下，我只是個普通家庭主婦。他們四位首先一再地道歉，頻頻說些遺憾的客氣話，並且送上一大盒水果禮盒，以表示友善的見面禮。我想到朱夜五年來遭受的精神折磨，百感交集，淚如雨下，尤其是他們口口聲聲要我拿回文稿，以便早日銷案，我拿出幾份總政戰部寄給朱夜的公文，問他們如何處理？

他們四個人馬上表示，這是以前的主任的承諾，現在國防部沒有這筆預算，且民進黨處處杯葛，他們很難照以前的承諾去做。我說：

「這是總政戰部拖延五年多造成的問題，如果照當初的承諾處理，我們有報紙連載後的可觀稿費收入。現在稿子不連載，沒有稿費的收入，如何找人翻譯成英文，並出版英文版？」

沉默半晌，我說：「為了這部書，我先生遭受精神上的折磨，直到過世了，總政戰部都沒有給予任何交待，先前的承諾全做不到，那麼什麼能做到呢？總要有合理處置，不然怎麼結案呢？」

最後我要求總政戰部出版中文版，並協助翻譯成英文，說完同他們結束這次的會面，臨走他們要我收下水果禮盒，我堅持不收。鍾太太拗不過四位軍官的盛意，她代收了這份禮物。晚上回去後，我把這次交談的過程詳細地寫了一份報告給監察院，之後監察院又發出公文，要總政戰部慎重處理。幾天之後，我又接到總政戰部一位軍官的電話，告訴我經過和上級商談，答應出版中文版，並將贈送一百部書作為版稅。

我很快又去信向監察院報告，表示無法接受送書代替版稅，我僑居巴拉圭，又沒有開書店，一百部書給我沒有用處，而且運回巴拉圭的運費將近十萬台幣，我也有困難。此時總計我返台已經三個月了，機票也已到期，我必須回巴拉圭了，尋書事件到此告一段落，整整三個月的時間，對我的工作損失很大，唯一慶幸的是找到了《籲》書。回到巴拉圭，我依然心情沉重。

半個月之後，我又接到總政戰部的電話，經過他們開會商談的結果，總政戰部願意付二十萬台幣的版稅，出版後贈送十套書給我，經過又三次的商談，當然全靠監察院的委員從中協調監督，雙方達成協議，書由黎明文化公司出版，附帶的條件，我必須親自回台做最後一次的校對工作。我接受了他們的條件，《籲神錄》終於在朱夜去世兩年後問世。

《籲》書共四本，每本大約四百頁以上，是套大部頭的作品，唯一遺憾的是總政戰部付的版稅，我請不起翻譯，因此朱夜翻成英文出版的心願無法實現。

朱夜走後，我們母子深感莫名的孤單，家失去了他，就像一棟房子沒有主樑，終日膽顫心驚。回想在台灣尋找《籲》書那段日子，親朋們害怕和我接觸，不只是不願與我有電話聯絡，更不敢讓我住他們家，只有從事教育工作的妹婿，毅然對我說：

「以後回台灣來，就住我這裡吧！我什麼都不怕。」

他給我一個安定的住所，對《籲》書的出版功勞很大。那時還有一位表弟和弟妹也幫我很大的忙，尤其是回台灣做《籲》書最後一次的校對，表弟嘉裕特別租了一間安靜的房子，讓我能完成校對工作，順利地出版。親戚們點點滴滴的協助，希望朱夜的兒孫，永遠不要忘記這些親人的恩惠。

第十七章　卸下重擔

呂梅黛長子全家福。左起：長媳、長孫女、長子、次孫女、三孫女。

呂梅黛兒孫攝於其次子家門前。前排左起：長媳、次孫女、三孫女、次子、長孫；後排左起：長子、么孫、次媳。

《籲》書既已開始排版，我安心地回到巴拉圭，這時我深深感到這個家，沒有了朱夜是多麼冷清，平常兒子大早上就出門到工地，我忙完了家事就開始到診所工作。以前每次到診所，抬起頭望向候診室前的窗口，就會看到朱夜在窗外對內張望，並對我笑。有時病人看到他，會向他打招呼，然後朱夜才安心離去。二十多年了，我經常習慣看那個窗口，現在再也看不到朱夜傻笑的臉，令人無限悵惘。

回憶朱夜過世前，我們一家四口策畫著擴展房地產生意，如今因為朱夜的離去，多年奮鬥的積蓄沒有了。巴拉圭醫療不發達，醫生太商業化，在朱夜生病的短短四十七天，每天的醫藥費，都超過五千美金以上，我們盡量用最好的醫療，希望朱夜早點康復，誰知道醫生的過失，讓朱夜喪失生命，然後喪葬費、買墓地，龐大的喪葬開支，使我們計畫中的事業無法實現。

朱夜去世時，我們只有一個孫女兒，她還不會走路，一年後，她已經搖搖晃晃地走路了。每次帶她到墓園，她總是搶先下車，奔向朱夜墓前。我每次感到納悶的是，她怎麼認出哪裡是爺爺的墓？而且每次到了朱夜墓前，她雙腿馬上跪下來，雙手合十祭拜。龐大的墓場有數千個墳墓，才兩歲的孩子，為什麼沒有跪錯？更不解的是，小孫女躺在家中嬰兒床上，會對屋頂合十微笑，有時口中不停地咿咿呀呀著像跟誰說話，彷彿有人在逗她。

朱夜不在了，台灣要處理的事特別多，像出版的事，包括校對文稿，連二孫兒在台灣出生，回巴拉圭的手續我也得回去辦理，還得陪伴媳婦帶孫子一起回來，否則四十多個小時的航程，媳婦一個人怎麼帶一個剛出生的嬰兒搭機？

有時候妹婿要出國開會，妹婿要妹妹邀我一起去，所以一年中我來去台灣就超過十萬以上的哩程，一下子擁有金卡會員證，也經常收到升等證，我只要買經濟艙的機票，就可以升等坐商務艙，它最大的優惠是我可以帶四件三十二公斤的大行李。巴拉圭沒有工業，日常用品都從鄰近國家輸入，不像台灣的產品精細好用又便宜，尤其是廚房用品，各種鍋具我們都習慣用台灣的，所以每次回台灣，我就大採購，吃的、用的、穿的都買，連電鍋、燜燒鍋、小孩的玩具、啟發智慧的拼圖等，也在台灣購買，一次帶不了那麼多，就留在表弟家，下次回來再帶。

大孫女兩歲的時候，妹婿要妹妹請我大媳婦和大孫女回台灣玩，他要大媳婦去看看台灣好或者巴拉圭好。那時有二孫女了，但二孫女還不會走路，就留在巴拉圭的家給小媳婦照顧。大孫女已經兩歲三個月了，除了會叫媽媽的名字，什麼話都不會說，我們一家人擔心她是個啞巴。

沒想到我和媳婦到了台灣，我和妹妹一家人都用台語交談，我們上街或出去玩，或在火車上，大孫女就找前後左右的人，不說話光憑那張可愛的外國臉和人交談起來。她不是用語言，而是用手比來比去，還用那一雙大眼睛，半晌，我看到她收到一大堆零食，我們大人互不相識，我忙著向人道謝。晚上妹婿買了一些零食回來，小孫女竟用台語向姨爺爺說「多謝」。我們大人互望一眼，我說：

「小傢伙說話了，她不是啞巴！」

「是你們大人胡說，應該是你們大人的雙語，讓她不知所措。來台灣大家都說台灣話，她就跟大家開金口。」

大夥兒這時都高興地笑起來。孫女大部分的時間都隨著她姨奶奶到學校，每次回來，都帶許多禮物。妹妹常告訴我們，看到小傢伙的學校老師，都誇獎孫女漂亮得像洋娃娃。孫女最喜歡的是要姨爺爺騎摩托車帶她遊街，妹婿雖然很忙，看到小傢伙就答應帶她出去轉幾圈。孫女好動得就像一個男孩子，整天動個沒完。

住了兩星期之後，要過年了，她竟用台語向大家說：

「泡茶吃瓜子……」然後抓來一把剪刀用台語說：「剪刀、剪刀。」

遇到親戚朋友來訪，她學會向他們說：

「恭喜發財，紅包拿來。」

她滿口台語，偶爾加一些國語，母語的西班牙語一句不說。

我們在台灣住了一個多月後一起回巴拉圭，她們母女倆收到許多禮物，有玩具、吃的、還有穿的，真的滿載而歸，從此凡是台灣的東西大孫女都喜歡，小小年紀就表示，她長大要回台灣讀書。

回巴拉圭不到一個月，就接到黎明文化公司通知要我回台灣校對稿子，那些年就因為機票有優惠的升等券，我一年來回台灣大約二到四次，當然也因為坐商務艙不會太累，才能勝任，把那麼多事情一一處理。

朱夜過世這幾年，我因為住在台灣的時間比較多，巴拉圭診所只好停頓下來，一個人總不能兩全其美處處照顧。

整整兩三年，來來去去，沒有辦法工作，家用負擔重，主要是孫子、孫女還小，尤其是孫女常常回鄉下外婆家，那兒衛生條件差，每次孫女從鄉下回來就會病得很重，常常吃了藥，燒總是不退。那邊醫療差，醫生診查不出什麼病，得做全套的血液檢查，在巴拉圭沒有醫藥保險，抽血檢查兩個女孩就得花費當地人一個多月的薪水，加上診斷費和藥品費，我的負擔不輕。

這時大兒子很少參與建設公司的工作，他和媳婦住家裡，房子大異常忙碌。小兒子一家住在建設公司，周末偶爾回家住，主要是帶大孫子回來，跟我學中文，小腦袋學得很快。小兒子就在他和哥哥買的土地上，蓋一棟豪華的樓房，那時許多外國人來巴拉圭投資買房地產，他準備蓋好了出售。沒想到工人速度太慢，等房子全部完工已經是三年後了，漫長的三年，整個世界籠罩在金融風暴下，沒有外國人來巴拉圭投資了，巴拉圭的有錢人也已經沒有興趣投資房地產。房子無人問津，小兒子一家就搬進這棟豪宅定居下來。小兒子同時把一年來「朱門建設」的盈利，買了一塊兩公頃的土地。土地座落在鄉下風景名勝「國家公園」的路上，離大媳婦家很近。那塊地面臨柏油馬路，一般鄉下幾乎全是石頭路，有柏油路的地段通常正進行開發，增值快，發展也快，小兒子就把這塊土地送給兩個姪女。

大兒子整天在家，家園有三千多坪外加兩棟房子，還包括游泳池，他整天在我身邊照顧管理家中瑣事，也許他感到不出去工作，對生活有危機感，正好有一個朋友介紹他到秘魯一個中國人開的進出口公司工作。大兒子是個工程師，只希望工作是從基層做起，因為做生意他是一竅不通，這時公司老闆正和總經理鬧意見，不久前把他調走了，老闆就把總經理的位置交給我兒子。沒想到大兒子才上任不久，很快上了軌道，業務開始蒸蒸日上。後來聽那家公司的人說，原來的總經理是老闆的小舅子，老闆不信任他，因為連續兩年，公司虧損了不少錢。

一九九九年，大兒子總算自己帶著太太和女兒出外工作，在這以前他們一直和我住在巴拉圭，這時大孫女五歲了，二孫女也四歲，在我照顧下，兩個孫女長得又健康又漂亮，從此她們要靠爸爸的收入生活了。

可是兩年後，兒子毅然辭去進出口公司的工作，想回巴拉圭，當他告訴我這個消息，我不解又納悶。幾天之後我到了秘魯，想知道究竟。兒子一家已搬離進出口公司的房子，兩個孫女也許不適應秘魯的氣候，大孫女得了氣喘，蒼白的臉色顯得瘦弱不堪，我看了很心疼，既然他們想回巴拉圭，我當然表示歡迎他們回來。他們那時住在租來的小房子，看了很讓人心酸，其實我一個人住在龐大的家園，實在太累，工作也太重。像以前一樣，我的收入足夠大兒子一家的生活，何必讓他們在外面吃苦？我待了三天就回巴拉圭，兒子要我先把他們的一部分家當帶回來，臨走大兒子要我幫他留意一下給他買一部賓士舊車。

小兒子多年來，一直駕駛日本轎車，後來有三個兒子外加傭人，每次出門擠不進車子而感到困擾，他就買了一部韓國製的休旅車。小兒子常帶孫子到工地巡視，小孫子也習慣了陪爸爸出門，媳婦樂於小孩子不在家吵鬧，就讓孩子跟在爸爸身邊。工人下工回家後，常常有小偷侵入工地偷工具，幾乎每天早晚都得巡視。有一天小兒子帶著三個小孩到工地，回家時，發現才買幾個月的汽車，風扇皮帶斷了，還好不是晚上，找來保險公司把車子拖到修車廠換了新帶子。沒想到才過了一個月，一天夜裡他到工地，車子在離工地不遠的地方，風扇皮帶又斷了，是剛換不到一個月的帶子。那時在一條偏僻的小路上，沒有路燈，四周沒有人也沒有車子經過，還好身邊帶著長工，兩個大人抱著兩個小孩子，摸黑帶著較大的孩子走到大馬路上，才攔到了計程車回家。

小兒子第二天滿肚子火氣跑到保養廠罵人，正好在那兒遇到同型車的顧客，他告訴小兒子，這批車子有瑕疵，原廠已經通知各國代理商，要召回免費換修某部分的零件，巴拉圭的經銷商不換。小兒子因此決定換車。

那時我正好在台灣，他問我意見，我告訴他為了安全一定要換車。過了兩天，小兒子又打電話給我，他到幾個代理商那兒看過車子，他喜歡一部賓士休旅車，我說既然看到喜歡的馬上換吧。他卻說，把家裡的日本豐田轎車賣了，再加上這部韓國車去換賓士休旅車，結果還缺三萬五千美金，我告訴小兒子，我的保險箱裡有錢，讓他馬上拿去換車子。二〇〇一年三月，小兒子把車子換了，我也放心多了。

給大兒子買車，照他的預算根本買不到像樣的，而且又舊又破，這時有個朋友告訴我，大使館一位黃祕書，才買了半年的賓士車要賣。原來他臨時被調到巴西，車子不能帶進巴西上任。外交官的車子免稅，比較便宜，我和小兒子看過車子很喜歡，一問價格超出大兒子的預算，我不敢買，猶豫許久，小兒子竟同黃祕書約好，第二天早上到銀行辦手續。

回到家我打電話給大兒子，擔心他不接受，結果他告訴我買了就好，等他有錢會還給我。

車子買了，大兒子的家當大部分也帶回巴拉圭了，一切等他回來再策畫，我天天盼望著。但等了幾個月沒有動靜，有一天大兒子打電話回來，說秘魯的朋友挽留他留下來，合力開進出口公司，兒子考慮很久，告訴我秘魯人口多，發展機會也多，巴拉圭人口少，很難有好的進展，所以他決定留在那邊。我一時也不敢說什麼，想想也許兒子的想法是對的。

創業初期，大兒子沒有固定的收入，一家四口過得很艱苦，靠著兩、三年來的積蓄生活，主要是沒有資金，有些東西像生活用品，明知可以賺錢，那時他只能乾著急。我的積蓄不久前幫他們兄弟倆買了兩部賓士車，手邊沒有錢了，小兒子寄了一些錢給他哥哥。但資金不多，只能小做，賺不了大錢。後來朋友幫他找了一家公司，做一部分代理進口的業務。

大兒子在秘魯，雖然嘗盡創業的艱苦，但他從不訴說他的困境。每逢南美暑假，他剛忙完了聖誕節和新年的旺季生意，就會帶著太太和孩子，回巴拉圭和我們一起度假。七月是南美洲的寒假，只有短短兩星期的假期，但正是旅遊旺季，這時的機票是平時的兩倍價錢，而且不容易買到，但是大兒子總會想盡辦法，買到需要轉機接駁的機票回來，同我們共度寒冷的假期。

隨著時間和經驗的長進，大兒子的生意慢慢穩定起來。

民國九十九年，大兒子想到我每年必須回台灣休息，老住親戚家很不安，加上大孫女轉眼十八歲了，到了讀大學的時候，她堅持回台灣讀大學。大孫女仗著兩度回師大和成大讀中文的經驗，自認有能力回台灣讀大學，語言方面也不會有太大困難，大兒子遂決定在台灣買房子，讓我全權處理買房子的事。找了台南市很多房子，兩個月後，我選了一戶大樓，主要是我們不能常年在台灣，房子經常沒有人，必須選一處管理良好的大樓較安全。至於地點，大兒子希望在台北，我考慮到房子必須買在孫女選擇就讀大學的同一個城市。我想到三年前孫女回來讀書，在師大國文系，兩個月的學習期間，我經常陪孫女看病，有時陪她住院，因為她住在秘魯後，得了過敏性氣喘，這時在台灣舊病復發，我發現孫女的體質不宜住台北，冬天的天氣不適合她，堅持房子買在南部，況且台南有朋友，台北我已離開三十多年，非常生疏。

買了房子，我們接著考慮孫女兒選擇學校的問題，還好她遵照她爸爸的選擇。我們出國三十多年後，終於在台灣又有了屬於自己的房子，從此每年回台灣，再也不必去打擾親戚了。

在台灣雖然有房子了，可是每次回來，坐了將近四十個小時的飛機，還要從台北坐四個小時車回台南，讓我深深感到身體疲累不堪。大兒子決定在機場不遠的地點，再買個出入國門方便些的落腳地，終於透過和姪女的交談，在林口機捷站旁邊，又買了一戶大樓，和姪女同住一個社區，和大哥、姪女成了鄰居，承姪女婿的幫忙，讓我們找到出入機場只需十五分鐘的房子，非常方便。

兩個兒子在我和朱夜的教育下，不但聽話，而且懂得努力奮鬥，他們平日勤勞節儉，事業也漸漸有了成就。大兒子在秘魯從事貿易工作，在巴拉圭和弟弟投資設磚廠。小兒子除了從事他的建築專業工作，還經營磚廠，另外還有農場。想起了我們剛來巴拉圭時，朱夜看到巴拉圭地廣人稀，很希望買個農場經營，但是那時我們買不起農場。朱夜去世後，兒子實現了爸爸的願望。朱夜在世時，也希望家中能擁有賓士轎車，那時候背負著兒子求學和創業重擔，始終沒能實現他的願望，他過世後，兒子先買一部賓士休旅車，後來我也買了一部德國原廠的賓士轎車，車子剛開回家，我們就馬上開到朱夜墳前，告訴他我們又完成了他的兩個願望。

我這部賓士車是我來巴拉圭之後，買的第六部車子。一般人一生想買一部車子，可能怎麼努力都無法實現，而我能做到朱夜的願望，除了不忘記努力，遇到機會絕不放棄，另外我好強、勤儉、不浪費金錢在不必要的東西上，直到夢想能實現為止。

有了屬於我的車子之後，荒廢駕駛三十多年，讓我一時不敢開車出門。在這之前我買過五部車子，正逢兒子求學，他們需要開車上學和工作。我除了偶爾搭他們上學之便的車子之外，大部分時間都坐公車。後來兒子畢業了，就把舊車賣掉，各自買了自己喜愛的車子，他們不用我的賓士車。大兒子沒回巴拉圭，這部賓士車就成了我的專用車。拖了半年我還是不敢開到街上，最後一位巴拉圭朋友，給我找來了一位教練。

巴拉圭人學車沒有訓練場，教練直接帶你上大街。平常車水馬龍的大馬路，就是教練帶著練習開車的場地。

第一次還沒了解車況，就直接上大街，我非常害怕，雖然有教練坐在旁邊指導，看到開在路邊的大貨櫃車，或者蠻橫的公車，我真的不知所措，沒有勇氣練車，好在一小時之後，慢慢地感到自在些。此後教練每天會來帶我出去練兩小時車，六天之後，總算可以單獨開車出門了，從此我一個人也可以上超市買菜，遇到周末，就負責送孫子去打高爾夫球，也送他們到同學家參加各種活動，過著有車階級的生活。但這種日子才過了三、四年，車子又被我停在車庫裡，兒子看我不常開，要我把車子賣了。他問我為什麼不喜歡開車？我告訴兒子，巴拉圭的摩托車多起來後，整天同汽車搶道，不守規矩橫衝直闖，只要車距間有一點空隙，他們就鑽進車陣中，經常因此出了人命。據統計，每周摩托車最少要喪生十九人以上，所以每次看到摩托車鑽到我車前，我不但緊張，還擔心撞到他們。終於有一天我的駕照被兒子註銷，他們不准我再開車。回想年輕時，我天不怕地不怕開飛車，可是這日子不再回來了。我只好把這部賓士轎車，送給讀醫學院的長孫開了。在巴拉圭自家車是必須的，長孫每天早上六點就得到達醫院，二十公里的路程沒有車子是不可能準時報到的，為了孩子受好教育，不付出相當的代價是不可能達成的。

巴拉圭近年來治安惡化，人心貪得無厭，只求享受，不肯工作，處處搶奪殺人，尤其是警察帶頭行搶。十五歲的女孩，為了不讓警察奪走她心愛的手機，而喪命在一名警察槍下。三十多年來，家中一直有個長工，做些粗重的工作，但是現在不容易找到靠得住的工人，好的工人紛紛到阿根廷或西班牙打工，留在巴拉圭的工人，大都是好吃懶做的人。不知道底細的工人，我不敢找到家裡來，因此三千多坪的庭院整理工作，我經常要自己動手做，終於過度勞累而病倒，大約有一個月的時間，不能起床。醫生要我多休息和做復健運動，從此我不敢過勞，每半年就回台灣休息，養足了精力再回巴拉圭工作。

第十八章　親情・友情

朱夜（前排右一）、呂梅黛（前排右三）及次子朱夢鄉（後排右一），與巴拉圭友人合影，前排左二為一位將軍。

朱夜（左一）、呂梅黛（左二）及長子朱夢麟（右一），與巴拉圭友人合影。

朱夜過世二十五年了，我每年都要回台灣住六、七個月，那不只是為健康而休息，順便處理一些瑣事，也照顧在台灣就讀大學的長孫女。每次回台，大部分的時間住在台南，和二哥、妹妹來往較密切，而大哥住台北。二哥曾在民國七十四年，我在國外的事業遭遇困難，回台灣學習針灸的時候，幫我付了一萬塊的學費。我因此在工作上有了轉機，生活獲得改善，我一直沒有忘記他的幫助。有一年二哥因心血管問題住院，大兒子馬上拜託阿姨（我的妹妹）代送三萬元紅包到醫院探望二哥，並從國外打電話祝福他早日康復。二哥的姪兒、姪女共有八個，就只有我的兒子送了這份心意。

之後我每次回台灣，經濟上多少會幫助他，過年過節免不了送紅包給他，多年來都是如此。

民國一〇四年初，我在台灣給妹妹扎針治病，她堅持付錢給我，我在台灣幫人看病是不收錢的，可是妹妹一定要付錢，我知道妹妹付錢給我是有用意的。妹妹每治完一個療程就給我六千台幣，當我收到這筆錢，馬上拿我兒子四千元，加足一萬塊送給二哥。那時我的老農年金被農委會立的新門檻，取消了我投保二十年的農保，我變成沒有分文收入，兒子說六千元怎麼拿得出手，所以他要我拿他的錢。後來妹妹又來治療一個療程，我也照舊加進去四千元，湊足一萬元交給二哥。不管妹妹有沒有要我做什麼，我都會自動送錢給二哥，只要手頭方便。

一〇五年過年前我住在台南，早在過年前，兒子就要我去銀行領錢出來包紅包給二哥，當妹妹知道後，告訴我二哥剛領退休金，過些天再給，因為他錢多手就寬。妹妹精靈又霸道，經常得聽她指使。正好過年，我住在台北和大哥一家一起過年，孫女們喜歡跟從美國回來的表姊、表妹一起玩，每年我們都要等到高速公路擁擠的車潮過後，才又開車回台南。那年算一下日子，農曆年已經過了兩星期多，當我回到台南，就同二哥約好第二天下午去他家。三月一日出門前，先打電話給二哥，約好大概十五分鐘後見面。

當我到達時，在樓下電梯門外，先打電話告訴他，然而電話響了二十幾聲，沒有人接。他家電梯門外一直沒有電鈴，打了好多次電話還是沒有人接，我等在門口無法上樓，只好跑到警衛室求助。警衛帶我們上到三樓二哥家，在門外敲門敲了很久，二哥才出來開門，他說他跌倒了，無法接聽電話。我和兒子、媳婦進門後，就把年前包好的紅包交給二哥。我告訴他紅包一個兩萬塊是給他的，一個五千塊是給照顧他的女友潘小姐，另外一個是給二哥孫女的。二哥親手接過紅包，聊了一會兒，我們還有事就告辭出來。四月十日我離開台灣回到僑居地，我和二哥都沒有再見面。

九月初我回台灣，那天，妹妹打電話給我，突然對我說：

「你在台灣沒有繳稅，憑什麼看健保？」

我聽了心中發愣，心想此刻我如果反駁她，那一定會爭吵起來。健保的事和她不相干，為什麼她要說我？

一年我只住台灣六個月，大兒子只住兩個月，小兒子住不到一個月，小孫女也只住一兩個月，一家人都符合申請半年的停保資格，可是健保費我們都付全年，從沒有辦停保，全部由銀行直接從存款戶頭扣繳。我們在台灣有三戶大樓、兩部汽車，房屋稅、汽車稅沒有一樣不繳，我們住台灣，生活費、教育費、飲食和機票費，哪一樣沒有繳稅金？我們沒有賺台灣人的錢，我們是賺外國人的錢，帶回台灣花用。如果每個台灣人都像我們，政府的負擔要輕些。在台灣百姓每花一筆錢，哪一部分不包括稅金？怎麼指責我沒有繳稅？再說我有沒有健保資格，是政府論定，和她沒有關係。

每一次我回台灣，妹妹就打電話要我給二哥錢。我很奇怪，別的姊妹之間都是這樣算計的嗎？何況她比我有錢。有時心中無法釋懷，我會想別人家姊妹是如何相處的？我沒欠二哥錢，欠他的情我知道回報。如今我老了，不能工作，本身沒有收入，一直拿兒子的錢給二哥。二哥有兒有女，只有一個孫女，負擔輕，他每月有退休金可領，經濟還可以過得去。他收我的錢不是自己花，而是給他的兒女花用，甚至去大陸玩。我有六個孫兒、孫女，全都在求學階段，兒子的負擔重，為了兒女的生活和教育費，兩個兒子忙得沒空睡好覺，也沒法放下工作休息。尤其是台灣、大陸和巴拉圭、秘魯的時差十二個小時，做貿易幾乎二十四小時都處於聯絡狀態，長期如此，健康大受影響。像我這樣的老人，已經是兒子的包袱，怎麼可以常常要我送錢給二哥？若是二哥生活過不去，那又另當別論。

民國一〇六年九月，我剛從國外回來不久，妹妹有一次打電話給我，又指責我很久沒有給二哥錢了，她說二哥在我困難的時候，幫助過我，問我是不是忘記了？我回答她沒有忘，所以才會經常送錢給他，我補充說二哥曾經在我困難的時候，幫我付過一萬塊學習針灸的學費，我已經一再地提過這件事。她說二哥如何如何困難，我不說二哥的錢是怎麼用的，只告訴她，救急我會盡量做到，救窮我做不到，結果她很不高興地說，我連過年都沒包紅包給二哥，最後她大聲地說，去年過年就沒給。我說去年三月一日我親自送三個紅包給他，這時妹妹厲聲地反駁，說我根本沒給。我問她誰說的？她回答我是二哥，不信找潘小姐來對質。

此刻我已經對妹妹無端的指責無法忍受。我說：沒給就沒給，紅包去年是我親手交給二哥的，那時我的大媳婦、大兒子都在場，潘小姐根本不在，和她一點關係都沒有。明明送紅包給他，還說沒有，收了我的紅包還要找人來對質。

這樣的兄妹，我就不敢接他們的電話了，他們都忘了，父親留下給我們的遺產，是誰吃掉了我的部分？難道吃了人家應得的遺產還不知道，也不感到理虧？妹妹為什麼站在二哥那邊逼我要錢？現在她不是做善事，她是在幫自己贖罪，但我要規勸她做過的罪惡，讓別人受夠了苦難，已經是無法彌補，也無法贖回了。

打從那天起，我就害怕接他們的電話，我們都已是八十歲以上高齡的老人，何必困擾在這種不愉快的是非中？我也覺悟到遺產的處理是個騙局，我沒想過這輩子要父親這筆遺產，只求他們不要老糾纏在金錢裡。

這三、四年來，因為買的大樓住家和大哥台北的住處同一個社區，知道大哥得了巴金森氏症，行動不方便，我在台灣停留的日子，經常去看大哥，並且幫他針灸。大哥喜歡針灸，所以只要有空，我就會到大哥那裡，陪他聊天，他很健談，氣色好多了。每次他看到我都很高興，他個性隨和，和他在一起無所不談，尤其對我在國外的孫兒非常關心。去年我回巴拉圭住了六個月，兒子在台灣不但常去看這個大舅舅，也請舅舅來家裡吃烤肉，大家相處愉快。

一〇五年九月，我才回到台灣，大哥的孫子告訴我們，爺爺的右腹部長了個硬塊。從此大哥進進出出醫院，這期間我也多次到醫院看他，但似乎每況愈下，沒有好轉。我看他在病中似乎很受折磨，每次見面，他擔心的還是我們。有一次我們要回台南，他一再叮嚀我們路上要小心。那時他已經病得不輕，我通知妹妹帶二哥來看大哥，妹妹絕情地回答我：沒錢。我對她說：

「我知道大哥幾天前，才叫他大兒子寄了三萬塊錢給二哥，怎麼可能連車錢都沒有？你們來不來自己看著辦。」

大哥病重時，我們回台南，是為了買一戶有車庫的大樓，我們買房子不礙任何人，妹妹聽說我們又買房子，她的態度更加惡劣，我被她罵得體無完膚。

從台南回到台北，大哥病到只能躺在床上呻吟，姪女告訴我，醫生每幾個小時，就要給大哥打一針嗎啡。大哥已經不能和我們說話了，他最終在十一月二十一日離開我們。

大哥走後，我很少到姪女家，因為以前我到那裡一推開大門，就看到大哥坐在客廳看書，或者看電視，現在我進了姪女家的大門，客廳空蕩蕩的，見不到大哥的影子，不免感到惆悵，心裡對大哥無限的懷念，所以很害怕到那裡，也不想看到姪女家的景物，只能把往事留在心中。

母親過世，不但不遵照母親的遺言處理她留下的遺產，讓我不解的是兄妹之間，講話不守信，連代書白紙上寫的黑字都不承認，那不是在欺詐是什麼？

去年我表示不再給二哥錢了，結果他在我兒子面前罵我如何如何壞，我不生氣，我做人行得正，不在乎這些風言風語。父親過世三十八年了，母親也過世二十六年，結果二哥去年跟我的兒子說，要我拿出父母親的喪葬費，我馬上問幾個台灣的老年人，他們說父母去世，女兒要負擔買棺木，如此而已。

我回來奔一次喪，光機票錢就可以買兩個棺木，母親過世，我光機票就買了五張，為什麼呂家人不能互相體諒，有點愛心和良心，總看不得姊妹好？父親過世時給我補償的錢，硬說是父親的遺產，既然如此，為什麼又給我代書辦的「備忘書」？那是做什麼用的？

呂家的二兒子，我的二哥，不知道為什麼要跟我過不去？他退休了不必上班，每個月領七、八萬退休金，很好過日子，他不知滿足，閒得發慌就說三道四，最叫我不能接受的是，他常說：「你沒有奉養父母，沒有資格拿遺產。」

我不了解的是：台灣難道都是女兒在奉養父母？如果是嫂子說這樣的話，我可以原諒，可是他和妹妹與我從小同住一起，共同生活，他難道沒看到也不知道家中情況。

母親自從那一年在高雄醫學院開過刀後，經常打國際電話給我。她也問過我為什麼跑到國外那麼遠。說真的，年輕的時候，我對母親很不滿，總覺得她很偏心，遇事從沒有公正地處理過。我和外省人結婚，家裡什麼都不給我，她也不心疼我，偷偷地送給我一、兩件衣服。我不怪她，誰叫我和外省人結婚？但生孩子時，她連一滴水都沒送給我，也沒有給呂家的第一個外孫表示表示，害得我的鄰居在朱夜面前罵我的娘家，我的自尊蕩然無存。

●

在巴拉圭住了四十五年，我們交了不少當地朋友。剛來時，巴拉圭的公職人員非常囂張，喜歡偷、喜歡騙，但一般老百姓很善良，施行民主之後，公職人員不敢像以前那樣惡形惡狀了。

記得民國七十年，一天，兩個兒子開車到市中心區的郵局拿信，剛離開郵局才兩百公尺左右，兩個交通警察舉手攔住車子。那時的交通警察，只要看到開車的是女人或東方人臉孔，馬上會攔住，首先要查證件，證件沒有問題時，會誣賴你超速，或者闖紅燈。中國人這時已經定居數千人了，而且正是中國人在巴拉圭最賺錢的時候，大多數的中國人還不大會說西班牙話，所以只要被交通警察攔住車子，會馬上送錢給警察，養成他們惡劣的習慣。

兩個警察看到我兒子西班牙語說得不錯，又不主動送錢，也許他們沒遇到過這樣的外國人，竟然伸手要開車門，同時大聲叫嚷，要兒子下車，他們說兒子車裡有武器，他們要檢查。兒子直覺，似乎兩個警察想搶車，所以不讓他們上車，當場交警就硬搶著上車，只一會兒時間，車子四周圍滿了路人，兒子已被拉下車子，圍觀的人更多了，兒子看情況不對，打電話給我。診所有不少病人，有一位國會議員，和一位海軍司令部的顧問，還有律師，只一會兒工夫他們開車趕到兒子出事地點。半個小時後，這幾個病人，帶著我兩個兒子安然地回來。

後來兒子告訴我，我的病人把那兩個警察送去處分。我一直向我的病人道謝，我的病人告訴我，沒幫什麼忙，幫忙的應該是路邊的兩三百個路人，要不是他們用肉身擋住汽車，讓那兩個交警不敢開動車子，車子早被他們開走了，那樣我們的車子是很難找回來的。

在國外我們經常受到挫折，遇到困難的問題多，但往往最後的結果大都很圓滿，而幫忙解除困難的人，往往是完全不認識的人，也許這些陌生人的友情，才是外國人的真情流露。

民國七十四年，Scavone太太第一次來看病之後，我們就成了好朋友。多年來，我們家中發生任何事，她都會伸出援手。她是巴拉圭最大藥廠的老闆娘，藥廠有一千多個員工，家中僱有女傭六人，是個大財主。她也來參加朱夜出殯的葬禮。她站在我身旁撫摸朱夜的棺木，當工人開始移動棺木時，她發現木頭棺木的連接處有空隙，我一時不知所措。她立刻阻止工人搬動棺木，告訴工人要等她回來。大家正疑惑到底發生什麼事，只見她急忙跑向她的座車，匆匆地開車離去。不到十分鐘發現她開車回到墓地，手上帶了一條黏膠，走近棺木邊，親手把棺木的小縫隙黏起來，然後才准許工人把棺木放進墓穴中。她的舉動感動了現場的朋友，也讓我一輩子忘不了她對我們的愛心。我真不知道該怎麼感謝她。

我發現有許多人圍在墓園行禮致意，那些人的面孔都是似曾相識，平日似乎在診所見過，但印象不很深刻，沒有什麼交往，可是在這個時候，看到他們圍住棺木站在我身邊，這種深厚的情誼，讓我至死也忘不了，也讓我覺得難道外國人的友情深厚於親情嗎？

第十九章　神明的手

NOSOTRAS

ACUPUNTURA

"La cura depende muchas veces del mismo cuerpo..."

Residencial Tayi

HAWAIIAN Tropic

VACACIONES FELICES

Salud Familiar

ACUPUNTURA

Vibraciones de salud

Agujas esterilizadas

Tips de belleza

Autobronceantes

Piernas al descubierto

Fragancias que manchan

巴拉圭報紙於1989、1997年兩次對呂梅黛的針灸治病做報導。

才從台灣回到巴拉圭，電台紛紛邀請我上節目，每次接受訪問，都會帶來許多病人，這些病人的來歷不明，我不敢接受，近年的病人都是好友介紹來的，能進門來看病的都是靠得住的病人。這兩、三年來巴國治安惡化，有些商店或診所，都被冒充的顧客或病人搶劫過。我的住處是三千多坪的庭院別墅，為了安全，住家和診所，除了有兩公尺半高的磚圍牆外，磚圍牆上還加裝一公尺高的電網，電網上還加裝了監視器，人員的進出都要靠監視器。

回憶民國六十四年，我們剛到巴拉圭那些年，一個星期不鎖大門去外地旅行，都不會有小偷進屋偷東西，不像現在，只要主人出門，社區警衛會馬上通知小偷來搬家。這樣的事經常發生。

我們來巴國四十五年了，家中一直有一個長工幫忙，近幾年來也很難找到靠得住的工人。小兒子在巴拉圭有農場，有建築事業，因為請不到好工人，沒有好幫手，整天忙碌不堪。大兒子在秘魯就沒有這個困擾，秘魯人口多，一般人工作態度好，服從度高，由於有早年移民來的中國人血統，工人勤勞節儉，做事也比較容易。

我在巴拉圭行醫三十多年，直到十年前因治安惡化，逐漸小心翼翼不敢接受陌生病人，從此決定慢慢地步向退休生活。在這三十多年的行醫日子裡，過的是喜憂摻半的生活。每當我遇到重病的病人，如果能讓病人在短時間好轉，為他們解除病痛，看到他們欣喜的樣子，我會感到欣慰。但遇到不治之症的病人，我無法解除他們的病痛時，我會很自責，並且有久久揮之不去的愧疚和感傷。尤其有兩個病人讓我永遠忘不了。

二十年前的一天，有兩個年輕男人，用一塊門板抬進來一位六十多歲的老太太，她除了不停地呻吟外，一句話沒說。那兩位年輕人自稱是老太太的兒子，他們告訴我，媽媽十幾年前，患了嚴重的骨質疏鬆症，一直在看醫生，也沒間斷服藥，可是那些醫生開的藥沒讓媽媽好轉過，越來越嚴重。起先她不能站立，最後就只能躺著，連翻身都不可能了。

我摸摸病人的手，軟綿綿的像沒骨頭的人，心裡萬分難過。年輕人說：

「是南茜大夫介紹我們，把媽媽帶來給你看，她告訴我們，中國女醫生也許有辦法救媽媽。」

我沉重地搖搖頭說：「太晚了！」

兩兄弟還想說什麼，猶豫一會，抬起門板，失望地把他們的母親抬回去，留給我萬分遺憾。如果不是我親眼看到，絕不會相信，竟有這麼嚴重的骨質疏鬆症病人。

又有一次，一位老太太和一個年輕的男人，抱著一位瘦弱的小姐走進診所。老太太憂心忡忡地陳述女兒的病情，她邊說邊流淚。我一邊聽，並觀察病人的氣色，問治療經過。她告訴我已經看了好幾位醫生，也吃了不少藥，醫生都束手無策。她哭求我無論如何，要救她的女兒，她女兒才二十五歲，做媽媽的不能放棄孩子。此時我無言以對，深知我也救不了她。早在這位母親陳述女兒的病況時，我就看出女孩得了什麼病，我問她女兒看過的醫生，是否告訴她女兒得了什麼病？她回答我，那些醫生說不知道，她還是一再地求我救救她女兒。半晌我告訴她女兒的病，針灸是治不好的。我要她把女兒帶回去，繼續給巴拉圭醫生醫治。

我親自送她們到門前停車場，那個男人把女孩抱進車裡。老太太這時靠在車門嚎啕大哭：

「我早就知道那個男人有病，叫你不要和他在一起，你偏偏不聽，他早就該死的，怎麼可以把病傳染給你，叫你也陪他……」

這位母親已經泣不成聲，女孩的司機示意她進車裡，然後發動車子疾駛而去。

這女孩得的是愛滋病，這種病是因為輸血、或者兩性體液的接觸而感染。女孩不知道她的男友有愛滋病，和他有親密的性接觸。愛滋病潛伏期長，剛被傳染時外表看不出得病，等有症狀去驗血才知道有愛滋病。許多年輕人做婚前健檢是很重要的，並且要注意不能有多位性伴侶。

在行醫生涯中，我一直遵守一個原則，那就是對沒有把握治好的病人，我在給他們施過第一次針後，會告訴病人不要再來，我不要病人在我這裡浪費金錢和時間。但對有把握治好的病人，我會要求病人遵守約定的時間前來，直到完全痊癒。我的執著，讓病人都能如期脫離病痛，因此也博得病人對我的信任，並且賜給我有一雙「神明的手」外號，給我許多好評和肯定。

巴拉圭最大的報紙ABC，曾經來我的診所做了兩次訪問，並且在報紙上做大篇幅的報導，也登出訪問時拍攝的照片。另外我也被邀請多次上電台的訪問。由於上節目帶來許多人潮，但大都是不了解來歷的人，後來就謝絕接受電台的邀請。這幾年大部分時間住在台灣，行醫工作幾乎停頓了。

回憶大兒子出生時，朱夜欣喜若狂，那該是有子萬事足吧？那天朱夜緊緊握住我一雙手，撫摸著我粗糙而指節粗大的手，我急忙縮回，我說：

「你討厭我這雙粗糙的手，是嗎？」

朱夜馬上又拉過我的手，他說：

「你錯了，我第一次看到你這一雙手，我就決定要你。女人如果有一雙細嫩的手，那代表她不是個好女人，也不是幹好事的。」

「你胡說，當心被女人修理！」

「真的，我沒有亂說，」朱夜滔滔不絕地說：「像你這樣的手，象徵你勤勞刻苦，看女人要看她的手，朱家有你，有一天會好起來的。」

那時我年輕，認為朱夜說這些話，是怕我自卑，怕我難過手長這麼醜吧？

大兒子出生時，我和朱夜認識三年了。那幾年日子過得很苦，尤其有了孩子後幼小又多病，但我知道努力工作，為朱家奮鬥。我們靠寫作維生，沒有固定的收入，小兒子來了以後，負擔更是加重，真可以用三餐不繼來形容，但我們沒有一天懈怠過，賺來的辛苦錢，從沒有用在自己身上，平日勤儉持家。後來孩子一天天長大，也沒有小時候那樣多病，經濟上好轉後，我們一樣過著節儉樸素的生活。

從寫小說，轉進寫電影劇本和電視劇本之後，那段日子的收入改觀了，朱夜也更加忙祿，尤其是寫電視連續劇，必須在播出前，把故事大綱在電視周刊介紹出來，每天播出的戲，也得事先連好戲才能排演，這些工作朱夜忙不過來，他沒有請外面的槍手，都是我幫他做，所以他的朋友都說我是朱夜的槍手。

「神明的手」這個外號，是巴拉圭人對我的稱讚和厚愛。也許是因為我解除了他們的病痛，賜給我的，它提醒我要更加努力，不要辜負大家的信任。

在巴拉圭住了四十五年，從一九七五年到一九九九年，我獨自靠一雙手，把大兒子栽培到大學畢業，是專業的工程師，小兒子巴拉圭大學建築系畢業後，又到阿根廷布宜諾斯艾利斯大學修碩士學位，也是專業人材，他們曾在爸爸帶領下，開展「朱門建設」公司的業務。

朱夜去世後，小兒子結婚，和太太住在建設公司。大兒子一家一直同我住在一起。朱夜離開我們的時候，我們只有一個孫女，我把大孫女養到五歲，二孫女養到四歲，一九九九年，大兒子到秘魯工作，從此兩個兒子各自獨立生活，我總算才卸下了擔子。

大孫女十四歲到台灣讀書時，身體還不是很好，我經常帶她去看急診，十幾歲的大孩子，經常我還要抱她去看病，尤其有一次陪她去住院。慢慢長大的她，終於能適應台灣的氣候，完成了大學學業，也修完了碩士學位。二孫女非常優秀，在秘魯完成大學學業，她學的是口譯，懂中文、英文和西班牙文，她很用功，所以精通三種語文，如今她在大陸的武漢大學修碩士學位。三孫女即將就讀大學。三個孫女都是大兒子所生。

小兒子卻給我生了三個男孩，長孫在巴拉圭大學醫學院就讀，已修完了四年級，即將進入五年級。次孫學建築。三孫正準備進大學。三個孫子在巴拉圭同我住得很近，有空會來幫忙做事。兒子們現在還要奮鬥一段日子，直到孫兒們自立。

這一生我沒有辜負朱家，我用這雙手替朱夜養了兩個優秀的好兒子，也協助養了六個可愛的孫子和孫女！

我的生活，是從行醫生涯開始真正穩定起來，三十多年的行醫日子不算短，好名聲是一個人努力才能獲得人們的讚美。如果不是有西醫治不好的病人，讓我醫治好了，才會送給我「神明的手」這個稱號。所以當你遇到機會，一定要緊緊抓住，努力去做，因為成功不是偶然的，必須付出比別人更多的努力。

朱夜自視極高，珍惜好名聲、好家風，品德有問題的人，他絕不理會。我自小受過嚴格的家教，兩個兒子都能循規蹈矩，孫子們也很懂事。有時我對孫子們太過嚴厲，兒子會提醒我如今時代不同了，只要他們注意自己的品行，做一個堂堂正正的人。我告訴孫子，希望他們像爺爺一樣優秀。他們的爺爺一生共寫了二十部小說，十餘部電影劇本，七百餘集電視劇。他獲得十多項文藝獎，其中包括青年文藝獎和文協的最佳編劇獎，也因為寫作上的卓越成就，曾當選為全國十大優秀青年之一。一九九二年他被英國劍橋傳記中心（簡稱ＩＢＣ）選為世界名人，並記載於該中心出版之《國際名人辭典》。一九九三年再次由美國傳記協會（簡稱ＡＢＩ）選為傑出文學家，登錄於該中心出版的《世界名人錄》中。

我曾經在朱夜去世時，站在他的靈前發誓，我會帶著兒子努力奮鬥，直到朱家兒子出人頭地。我的誓言如今似乎已露曙光。冥冥中好像有神明引導和保佑，讓我做的每一件事，都有很好的收穫。最後我大膽地告訴朱夜，不要擔心我們，我們會過得很好，你安息吧！

尾聲

呂梅黛與長子2019年10月
攝於蘇州拙政園。

朱夜常對我說，將來他會把他一生的經歷寫出來，那一定會讓許多人感嘆落淚。不知道為什麼，他遲遲不動筆。在他寫《兵俑之戀》時，我暗想，等他完成《兵》書，一定要催促他寫回憶錄。作夢也沒想到，《兵》書尚未完稿，一場病才四十七天，就奪走了他的生命，留給我們無法彌補的遺憾。

我們一家，一九七五年出國來到巴拉圭，就沒有機會接觸中文。四十五年來，為了生活下去，積極地學習西班牙文，很少有機會用自己的語言文字，中文真正荒廢了。家裡連中文報紙都沒有，為了能立足異國，中文被擱在一邊，有時連說國語都會感到口吃。有一次和鄰居參加台南的社區活動，鄰居笑我連說夢話，都說她聽不懂的外國話。的確，中文在我生活中已經不存在，想到我荒廢已久的中文，起初實在沒有勇氣執筆。

我為什麼要寫回憶錄？那是因為我兒子有一天問起我小時候的事，抱怨兄妹之間的說法不一。我照實告訴兒子，由於小時候，父親臥病長達七年，我十一歲就輟學和母親一起挑起家計，整整三年多。不料我二哥竟說不知道，並告訴我兒子，媽媽在說謊，令人氣憤傷心。我告訴兒子，這件事許多鄰居、親戚、老師都知道，尤其是教我六年級的三位老師，曾經聯合起來，要挽救我免於輟學。因為我的輟學，哥哥們和妹妹才能繼續學業，免於挨餓。

由於家人對外人說的話與事實不符，讓不少人對我和朱夜另眼看待，長久以來讓我和朱夜感到委屈難堪。

兒子曾經告訴我，有一位台籍老作家，寫了一篇文章在某刊物發表，他看了很難過，詳細內容兒子沒說，主要是提到呂梅黛嫁給外省人如何如何，兒子很不開心，怪我們為什麼凡事都保持沉默？我告訴兒子，那位作家我們只知其名，和他沒交往，他喜歡捕風捉影拿別人的私事公開批評，是他的道德問題，不必在乎。

在我出版《朱夜與我》修訂版前，我的大兒子才把那位台籍老作家批評我嫁給外省人沒有好結果的事告訴我，他還說我很落魄。我今天就把我落魄的情形告訴關心我的朋友，歡迎朋友們到巴拉圭證實，我會盡地主之誼熱情接待。

我巴拉圭的房子有三千多坪的土地，它面臨國際大道。除了診所還有兩棟住宅連在一起，有游泳池，可容納六部自家汽車的車庫，和隔鄰住宅的土地四周砌有兩米半高的磚牆，磚牆上裝有一公尺高的電網圍繞，還有監視器監控。房子一角有菜園、花園，果樹遍布庭園，另外還有一大片草地，我在巴拉圭的家，像一座城堡。

我有兩個兒子，大兒子亞松森大學工程系畢業，現在做國際貿易。小兒子在亞松森大學建築系滿分畢業，獲聯合國獎學金，到阿根廷首都布宜諾斯艾利斯大學修完碩士學位，他從事建築工作之外，還經營農場和工廠。

似乎轉眼間，前面提到的長孫女，在二十三歲拿到機電工程碩士學位之後，到大陸參加兩岸機電工程論文比賽獲得首獎，現在已在祕魯商務辦事處工作。次孫女到武漢修碩士學位期間拿到三萬人民幣的成績優越獎學金，她以A+的成績拿到碩士學位，現在Startup Island Taiwan任經理之職。

最小的孫女也在祕魯的UPC上大學二年級。

小兒子有三個男孩，長孫在亞松森大學醫學院就讀，已升上五年級。次孫就讀建築系三年級，三孫在台北大學就讀電腦系一年級。

朱夜離開我們二十七年了，我和兒子保持傳統勤儉的家風，我有自信，我這輩子不會落魄的。這位老作家現在已作古，很可惜我沒來得及留話給他：一個真正有成就而受人尊敬的作家，應該多寫些有水準的文學作品留下來，不要靠說三道四的廢話輕估蔑視別人。

還有人寫朱夜一些生平事蹟，連朱夜的原名都介紹錯了，又怎麼說呢？我告訴兒子，如果媽媽還能活幾年，我會把爸爸和我的回憶錄寫出來，一則讓那些對我們陰陽怪氣的親戚了解真相，再者也讓一些喜歡捕風捉影的人，不再報導那些可笑又不實的事情。

有人說我十六歲就結婚了，其實我十六歲因為曾經輟學還背著書包讀初二，那時還不知道朱夜在哪裡哩！我們結婚時朱夜二十八歲，我二十一歲，這不是什麼祕密，為什麼亂猜呢？而且我們結婚是由作家畢珍夫婦證婚。

這些年我一回到台灣住就開始寫回憶錄，太久沒有接觸中文，寫起來又慢又吃力，遇到想不起來的字就查字典。麻煩的是我無法一口氣連續寫下去，每年回來只能寫一兩個章節，離開台灣就擱下來，等下半年回來再寫，斷斷續續地不連貫，也有重複的片段，整個完成後又改寫了幾次。這本回憶錄，前後花費了五年半的時間才完成，把我和朱夜的生命歷程，點點滴滴地記錄下來。

我這一生最遺憾的，是沒有完成較高的學歷。我常常想起，一個才十一歲的女孩，面對重病的父親和無隔日之糧的家，懂得努力並克服困難，讓病中的父親康復，也讓兄妹們不挨餓，不中斷學業；然而父親康復之後，卻無情地斷絕了我的一切，我除了傷心絕望，從此只有依靠朱夜，整整三十多年的掙扎、奮鬥，總算得到老天爺的眷顧，讓我有一個無憂的晚年生活。兒子們的成就，讓我看到美麗的夕陽，能在晚年順利完成我們的回憶錄，此生我再也無所求了。

二〇二〇年二月於台北
二〇二二年五月修訂於台北

附錄一
朱夜小傳

朱夜，原名朱蔚君，安徽廬江人，生於民國二十二年。

少年時因戰亂顛沛，投身軍旅，十六歲開始寫作，二十二歲因傷病退役。求學寫作不輟，從此成為職業作家，創作甚豐。其作品以文字精鍊、意境深遠、風格特異獨步文壇。三十歲之前，就已成為傑出小說家，曾獲得各項文藝獎，並當選「全國十大優秀青年」之一。

朱夜畢生矢志寫作，性情狷介，崇尚自由，因生於戰亂，具多層面生活體驗，對人類發出由衷悲憫，為追求生命尊嚴吶喊，人道思想深植字裡行間，是為其作品特色。

朱夜一直追求理想的文學世界，寫作態度嚴謹，不欺世盜名。他一生共寫了小說二十餘部，電影劇本十餘部，電視劇高達七百餘集。

朱夜在文學上的特殊成就，於一九九一年被英國劍橋傳記中心選為世界名人，並記載於該中心出版之《國際名人辭典》。一九九三年再次由美國傳記中心評選為「傑出文學家」，並榮列《世界名人錄》。

朱夜於一九九五年十月三日病逝巴拉圭。他的作品令人懷念，尤其巨著《籲神錄》和最後遺著《兵俑之戀》，在他過世之後問世，無論對讀者、對歷史，都將獲得肯定。

附錄二

朱夜寫作年表

民國二十二年（1933）　　四月二十六日，生於安徽廬江。

民國三十五年（1946）　十四歲　隨學校流亡至蕪湖，獲國軍第七十四師學兵隊收容。

民國三十六年（1947）　十五歲　漣水戰役後升任上士；進駐新安鎮時，奉命調升司令部少尉侍從官，追隨師長張靈甫將軍。

民國三十七年（1948）　十六歲　在蘇北魯南戰區撰寫〈戰場日記〉。發表長篇小說〈青紗帳裡〉、中篇小說〈古道上〉。

民國三十八年（1949）　十七歲　於各報刊發表短篇小說〈知更鳥〉、〈火花〉等。隨國軍撤退來台，由平潭島搭船於基隆登岸。

民國三十九年　十八歲　於各報刊發表短篇小說〈第二個夢〉、〈日出日落〉等。

（1950）

於《中央日報》發表新詩〈幽會〉。

十一月於《半月文藝》第二卷第二期以「朱斌」發表新詩〈致敬「戰友們」〉。

民國四十年（1951）　十九歲

於各報刊發表短篇小說〈迷羊〉、〈又是黃昏〉等。

民國四十一年（1952）　二十歲

八月二十九日於《聯合版》*副刊以「朱斌」發表短篇小說〈結婚悲喜劇〉，九月十一日〈十四號凶宅〉，九月十七日〈山野玲子〉，九月二十一日〈求職記〉，十月五日〈洛霞〉，十月十八日〈阿嬌〉，十月二十七日〈幸運〉，十二月二日〈歌女之歌〉；散文九月十八日〈懷念冶父山〉，十月十九日〈寫文的怪癖〉。

於各報刊發表短篇小說〈喜事〉、〈路〉等。

於《文藝列車》月刊發表長詩〈投影〉。

民國四十二年（1953）　二十一歲

一月於《自由青年》第七卷第九期以「朱斌」發表小說〈愛〉。

*由《民族報》之王惕吾邀《經濟時報》之范鶴言、《全民日報》之林頂立共同合作於一九五一年九月十六日創刊之《民族報、全民日報、經濟時報聯合版》簡稱。

一月二十九日於《聯合版》副刊以「朱斌」發表短篇小說〈圈套〉。

三月於《自由青年》第八卷第一期以「朱斌」發表小說〈團結〉。

十二月由嘉義太平洋出版社出版長篇小說《櫻花夢》，署名朱斌。

民國四十三年（1954）　二十二歲

於《暢流》半月刊發表短篇小說〈火山邊緣〉、中篇小說〈苦酒〉。

中篇小說〈橋〉獲得軍中文藝獎。

三月於《文壇》第二卷第六期以「朱斌」發表小說〈重奏的戀歌〉。

九月於《文藝列車》第二卷第四期以「朱斌」發表小說〈二度盟〉。

十二月於《晨光》第二卷第十期以「朱斌」發表小說〈隱藏的畫像〉。

因傷病退役。

民國四十四年（1955）　二十三歲

於《中央日報》發表短篇小說〈醉后〉。

於《文藝列車》月刊發表短篇小說〈紘〉、〈花季〉等。

六月以「朱斌」於《文藝列車》第三卷第二期發表評論〈關山燕的〈遲來的幸福〉〉，《晨光》第三卷第四期發表小說〈煉情〉。

民國四十五年（1956）　二十四歲　於《大道》雜誌發表短篇小說〈血車〉、〈魚〉等。

二月於《暢流》半月刊第十二卷第十二期發表短篇小說〈火山的邊緣〉。

四月於《文藝列車》第四卷第一期以「朱斌」發表小說〈愛的召喚〉。

八月於《晨光》第四卷第六期以「朱斌」發表小說〈金色的十字架〉。由台北晨光月刊社出版中篇小說《雪地》，獲中華文藝獎金委員會獎助出版，署名朱斌。

十月於《海風》第一卷第十期以「朱斌」發表小說〈琴魂〉。

十二月於《晨光》第四卷第十期以「朱斌」發表短篇小說〈紅葉淚〉。

民國四十六年（1957）　二十五歲　於《晨光》月刊發表短篇小說〈河靈〉。

由嘉義太平洋出版社出版長篇小說《聖愛》，署名朱斌。

民國四十七年　二十六歲　於各報刊發表〈苦酒〉、〈大風嶺〉等中、短篇小說。

（1958）

發表散文〈母親的話〉等多篇。

十一月於《晨光》第六卷第九期以「朱夜」發表短篇小說〈瑪珈姐妹〉。

十二月十五日於《徵信新聞》發表短篇小說〈藍色之戀〉。

民國四十八年　二十七歲
（1959）

於《小說報》發表中篇小說〈第一夢〉、〈紅色淚珠〉、〈苦杯〉；於《今日世界》發表短篇小說〈珠花〉等。

一月二十九日於《徵信新聞》翻譯菊池寬短篇小說〈旅邸之一夜〉。

二月一日與呂梅黛小姐結婚。

二月四日於《徵信新聞》發表短篇小說〈紅葉淚〉，三月十五日〈大事〉，三月二十五日〈自殺者〉，四月十八日〈沖喜〉。

三月二十九日於《聯合報》發表短篇小說〈紅葉樓的秋天〉。

由台中文林出版社出版武俠小說《劍仇情心》，署名「冶父山童」。

民國四十九年　二十八歲
（1960）

於各報刊發表中、短篇小說〈眼球〉、〈夕陽〉等。

發表散文多篇。

八月由台中健華出版社出版《櫻花夢》三版。

民國五十年（1961）　二十九歲　於各報刊發表短篇小說〈卜〉、〈死亡村的一夜〉。
發表散文多篇。

民國五十一年（1962）　三十歲　於《中央日報》發表中、短篇小說〈燭影搖紅〉、〈馬賊〉、〈荒野的呼號〉及散文〈思兒令人老〉。
〈燭影搖紅〉選入《中副選集》第二輯。
九月二十五日於《聯合報》發表短篇小說〈吃耳光的人〉，十月十五至十六日〈慈母湖之獵〉。
十月於《晨光》第十卷第八期以「朱夜」發表短篇小說〈眼球〉。
十二月二十二至二十三日於《徵信新聞報》發表短篇小說〈天橋〉。

民國五十二年（1963）　三十一歲　於《徵信新聞報》發表短篇小說〈玉馬兒〉。
於《中央日報》發表短篇小說〈彴約〉，後被選入《中副選集》第三輯。
於《中華日報》發表短篇小說〈黃河咆哮〉。
於《小說報》發表中篇小說〈文明與野蠻〉。
四月於《中國語文》第十二卷第四期以「朱夜」發表〈白雲、

鄉愁〉。
四月二十七日於《徵信新聞報》發表短篇小說〈拜帖〉。
五月於《作品》第四卷第五期以「朱夜」發表短篇小說〈寬恕〉。
六月於香港《小說報》發表中篇小說《第一夢》，二十八日於香港《中國學生周報》第五七一期發表短篇小說〈杵歌〉。
九月於香港《小說報》發表中篇小說《苦杯》。

民國五十三年（1964）　三十二歲

於《徵信新聞報》發表短篇小說〈黑帖〉、〈虛驚〉、〈守靈〉。
於香港《中國學生周報》發表短篇小說〈畫廊獨白〉；《中外畫報》發表〈玩蛇者〉、〈律師之子〉；《小說報》發表中篇小說〈魔戀〉、〈隨風飄泊〉等。
〈黑帖〉、〈虛驚〉改編電影。
二月七日於香港《中國學生周報》第六〇三期發表短篇小說〈愛、生命〉。

民國五十四年（1965）　三十三歲

於《徵信新聞報》發表短篇小說〈逆流〉、〈鬧房記〉等。
於《中外畫報》發表〈解剖者〉。

一月於《幼獅文藝》第一三三期發表小說〈關雎之一章〉。

一月二至四日於《徵信新聞報》發表中篇小說〈看屍記〉，二月二十七日短篇小說〈逮狐記〉。

六月於《幼獅文藝》第一三八期發表中篇小說〈憂鬱山谷〉。

六月三十日至七月一日於《聯合報》發表短篇小說〈涅槃城〉。

七月由台北文星書店出版短篇小說集《朱夜小說選》，並於《文星》第九十三期刊出〈《朱夜小說選》自序〉。

九月於《自由青年》第三十四卷第五期發表短篇小說〈珠花〉。

於各報刊發表中、短篇小說〈悲劇〉、〈雨夜故事〉、〈大地的孩子〉等。

民國五十五年（1966）　三十四歲

於《今日世界》發表〈山地行〉。

獲「青年文藝獎」。當選全國十大優秀青年，獲頒「青年獎章」，當選事蹟為「獻身文學創作，才華橫溢，成就卓越，足為當代青年之楷模」。

三月於《幼獅文藝》第一四七期發表小說〈獵狼人〉。

三月二十八日於《徵信新聞報》發表短篇小說〈風燈掛在黑點河上〉。
九月由台北台灣商務印書館出版短篇小說集《獵狼人》。
十二月於《小說創作》第三十一期發表短篇小說〈一縷琴心〉。

民國五十六年（1967）　三十五歲

四月至十二月於《小說創作》第四十六至五十四期發表長篇小說〈大地咆哮記〉。
五月於《純文學》雜誌第一卷第五期發表長篇小說〈黑色太陽〉。
六月由台北博愛圖書公司出版短篇小說集《一縷琴心》，並改編電影。
六月十一日受聘聯邦電影公司，擔任編劇部編審。
十一月由台中金陽出版社出版中篇小說《黑色太陽》。

民國五十七年（1968）　三十六歲

於《徵信新聞報》發表〈第五季〉，七月二十九至三十一日中篇小說〈那對小獅子〉。
八月至十月，為華國電影製片公司編寫電影劇本〈一寸相思一寸淚〉；為敦煌電影製片公司編寫電影劇本〈情魂〉。

十二月由台北小說創作社出版長篇小說《大地咆哮記》。

民國五十八年（1969）　三十七歲

編寫電影劇本〈劍魂〉、〈虎賁萬歲〉等，均由香港國泰電影公司拍攝。

民國五十九年（1970）　三十八歲

為香港國泰電影公司編寫電影劇本〈伏虎榜〉等。

八月至九月為台灣電視公司編寫電視劇本〈大刀王五〉、〈彩虹姑娘〉、〈拜帖〉、〈誰來晚宴〉、〈火燒紅蓮寺〉等約五十集。

十月受《中央月刊》邀約，根據真人實事撰寫短篇小說〈綵衣盟〉，於第二卷第十二期發表。

民國六十年（1971）　三十九歲

〈綵衣盟〉改編為電視劇集。

編寫電視劇本〈蒙恩記〉、〈一曲難忘〉、〈苦戀〉、〈藍袍客〉、〈一件舊衣〉、〈拜金的人〉、〈香江疑雲〉、〈黑虎寨〉、〈金瓜石〉、〈白玉馬〉、〈一個女兒一甲地〉、〈歌星之歌〉、〈燭影搖紅〉等約一百二十集。

〈綵衣盟〉參加菲律賓「國際電視節目展」獲獎。

獲頒中國文藝協會電視劇編劇獎文藝獎章。

民國六十一年　四十歲

根據〈基度山恩仇記〉改編電視劇本，易名〈怪客〉，共七十

（1972）　集。另編寫電視劇本〈軌道〉、〈難忘風林灣〉、〈台南開的夜快車〉、〈黃粱夢〉、〈紅姑〉、〈她的一生〉等一百餘集。

九月由台北陸軍出版社出版短篇小說集《綵衣盟》，獲中山學術基金委員會獎助出版。

民國六十二年（1973）　四十一歲　編寫電影劇本〈虎姬〉等。

編寫電視劇本〈花非花〉、〈簫聲魅影〉、〈夜半怪譚〉、〈生命線之二〉、〈同命鳥〉、〈結義鴛鴦〉、〈空閨疑雲〉、〈向日葵〉、〈七色橋〉等共一百二十餘集。

民國六十三年（1974）　四十二歲　編寫電視劇本〈父親〉、〈春來也〉、〈母子雁〉、〈青天白日〉、〈戰地春夢〉、〈被遺忘的女人〉、〈清宮殘夢〉、〈荒野傳奇〉等約二百餘集。

發表散文、劇評多篇。

民國六十四年（1975）　四十三歲　攜家人赴拉丁美洲移民巴拉圭，發表遊記多篇。

民國六十五年（1976）　四十四歲　三月三日於《聯合報》發表〈物價低廉巴拉圭〉。

民國六十六年（1977）　四十五歲

十一月二十四日於《聯合報》發表〈皮匠婚禮〉，十二月五日〈博士轎車〉，十二月十六日〈技師別墅〉，十二月十九日〈淑女項鍊〉、〈地主放舟〉等拉丁美洲系列小說。

美國《世界日報》轉載以上系列小說。

民國六十七年（1978）　四十六歲

二月十一日於《聯合報》發表〈羅漢掘井〉，二月十四日〈化身地主〉，二月十九日〈少女摘星〉，四月十七日〈警伯吉他〉，六月三日〈漁人愚人〉，六月十四日〈車掌口哨〉，七月三日〈教頭花頭〉，七月十三日〈判官手令〉，七月十七日〈貴婦跳月〉，七月二十四日〈名醫奇術〉，八月二十日〈官員落帽〉，九月十日〈紳士衣衫〉，十月八日〈泥工・彩票・癩蝦蟆〉，十二月十日〈名人宴會〉等拉丁美洲系列小說。

美國《世界日報》轉載以上系列作品。

民國六十八年（1979）　四十七歲

一月由台中藍燈文化公司出版中、短篇小說集《朱夜選集》。

二月五日於《聯合報》繼續發表〈童子獻花〉，二月二十日〈屠孃屠犬〉，三月二十日〈巨人玩火〉，四月十日〈侏儒遊戲〉、〈畫師畫猴〉、〈小嬌織字〉等拉丁美洲系列小說。

		美國《世界日報》轉載以上系列作品。
		四月由台北洪範書店出版《拉丁美洲散記》。
民國七十年（1981）	四十九歲	九月十六日於《聯合報》發表散文〈聯副與我：足堪回首〉，十二月三十一日〈義犬吉利〉等。 於《自由日報》發表〈鬼魅無憑〉。 寫作長篇小說〈野獸、野獸〉。
民國七十二年（1983）	五十一歲	三月由黎明文化公司出版短篇小說集《朱夜自選集》。 六月二十三日於《聯合報》發表散文〈哭書〉。
民國七十三年（1984）	五十二歲	二月九至十一日於《聯合報》發表中篇小說〈飛夢記：一縷書香〉。
民國七十六年（1987）	五十五歲	於《台灣日報》發表長篇小說〈子夜歌〉。 美國《世界日報》轉載〈子夜歌〉。 一月由台北李白出版社出版短篇小說集《禪夢》。 五月於《中外雜誌》第四十二卷第五期發表〈孟良崮的黃昏——紀念張靈甫將軍〉（參見本書附錄三）。
民國七十九年（1990）	五十八歲	完成百萬字文革小說〈籲神錄〉。

民國八十年（1991）　五十九歲　完成長篇小說〈愛神死神〉。

民國八十四年（1995）　六十三歲　於美國《世界日報》連載長篇小說〈黑色太陽〉。

八月完成小說〈兵俑之戀〉，即最後遺作。

十月三日因病辭世。

民國八十五年（1996）　於美國、加拿大的《世界日報》連載長篇小說〈愛神死神〉至民國八十六年七月。

民國八十六年（1997）　五月由台中市立文化中心出版短篇小說集《慈母湖邊》。

十二月由黎明文化公司出版長篇小說《籲神錄》共四部。

民國八十九年（2000）　二月由聯合文學出版社出版長篇小說《兵俑之戀》。

附錄三

孟良崮的黃昏——紀念張靈甫將軍

◆朱夜

一曲哀歌弔夕陽，將軍義魄著忠良。
九州血淚彌孤憤，萬里悲笳撼大荒。
氣壯風雲憑赤膽，光揚長劍吐青鋩。
英名永共中興業，收復河山慰國殤。

——高景亮〈紀念張靈甫將軍〉

慘烈悲壯戰爭史詩

在生命歷程裡，惟有那一天——民國三十六年五月十六日的黃昏，成為生命中永遠不能忘懷的噩夢！孟良崮在微昧夕陽下，黃沙滾滾，殺聲震天。一場腥風血雨的激戰後，依舊是漫天硝煙，瞬息間雷雨咆哮，冰雹凌襲。這充滿了悲悽絕望的戰場，遍地是馬蹄聲碎，號角嗚咽，連天地都變色了。多少年來，把一切憂患都還給了歲月，惟有那個黃昏，同整個生命息息依附，是回顧中最為顯目的足痕。四十年來，只要在倥傯中偶爾靜神，思憶裡便凸現出那個黃昏戰場。老兵未死，昔年在那個戰場上飛揚喋血的少年，如今都已經白頭。歲月不能逆流，當年那些壯烈捐軀的夥伴，化作杜鵑，早已成為白骨荒土，他們的血留在大地上，寫下一頁慘烈悲壯的戰爭史詩。

那是三十六年的四月，國軍夏季攻勢正在展開。大軍在驅逐了梁邱山地的共軍之後，就在四月的中旬，我方第一兵團、第三兵團圍擊盤據在沂蒙山區的陳毅部隊，第二兵團守備著大汶口同兗州，用一部分兵力警備泰安同平陰東阿間河防。拉鋸戰到四月下旬，共軍左翼部隊第二、第七、第八、第九縱隊由於傷亡慘重，全線向坦埠退卻，他們的右翼部隊第一、第三、第五、第十縱隊，強襲下占據了泰安，隨著寧陽的失陷，我方左翼受到了極大的威脅。

五月上旬，我方第一兵團向沂水、坦埠進擊，第三兵團追擊新泰和徂徠山潰退的共軍，第二兵團反擊寧陽同泰安。由於交通遭到的破壞嚴重，加以後方整備和糧彈補充，整個戰線進展緩慢。共軍獲得了較長時間的喘息機會，從事整補和機動，他們把主力部隊祕密集結在沂水、坦埠一帶的沂山老巢，第六縱隊便經北左、放城、平邑、洞石鑽隙南竄到梁邱山區。我方根據情報同空中偵察，判斷共軍主力已經北竄到淄博一帶。五月十一日，我整編第七十四師奉命進攻坦埠，友軍廿五師、八十三師各用一旅兵力作我師左、右兩翼側的掩護。同時友軍的整十一師、整五師、整七十五師分向新泰、萊蕪、吐絲口追擊。整六十四師和整二十師的一部分，對共軍第六縱隊施行圍剿，第二兵團正搜剿津浦兩側的殘餘共軍。

五月十三日，我師與友軍整廿五師一部繼續攻擊坦埠，遭共軍第九縱隊的頑抗。激戰一天，入夜後他們全面向我第一兵團攻擊。他們的第二、第七縱隊在河陽附近分別向我方整四十八師同整八十三師盤龍山進攻，第一縱隊攻向蒙陰，第六縱隊竄到白埠附近，一部分向費縣、上冶竄擾，主力向黑峪子竄犯。第四、第八各縱隊便向我師同友軍整廿五師猛撲。這一夜的激戰，整廿五師固守的舊寨、黃斗頂山陣地先後被陷。我師因為陣地過於突出，在十四日開始漸次向南轉移，午後全部集結在孟良崮，占據陣地。友軍整廿五師的一旅，也退守桃墟北側高地，整八十三師十九旅退守萬泉山。中國戰爭史上著名的孟良崮戰役，就這麼如火如荼地展開了。

天下第一師張靈甫

整編七十四師擁有輝煌歷史，抗戰戡亂中由於戰績卓著，紀律嚴明，被譽為「鐵軍」及「天下第一師」。張靈甫師長更是一位傑出的將領，他出身西安世家，曾經肄業北大，鑒於時局紛亂才投筆從軍，入胡景翼部軍官訓練團，旋又考入軍校四期步科，畢業後分發國民革命軍第廿一師，由見習官升任排、連、營、團長，北伐抗日各役，屢建奇功，並曾幾度負傷。淞滬抗日之役調任陸軍七十四軍，自團、旅、師長到軍長，每參與戰役都身先士卒，在馬迴嶺、淞滬抗日、常德會戰、常衡會戰都著有戰功，獲得多種勳章。張將軍治軍作戰的餘暇，熟讀典籍，尤其精工書法，被譽為一代儒將。我師自從三十五年八月，奉命從南京開赴蘇北剿共，不久便克復了淮陰、淮安、寶應、漣水，隨又收復了沭陽、新安、郯城各要點，並直取臨沂與蒙陰。一路兵威浩蕩，使共軍望風披靡。自從固守孟良崮之後，遭遇共軍十幾倍的兵力圍襲，全師官兵發揮了與陣地共存亡的決心，不退不降，誓死抵抗。

「施水」少女對我一笑

一場慘烈血戰，經過四晝夜的搏殺之後，彈盡援絕，幾乎傷亡殆盡。少數輕傷的官兵，仍然堅守陣地，紛紛用刺刀、拳足齒牙和共軍展開肉搏。四天以來，這個北地戰場，眼見它堆積著無數屍骸，硝煙瀰漫號角悲泣裡，仍然有零星的槍聲，也還有三五名戰士，同衝到山頭的共軍作殊死鬥爭。經過了四晝夜激烈戰鬥，官兵們沒有吃一口飯飲一滴水。北地的烈日和濃重風沙硝煙炙烤，除了唇綻膚裂之外，飢渴得使人難支。當時我躺在兩座岩石之間，望著高照的火傘，極思有一捧清泉入口。眼見夥伴們以自己的小便解渴，在幾度猶豫之後，也只有不得已了，一經入口不知其味，確實感到有了精力。不遠的一位女政工隊員，她不肯喝自己的便溺，卻也不願把它浪費，她把那一捧黃湯從小盆倒進一個磁碗，對著夥伴們揚了一揚，立刻就有人爭著把它接過喝了。看在眼裡，使我忘記了疲憊同飢渴，遠遠地對她喚一聲「施水少女」，她對我揮手一笑罷了。

孟良崮上依然沸騰著怒吼喝殺聲，夕陽似醉漢的臉，紅勃勃地斜掛在西邊的巉巗上。

民國三十六年五月十六日的黃昏，張靈甫將軍站在石洞指揮所裡，他目視著洞外不遠的廝殺，終於向天擲出長長的苦喟！他集合了在石洞裡的副師長蔡仁傑將軍、五十八旅的旅長盧醒將軍、五十七旅的副旅長明燦將軍、團長周少賓上校、參謀處長劉立梓上校，對他們曉示守土衛國的軍人天職，眼看陣地將失守，惟有殺身以表白一個軍人的志氣。將領們都表示了不能成功只有成仁的決心。張將軍頻頻頷首，隨著從容地寫下了他的訣別書：

十餘萬之匪向我猛撲，今日戰況更趨惡化，彈盡援絕，水糧俱無。我與仁傑決戰至最後一彈，飲訣成仁，上報國家與領袖，下答人民與部屬。老父來京未見，痛極！望善待之。幼子望養育之。玉玲吾妻，今永訣矣！

孟良崮的黃昏，日頭仍在嶇巇，這北國的戰場仍籠罩著一片硝煙。廝殺沉寂了，槍聲零落，再也聽不到那嗚咽的號角。共軍已經衝到指揮所的石洞外，一名共幹高舉著話筒向石洞中的將領們喊話。在石洞裡的張將軍，他整肅衣冠，率領幾名將領，用亢揚悲絕的聲音，呼出了一陣口號。

——「中華民國萬歲！」

——「三民主義萬歲！」

——「七十四軍精神不死！」

張將軍呼完口號，率先舉槍自盡，其餘的將領也都追隨著相繼殺身殉職。這時，孟良崮上空條然幾聲霹靂，天地昏暗了，從天上降下一陣冰雹，跟著大雷雨侵襲著這劫後的戰場。孟良崮的黃昏，轉瞬間被罩進了一片黑幕，遍地是天地嗚咽，山河咆哮！

戰役結束之後，將軍同成仁的各將領都受到明令褒揚，把魯南山區一部劃為「靈甫縣」，並將軍艦一艘命名為「靈甫號」，頒發旌忠狀，可謂「榮典優異，矜式群倫」了。

陣中得子淡然微笑

筆者追溯往事，感喟裡倍覺蒼涼！短暫的軍旅生涯，每以能成為七十四師的一名士卒而感到驕傲。時在我師自南京出發之前，我因為隨學校流亡到蕪湖，一群年幼的同學獲得七十四師學兵隊收容。不久隨軍出發，被分發到師部特務連，任二等兵，克復兩淮之後，自二等兵晉升到下士，漣水戰役後升任上士。進駐新安鎮時，奉命調升司令部少尉侍從官。從此追隨張靈甫將軍，受到他的教誨與薰陶。深知作為一名成功的軍人，非但要具備高深學養，還需要異於常人的膽識，以及以天下為己任，置生死於度外的革命節操。

靈甫將軍治軍嚴謹，尤其重視軍中風紀，軍務倥傯，依舊手不釋卷。將軍擅長書法，字體近似于右任先生，那種于體字在他的鋼筆書寫下，別有一種遒勁灑脫之美，生平所見的好字，他的手蹟應當算得是其中之一。此外，將軍雅好攝影，記得在進攻蒙陰前，駐地民家庭園中有兩盆鮮花開得正盛，他流連在花間徘徊，打開相機把它們一一獵入鏡頭。將軍不嗜酒，但好吟詩，還格外偏喜李杜，常在無意間琅琅上口。岳武穆的〈滿江紅〉詞，被他用濃重的陝西鄉音唸出來，悲壯中還有一份親切。

將軍在上海保衛戰時受到重傷，以致一腳微跛，不良於行。但躍馬揮劍，依然英姿風發。他臨事鎮定從容，曾給予我極大的啟示。每天在不同的戰況中，他處置冷靜。猶記奉命進攻漣水，將軍召集各旅長，宴前把一柄短劍放置在五十八旅盧醒旅長的座次前。進餐時他宣布了漣水的進攻計畫，短小精悍的盧旅長立刻手撫著那柄短劍，肅立請命。漣水一役，五十八旅苦戰兩晝夜，傷亡慘重。將軍在槍砲聲中躑躅遠望，掩不了眉宇間的焦灼神色。直到捷報傳來，他在長長的笑喟裡泫然欲泣。誰說戰爭無情呢？

最使我難忘的，是在攻下臨沂不久，行軍途中我把一份電報遞呈給他，將軍閱過之後淡然微笑，倉促間躍身上馬。那原是一封報喜的電報，將軍得子。我從他手上接過電報看完，抬頭時只見他馬上的身影已經馳遠。戰爭往往使我們遺忘了自己，作為一位將領，他當時的心情不是外人所能領會的！

青史常留永垂不朽

蒙陰戰役之前，有一位青年來到陣地，自稱是將軍的堂侄，遠從陝西家鄉來探望未謀一面的叔父。靈甫將軍含笑接見，一番話敘後，將軍聲色依舊。不久那名青年被下令槍決，原來他是共方的情報人員，又頑抗不肯歸順。每想到這樁事，便對靈甫將軍的凡事鎮定談笑自如，十分欽佩。即使在孟良崮最後成仁的一刻，也是那麼從容自若，不僅是英雄壯烈而已！

孟良崮戰役的失敗，固然是地形不利，共軍運用奇襲的成功也是不容諱言的事實。但我師以孤軍面對十幾倍兵力戰到最後的彈盡援絕，經過四晝夜的激戰，每一名官兵都不曾有過一口飯同一杯白水的飲食下，仍然奮勇苦戰，幾至傷亡殆盡。雖不曾創造戰爭奇蹟，但在戡亂戰爭史上，卻留下可歌可泣的一頁。

這一場戰役十四年以後——民國五十年六月——中共曾經拍攝了一部影片《紅日》，原意無非是想藉這部電影把孟良崮一役作為教材，沒想到出現在觀眾面前的卻是共軍素質低劣和指揮官的愚昧，同時也把我七十四師官兵們堅強不屈，英勇壯烈的精神表現得淋漓盡致。中共批判了《紅日》這部影片，是「大毒草」同「毒箭」，這部電影的編導被指為「反動階級復辟道路的先鋒」。

歲月不會逆流，但凡是成功的人以及他們的事蹟必然會站進歷史。整編七十四師將士們憑頭顱鮮血寫下的詩篇，必定垂留不朽。四十年來，每逢五月十六日，我都用悲悽的心情悼念孟良崮犧牲的袍澤，這一天成為我生命中的夢魘。忘不了那馬蹄聲瘖號角幽啼的戰場，更忘不了那血戰後的天地含悲、群山失色的孟良崮的黃昏！

作者按語：

朱夜少年時，因戰亂顛沛，十四歲獲七十四軍學兵隊收容。歷經數度戰役，由上士調升司令部少尉侍從官，追隨師長張靈甫將軍。朱夜在張靈甫師長率領下，和共軍數度展開激烈的戰鬥，自從固守孟良崮，遭遇共軍幾倍的兵力包圍。軍長發誓不退、不降的精神。

民國三十五年五月，一場慘烈的血戰四天四夜的搏殺，終至彈盡援絕，張靈甫將軍率領幾名將領率先自盡。事後共軍方面一直傳出張靈甫師長是死在他們亂槍下。

朱夜是親身經歷孟良崮戰役的國軍戰士，是國共孟良崮戰役的見證者。他多年後寫下這篇〈孟良崮的黃昏〉，發表在民國七十六年十一月號的《中外雜誌》，來紀念這位英勇的師長。

朱夜文筆洗鍊，作品鏗鏘有聲，本書特別收錄他在戰亂後的這篇作品，讓讀者們回憶朱夜獨特的作品風格。

國家圖書館出版品預行編目(CIP) 資料

朱夜與我 / 呂梅黛著. -- 修訂初版. -- 台北市：文訊雜誌社；[新北市]：聯合發行股份有限公司發行, 2022.07
面； 公分. -- (文訊書系；18)
ISBN 978-986-6102-82-0(平裝)

1.CST: 呂梅黛 2.CST: 回憶錄 3.CST: 台灣

783.3886 111008586

文訊書系18

朱夜與我

作　　者　呂梅黛
總 編 輯　封德屏
責任編輯　杜秀卿
校　　對　呂梅黛　杜秀卿　吳穎萍
封面設計　翁翁・不倒翁視覺創意
出　　版　文訊雜誌社
地　　址：100012台北市中正區中山南路11號B2
電　　話：02-23433142　傳真：02-23946103
電子信箱：wenhsunmag@gmail.com
網　　址：http://www.wenhsun.com.tw
郵政劃撥：12106756 文訊雜誌社

印　　刷　百通科技股份有限公司
發　　行　聯合發行股份有限公司
初　　版　2020年4月
修 訂 版　2022年7月
定　　價　400元
I S B N　978-986-6102-82-0